agenda Frieden 33

Österreichisches Studienzentrum
für Frieden und Konfliktlösung (Hrsg.)

Redaktion: Wilfried Graf

Europa zwischen Krieg und Frieden

Geopolitische Hegemonie oder Gemeinsame Friedensordnung

agenda Frieden 33

Dialog, Beiträge zur Friedensforschung
Bd. 35, Heft 3–4, 1998

Österreichisches Studienzentrum
für Frieden und Konfliktlösung (Hrsg.)

Redaktion: Wilfried Graf

Europa zwischen Krieg und Frieden

Geopolitische Hegemonie oder Gemeinsame Friedensordnung

agenda Verlag
Münster
1999

Die Deutsche Bibliothek – CIP-Einheitsaufnahme

Europa zwischen Krieg und Frieden : geopolitische Hegemonie oder gemeinsame Friedensordnung / Österreichisches Studienzentrum für Frieden und Konfliktlösung (Hrsg.). Red.: Wilfried Graf. – Münster : Agenda-Verl., 1999
(Agenda Frieden ; 33)
(Dialog ; Bd. 35 = 1998, H. 3/4)
ISBN 3-89688-065-9

Hammer Str. 223, D-48153 Münster
Tel. +49–(0)251–79 96 10, Fax –79 95 19
E-mail: agenda-verlag@t-online.de
Internet: www.agenda.de
ISBN 3-89688-065-9

Inhalt

Vorwort

Ist im „Zeitalter der Globalisierung“ eine verstärkte Ökonomisierung der internationalen Beziehungen zu erwarten? Bedeutet eine solche das Ende der klassischen Geopolitik als einer Politik des Machtgleichgewichts? Ermöglicht sie tatsächlich den Übergang zu einer neuen Weltordnung als einer Politik der Herrschaft des Rechts in den internationalen Beziehungen? Oder werden sich statt dessen die historisch älteren geopolitischen Bruchlinien in Europa vertiefen – mit militärischen Folgen auf kurze oder mittlere Sicht? Zum Beispiel zwischen der EU und folgenden Ländergruppen:

- den Ländern Osteuropas; mit klar definierten ethnischen Gruppen und unterschiedlichen Klassen, die mit der Umverteilung nach dem Kalten Krieg unzufrieden sind;
- den Ländern Afrikas, der Karibik und des Pazifiks (den AKP-Ländern), die sich vergeblich um eine nachholende Entwicklung bemüht haben;
- den arabischen bzw. islamisch geprägten Länder, die ans Mittelmeer grenzen, mit erstarkenden nationalistischen und fundamentalistischen Bewegungen.

Diese geopolitischen Bruchlinien haben möglicherweise so tiefe historische und kulturelle Wurzeln in der europäischen Geschichte, daß sie auch im Zeitalter der Globalisierung nicht einfach verschwinden werden. Werden sie vielleicht sogar durch eine „Geopolitik der Globalisierung“ selbst vorangetrieben bzw. reaktualisiert – durch eine neuartige Verbindung von alter Geopolitik und neuer Weltordnung? Oder gelingt weder die Durchsetzung eines neuen Gleichgewichts der Macht noch die Durchsetzung von neuem Recht? Führt die „Geopolitik der Globalisierung“ somit in eine „Geopolitik des Chaos“ (Ignacio Ramonet) – mit unabsehbaren Risiken für die Zukunft der europäischen Sicherheit und die Sicherung des Weltfriedens?

Vor diesem Hintergrund ergeben sich Fragestellungen, wie sich das europäische Sicherheitsdilemma in den kommenden 10–50 Jahren möglicherweise entwickeln könnte. Der Krieg um Kosovo im Frühjahr 1999 macht die Untersuchung solcher Fragestellungen noch dringlicher, ohne schon eindeutigere Antworten zu ermöglichen. In diesem Krieg hat die „Geopolitik des Chaos“ eine Fortsetzung mit kriegerischen Mitteln erfahren. Die sich wechselseitig aufschaukelnde Gewalt eines archaischen Vertreibungskriegs der Serben und eines „postmodernen“ Luftkriegs der NATO scheint die geopolitische Hegemonie des euro-atlantischen Projekts vorerst gefestigt zu haben. Der Krieg hat aber auch die komplexen Widersprüche des gesamteuropäischen Sicherheitsdilemmas aufblitzen lassen:

- die Kooperationsbedürfnisse der kleineren osteuropäischen Länder gegenüber West- und Zentraleuropa,
- die Einbindungsbedürfnisse der westeuropäischen Länder gegenüber dem erstarkenden Deutschland,
- die Sicherheitsbedürfnisse der orthodox und islamisch geprägten Regionen (mit Rußland und der Türkei als Zentren).

In der Folge des Kosovo-Kriegs hat einerseits die EU erste konkrete Schritte zu einer eigenen Sicherheits- und Verteidigungsidentität im Rahmen der NATO beschlossen. Andererseits ist aber auch die Einsicht gestiegen, daß Europa als Ganzes eine gemeinsame Friedensordnung braucht.

Der vorliegende Band geht auf Vorträge zurück, die im Rahmen der 15. Internationalen Sommerakademie des ÖSFK im Juli 1998 auf Burg Schlaining gehalten wurden. Manche der Beiträge wurden durch den Kosovo-Krieg und die jüngsten Beschlüsse der EU für eine gemeinsame Sicherheits- und Militärpolitik überholt, etwa die österreich-spezifischen Kontroversen zu NATO und Neutralität. Hingegen haben manche Beiträge durch die dramatische Beschleunigung des europäischen Sicherheitsdilemmas an Bedeutung gewonnen.

Für die vorliegende Auswahl haben wir uns vor allem darum bemüht, die längerfristigen Perspektiven von Frieden und Sicherheit in Europa im Zeitalter der „Globalisierung“ darzustellen, die politische Vision einer europäischen Friedensordnung in den Vordergrund zu rücken und einige sozio-ökonomische, demokratiepolitische, integrationspolitische und geistig-kulturelle Rahmenbedingungen und Strategien klarer herauszuarbeiten.

Wilfried Graf

HAJO SCHMIDT

Hobbes, Kant, Rousseau?

Zur politischen Philosophie einer europäischen Friedensordnung im Zeitalter der Globalisierung

Charlotte Teuber gewidmet

Warum gerade Hobbes, Kant, Rousseau? Muß man wirklich auf die große Philosophie des 17. und 18. Jahrhunderts zurückgehen, um philosophische, oder sofort genauer: philosophisch begründete normative Grundlagen für eine aktuelle europäische Friedensordnung auszumachen – einer Friedensordnung zudem, der die mit dem Schlag- und Reizwort 'Globalisierung' angedeuteten politischen, ökonomischen und sozialen Tendenzen womöglich binnen kurzem schon den Garaus machen könnten?

Um es zu kurz machen: Auswahl der Denker wie Zuschnitt der Problematik lassen sich gewiß nur durch die folgenden Ausführungen plausibilisieren und rechtfertigen. Die Unterstellung gilt es zu begründen, daß Hobbes, Kant und Rousseau nicht nur zu Recht anerkannte Theoretiker der Internationalen Beziehungen, sondern daß sie genuine Friedensdenker und als solche aktuell sind. Daß diese Aktualität nicht nur affirmativ verstanden werden sollte, dürfte spätestens das Ende meines Vortrags deutlich machen – wenn ich zu zeigen versuche, daß und inwiefern unsere ‚Meisterdenker' ihrerseits einer bestimmten Globalisierungsproblematik und damit zugleich der tendenziellen Sprengung ihres Paradigmas zugearbeitet haben.

1 Der Einschnitt der neuzeitlichen politischen Philosophie

Es geht, meine Damen und Herren, hier und heute um Politik und nicht um Philologie. Entsprechend bietet mein Vortrag analytisch auch wohl einzig im Falle Kants Neues und vielleicht Originelles. Wenn ich es im folgenden für ausgemacht halte, daß die hier traktierten Philosophen unsere Zeitgenossen, daß ihre Sprache und Probleme in entscheidender Hinsicht noch die unseren sind, dann beziehe ich mich implizit auf den fundamentalen Einschnitt, der die neuzeitliche politische Philosophie von der antiken und mittelalterlichen (okzidentalen) Tradition trennt. Diese Tradition können wir mit W. Kersting eingespannt sehen „zwischen den beiden Polen des sittlichkeitsorientierten politischen Aristotelismus einerseits und des normenorientierten stoisch-christlichen Naturrechts andererseits."[1]

Beides bedarf der Charakterisierung. Den Grundgedanken des (nicht nur stoischen) Naturrechts kann uns ein Zitat Ciceros näherbringen: „Das wahre Gesetz ist die richtige Vernunft in Übereinstimmung mit der Natur. Es erfaßt alles, ist ständig gleichbleibend und ewig. Es befiehlt die Pflichterfüllung und hält durch seine Verbote vom Bösen ab ... Dieses Gesetz kann nicht abgeschafft werden. Man kann nichts von ihm wegnehmen, noch ihm etwas entgegensetzen. Kein Senatsbeschluß und keine Volksabstimmung kann seine Verbindlichkeit aufheben ..."[2]

Mit den überzeitlich-universalistischen Ansprüchen und der Normen- resp. Gesetzesorientierung des Naturrechts hat der politische Aristotelismus – nach dem treffenden Wort G. Biens die politische Normalphilosophie Alt-Europas bis ins 17. Jahrhundert – wenig zu tun. Seine Essenz steckt in der berühmten Basisdefinition des Aristoteles, der Mensch sei ein von Natur politisches Lebewesen. Im Rahmen einer durchgehend teleologisch strukturierten, d.h. einer immer und überall auf je spezifische Zweckerfüllung angelegten, Natur hat auch das menschliche Lebewesen seine Ausrichtung: Als zoon politikon findet es seine Erfüllung in der Bürgergemeinschaft der Polis. Dieser kommt mithin „von Natur" ein Vorrang, ein anthropologischer und sittlicher Vorrang vor dem einzelnen zu.

Offensichtlich hat die aristotelische Naturvorstellung wenig oder nichts zu tun mit der modernen mechanischen Naturauffassung, die Kant in seiner Rede von der Natur als dem 'Dasein der Dinge unter Gesetzen'[3] auf den Begriff bringt. Und ebenso trennen Welten die antike Polis von dem modernen Staat, wenn dieser als territorial defi-

1 Kersting 1996: 9.

2 *De re publica* III, 22 (33); zit. ebda. 13.

3 S. etwa Kants Formalbestimmung von Natur in der *Grundlegung zur Metaphysik der Sitten* als „das Dasein der Dinge..., sofern es nach allgemeinen Gesetzen bestimmt ist..." (Kant 1965: 43)

nierter Herrschaftsverband von Gnaden und zum Nutzen der ihm zugehörenden Gesellschaft begriffen wird. Und nichts mehr verbindet das klassische zoon politikon – dem das Wissen, daß die Polis „von Natur aus und ursprünglicher als der Einzelne (ist)“[4], Halt und Lebenssinn gab – mit dem neuzeitlichen Individuum, der freien Rationalitätsmonade, die von sich her die Zwecke und die Gestalt der politischen Ordnung zu konstruieren und zu legitimieren unternimmt. Mit diesen Entgegensetzungen aber sind wir schon bei Thomas Hobbes und damit im Hauptteil meines Vortrags.

2 Friedensordnungen der Moderne

2.1 Thomas Hobbes

Der Reputation einer im universitären Rahmen umstrittenen Disziplin Friedens- und Konfliktforschung dürfte die Tatsache nur bekömmlich sein, daß die Geburtsstunde der modernen Politischen Philosophie zugleich die der Wissenschaft von den Ursachen des Krieges und den Bedingungen des Friedens ist. Hören wir Hobbes[5] selbst: „Die Wurzel aller Nachteile und allen Unglücks, die durch menschliche Erfindungen vermieden werden können, ist der Krieg, vornehmlich der Bürgerkrieg; aus ihm entspringen Mord, Verwüstung und Mangel an allen Dingen. Der Grund dafür ist nicht, daß die Menschen den Krieg wollen ...; auch ihre Unkenntnis, daß die Folgen des Krieges übel sind, ist nicht der Grund; denn wer spürt nicht, daß Tod und Armut große Übel seien? Der Bürgerkrieg ist daher nur möglich, weil man die Ursachen weder von Krieg noch Frieden kennt... Weshalb aber hat man diese nicht studiert, wenn nicht aus dem Grunde, weil es bisher hierfür keine klare und exakte Methode gab?“[6]

Die Politik des Hobbes entspringt den blutigen, niederschmetternden Erfahrungen weniger der zahlreichen zwischenstaatlichen Kriege und Schlachten der Zeit (gegen Spanien, gegen das Aufstreben der Habsburger) als des traumatisierenden konfessionellen Bürgerkriegs. Die Ursachen dieser Gewalt analysiert Hobbes Spätwerk *Behemoth* (das biblische Landungeheuer); die Antwort, die Lösung dieses Ge-

4 Aristoteles, *Politik* 1253 a 25; zit. bei Kersting 1996: 10.

5 Dessen Schrift *De Corpore* stammt aus dem Jahre 1655; Hobbes' *Leviathan* erschien 1651, der *Behemoth* posthum 1682.

6 *Vom Körper*, in der Übersetzung M. Frischeisen-Köhlers, zit. bei Kersting 1996: 19.

waltproblems gibt der *Leviathan* (das biblische Seeungeheuer).[7] Die Methode aber, die Hobbes für die Politik und Friedenssuche nutzt, ist die den mathematischen Naturwissenschaften abgeschaute resolutiv-kompositorische: das soziale und politische Leben in seine Elemente zerlegend und dann more geometrico wieder zusammensetzend gemäß ihren eigentlichen Funktionsgesetzmäßigkeiten – die in unserem Falle den Frieden zum prognostizierbaren Ergebnis hätten!

Als soziales Basiselement entdeckt sich Hobbes nun das freie, das souveräne Individuum, dessen irreduzibler Selbsterhaltungstrieb die Grundlage eines ebenso irreduziblen Rechtes auf – wie einer Pflicht zur – Selbsterhaltung abgibt. Da dieses Recht jedem Individuum eignet, jedes Individuum aber grundsätzlich im Geltendmachen dieses Rechts jedes andere Individuum mit dem Äußersten bedrohen kann, muß die soziale Interaktion in diesem Naturstandsmodell als ein (nicht eben faktischer, aber als Disposition unaufhebbarer) Kriegszustand[8] wirken. Unter diesen Bedingungen eines „radikal subjektiven Vernunftsbegriffs"[9] gewährt allein die Anerkennung des Friedens als des einzigen allen subjektiven Vernünften gemeinsamen Gutes den Ausweg aus den Wolfsverhältnissen des Naturzustands. Wer aber den Zweck will, will auch die Mittel, und das Entscheidende regelt hier nun der berühmte ursprüngliche Vertrag: Unter der Bedingung, daß jeder der Kontrahierenden dasselbe tut, verzichtet ein jeder auf die Wahrnehmung seiner Selbsterhaltungsrechte und -kompetenzen zugunsten einer „Staatsperson, die die gesamte Macht der Vertragspartner in sich (vereint) und sich für den Frieden im Innern und die Verteidigung nach außen einsetzen"[10] kann.

Da Friede im Innern und Verteidigung der Bürgersicherheit nach außen das Umwillen des Vertrags und des Gewaltverzichts der Vertragsschließenden ausmachen, bleibt das Handeln des Leviathan strukturell auf die Basisinteressen der Einzelnen ausgerichtet. Sobald er

7 Zum Verhältnis von *Behemoth* und *Leviathan* in der neueren Literatur s. Willms 1982: 239f.

8 Dieser Kriegszustand, das hat Geismann überzeugend dargestellt, ist kein Postulat einer vorgeblich pessimistischen Anthropologie des Thomas Hobbes, sondern kennzeichnet das rechtsphilosophisch inspirierte „hypothetische Konstrukt des Hobbesschen Naturzustandes" als einen „Zustand unverwechselbarer und unaufhebbarer ... allgemeiner Unsicherheit des Rechts." (Geismann 1982: 162 Anm. 4, 163). Eben diesen Gedanken, s. u. unter 2.3, wird Kant in seiner Naturzustandskonzeption sich zu eigen machen!

9 Euchner 1985: 357.

10 Ebda. 358.

eines oder beides nicht mehr leisten kann, sind die Bürger von jeder Verpflichtung ihm gegenüber dispensiert. Auf der anderen Seite läßt die Logik dieses vereinigten Gesellschafts- und Herrschaftsvertrags eine absolute Machtfülle für einen Dritten entstehen, der seinerseits nicht kontrahiert hat, den Vertrag also gar nicht brechen und so weder kontrolliert noch zur Verantwortung gezogen werden kann!

In diesem Umschlag, in dieser Dialektik von Hobbes radikaler Friedenssuche haben politische Philosophie und Friedenswissenschaft meist eine unerträgliche Zumutung, wenn nicht eine Selbstwiderlegung des Leviathan-Unternehmens gesehen. Und auch die unübersehbare Tendenz der neuesten Hobbes-Forschung, dessen *Leviathan* vom Totalitarismusverdacht zu reinigen,[11] wird alle die nicht beruhigen, die in den unkontrollierbaren umfassenden Gestaltungsprivilegien und im subjektiven Gewaltvorbehalt des staatlichen Souveräns eine Dauerbedrohung des innergesellschaftlichen Friedens sehen.

Transformiert der ursprüngliche Vertrag die Wolfsnatur aller Kontrahierenden in die allein übrigbleibende Wolfsnatur des staatlichen Souveräns und entzieht sich dieser jeder übergreifenden, etwa europäischen oder globalen Disziplinarmacht, dann können wir in den Verhältnissen der Einzelstaaten – wohlgemerkt: den faktischen wie den von Hobbes auch normativ begründeten Verhältnissen – nur den fortwährenden Naturzustand auf höherer Ebene erkennen. Diese zuletzt auf die prekäre Analogie von Einzelstaat und Einzelmensch bauende Auffassung vom Rahmen zwischenstaatlicher Interaktion als eines prinzipiell unüberwindbaren Zustands internationaler Anarchie hat Hobbes bekanntlich zu einem Ahnherren der sogenannten realistischen Schule der Internationalen Beziehungen werden lassen.[12]

Hedley Bull hat zu Recht betont,[13] daß diese Position von Hobbes friedenstheoretisch inspiriert und fernab jeder Verherrlichung des Krieges oder der reinen Machtpolitik angesiedelt ist. Und er hat überzeugend demonstriert, inwiefern die Politik nuklearer Abschreckung die „Furcht" der Staaten – Hauptmotiv ihrer kriegerischen wie ihrer

[11] Vgl. Willms 1982: 240, der diese Rehabilitierungstendenz vor allem als „Folge der gründlichen Studien von Hobbes' Individualismus und seines Subjektivismus, seiner Auffassungen von Freiheit, seiner Begründung des modernen Rechtsdenkens und der inhaltlichen Rückbeziehung des Leviathan auf diese seine Grundlagen" erkennt.

[12] Meyers 1979: 125ff (dort weitere Literatur); Bull 1993: 81.

[13] Bull 1993: 87.

friedenspolitischen Maßnahmen – in unseren Tagen speist.[14] Diese Furcht aber, um nun Hobbes gegen Hobbes und moderne Hobbesianer zu kehren, garantiert doch die latente Kriegsdisposition der Einzelstaaten, stellt den internationalen Kriegszustand in Latenz auf Dauer – und das unter nuklearen Bedingungen! – und läßt uns daher nach weiteren Alternativen schauen.

2.2 Jean-Jacques Rousseau

Eine solche Alternative hat uns Rousseau[15] in Form einer europäischen Staatenkonföderation geboten. Diese Verbindung großer und konföderierter kleiner Staaten sei nicht nur in der Lage, einen dauerhaften Friedenszustand an die Stelle des von Hobbes zu Recht diagnostizierten Naturzustandes im Verkehr der Staaten zu setzen. Ein europäischer Friedensbund schüfe auch erst die realgeschichtlichen Voraussetzungen, die erforderlich seien zum Aufbau von Staaten nach den vernünftigen und friedenssichernden Prinzipien, die Rousseaus Theorie der Republik, der *Contrat Social*, entwickelt hat.

Wie Hobbes geht Rousseau vom freien einzelnen aus und konstruiert über die argumentative Konfiguration vom Naturzustand, Vertrag und Staat/Gesellschaft die Grundlagen einer vernunft- und moralangemessenen Lebensordnung. Damit endet aber schon die Übereinstimmung mit Hobbes: „In einen Vertrag einzuwilligen, der den völligen Verzicht auf Freiheit als Preis der Sicherheit fordert, ist weder moralisch noch rechtlich zulässig.“[16] Darüber hinaus habe Hobbes seinen frühkapitalistisch depravierten englischen Zeitgenossen mit dem Menschen schlechthin verwechselt[17] und darum vor der eigentlichen politischen Aufgabe versagt, die soziale Vereinigung der Menschen auch unter Zwangsgesetzen zusammenzudenken mit dem Erhalt, ja der hu-

[14] Ebda. 92: „The relationship of mutual nuclear deterrence, on which our hopes for nuclear peace precariously rest, institutionalizes the Hobbesian fear.“

[15] Dessen Schriften über Probleme der zwischenstaatlichen Beziehungen hier mehr interessieren als *Der Gesellschaftsvertrag* (*Le contract social, 1762): Auszug aus dem Plan des ewigen Friedens des Herrn Abbé des Saint-Pierre (Extrait,* 1756/61),*Urteil über den ewigen Frieden* (*Jugement*, 1756/1782), beide abgedruckt in der bekannten Sammlung von Raumers, sowie sein *Vom Kriege* (1755; abgedruckt in J.-J. Rousseau 1981: 405-418).

[16] Kersting 1988: 120.

[17] Die sog. Macpherson-These in der Hobbes Interpretation, darauf haben Fetscher (1985: 480) wie Kersting (1996: 6f. Anm. 1) zu Recht verwiesen, hat also eine lange Tradition!

manen Weiterentwicklung der unaufgebbaren Freiheit aller Gesellschaftsglieder. Wenn daher der Rousseauische Gesellschaftsvertrag wie bei Hobbes gesellschaftliche Einheit und Herrschaftsverfassung zugleich entstehen läßt, dann darf dies den alles entscheidenden Unterschied nicht verwischen: daß Rousseaus Gesellschaftsvertrag Herrschaft als Selbstherrschaft der vertragschließenden Individuen etabliert und damit zugleich die Verwandlung einsamer, eigen-williger Menschen in moralische, gemeinwohlorientierte Citoyens.[18]

Die über einen Vertrag sich vollziehende erstaunliche Transsubstantiation eigennütziger Individuen in tugendhafte Bürger soll uns hier so wenig interessieren wie die aus Rousseaus Sozialmetaphysik einer (empirisch nicht zu verifizierenden) volonté générale sich ergebenden Probleme. Halten wir statt dessen fest, daß für Rousseau Friede, Freiheit und Gemeinwohl nur in einer radikaldemokratisch (also nicht parlamentarisch-repräsentativ) verfaßten Republik gesichert werden können. Halten wir desweiteren fest die bereits angesprochene Überzeugung Rousseaus, daß aufgrund der wechselseitigen Verwiesenheit von inner- und zwischenstaatlichen Verhältnissen die republikanisch-demokratische Entwicklung mehr oder weniger abhängt von der Implementierung einer europäischen Friedensordnung. „Man braucht", meint Rousseau, „nicht lange Zeit über die Mittel nachgedacht zu haben, wie eine Regierung(-sform) zu vervollkommen sei, um sogleich Schwierigkeiten und Hindernisse zu entdecken, die sich weniger aus ihrer Verfassung als aus ihren auswärtigen Beziehungen ergeben ..."[19] Also müssen zunächst die „auswärtigen Beziehungen" neu strukturiert werden, damit sich die innergesellschaftlichen Verhältnisse dann erneuern und demokratisieren können.

Entscheidend hiefür wäre eine dem Frieden und der Durchsetzung des Völkerrechts verpflichtete Konföderation der europäischen Staaten. Zu dieser sollten sie schon ihre gemeinsame Geschichte und Religion, die engen Handelskontakte wie eine vergleichbare Kulturhöhe instandsetzen,[20] erst recht aber ihre den allgemeinen Konkurrenzgeist, den Neid und die bürgerliche Unzufriedenheit dämpfende Wendung zur Autarkie. Der Bund muß so verfaßt sein, daß weder Einzelstaaten noch Teilbündnisse sich den gemeinsamen Beschlüssen widersetzen und den Frieden gefährden können; hierzu bedarf es offensichtlich zentraler Finanzen und Streitkräfte der Konföderation. Zuletzt aber

[18] vgl. Fetscher 1985: 484ff.

[19] *Auszug*, zit. bei Tauras 1996: 126.

[20] Fetscher 1972: 19.

wird die konsequente und extensive Umsetzung des konföderativen Gedankens dafür sorgen, daß kleine Staaten so frei und sicher existieren können wie die großen, oder anders: daß der Bund „die Vorteile der kleinen Republiken (legitime Ordnung, Regierung, enger Zusammenhalt der Bürger ...) mit denjenigen großer Monarchien (Sicherheit vor Angriffen von außen)"[21] bzw. Staaten friedenspolitisch effektiv verknüpft.

Rousseau hat mit seinem Konföderationsmodell den Hobbesschen Kriegs- bzw. Naturzustand der Staaten bedenkenswert gekontert. Ihm verdanken wir die demokratische Unterfütterung der Friedenspolitik, den Verweis auf den konstitutiven Zusammenhang von gelingender demokratischer Partizipation und angemessener, nämlich beschränkter Staatsgröße sowie bemerkenswerte Andeutungen über die Abhängigkeiten des äußeren Verhaltens der Staaten von ihrer inneren Herrschaftsordnung und vice versa. Es ist hingegen vor allem Rousseaus kaum überzeugende Auffassung der Geschichte als einer Verfallsgeschichte der menschlichen Sitten, Fähigkeiten und sozialen Beziehungen, es ist seine Unfähigkeit darüber hinaus, Vernunftbestimmungen und Zeitgeschichte produktiv zu vermitteln, die seinem Friedensdenken ein halbherzig-widersprüchliches Aussehen verleihen und unser Augenmerk nun auf Kant richten lassen – in der Hoffnung, bei ihm ausgearbeitetere Grundlagen und überzeugende normative Kriterien einer europäischen Friedensordnung zu finden.

2.3 Immanuel Kant

Suchte man in Kants einschlägigen Schriften[22] nach den unerläßlichen rechtsethischen Prinzipien einer europäischen Friedensordnung, so stieße man notwendigerweise auf die drei „Definitivartikel" in *Ewigen Frieden.* Halten wir gegenüber dem Mainstream der einschlägigen Sekundärliteratur[23] gleich fest, daß es sich um drei und nicht um zwei unerläßliche Forderungen handelt, die ich ohne Umschweife gleich zeitgemäß übersetzen möchte. Erstens, die staatlichen Elemente einer Friedensordnung sollten demokratische Rechtsstaaten sein; zweitens, die Form ihres völkerrechtlich verbindlichen Zusammenschlusses

21 Fetscher 1985: 494.

22 Zu denken ist hier vor allem an die kleine Schrift *Zum ewigen Frieden* von 1795 (2. Aufl. 1796) sowie an die *Rechtslehre* der *Metaphysik der Sitten* von 1797, aber auch an den *Streit der Fakultäten* (1798).

23 Zur Absetzung von diesem vgl. Schmidt 1995/96 und 1996.

sollte eine Konföderation nach Rousseauschem Muster sein; und drittens: Die menschenrechtliche Fundierung einer überstaatlichen Friedensordnung kommt zum Abschluß erst bei Anerkennung eines „Weltbürgerrechts", welches jedem Menschen gestattet, sich überall „zur Gesellschaft anzubieten", ohne deswegen bestraft, verjagt oder gar getötet werden zu dürfen.[24]

Im Blick auf die bisher entwickelte kontraktualistische Tradition scheint eine kurze Erläuterung von Kants Behauptung angezeigt, nur „Republiken" bzw. demokratische Rechtsstaaten könnten auf Dauer Friedensgaranten sein. Die Begründung dieser Sicht bietet Kants originelle Interpretation des überkommenen Naturzustandstheorems. Den Naturzustand definiert Kants Gedankenexperiment als Inbegriff nichtstaatlicher Vergemeinschaftung, die als solche „ein Zustand des Krieges ist, d.i. wenngleich nicht immer ein Ausbruch der Feindseligkeiten, doch immerwährende Bedrohung mit demselben".[25] Weder auf einer hobbesianisch-pessimistischen Anthropologie noch auf der Unterstellung einer vorzivilisatorischen moralischen Defizienz baut diese Charakteristik. Sie verdankt sich allein der Einsicht, daß in nichtstaatlichen Verhältnissen jeder Mensch das ihm wie allen seinen Mitmenschen zukommende Menschenrecht auf Eigentum, auf eine äußere Sphäre freien Handelns – das, als Menschenrecht, unabhängig von aller staatlichen Organisation Geltung beansprucht – nur subjektiv definieren und durchsetzen kann. Dieser unvermeidliche Subjektivmus je individueller Rechtsdurchsetzung genügt, um den Naturzustand als den eines latenten Krieges zu erkennen, und erlaubt, ja zwingt die einzelnen, ihre Mitmenschen so lange als Bedrohung und Feinde anzusehen und zu behandeln, als sie nicht bereit sind, sich gemeinschaftlich zu einer öffentlich-rechtlichen Institution zusammenzuschließen; deren wesentliche Aufgaben bestehen in der für alle verbindlichen Festsetzung des Rechts, der Entscheidung in Rechtsstreitigkeiten und der unwiderstehlichen Durchsetzung aller Rechtsansprüche. Der hiermit definierte Staat trüge der moralischen Natur seiner Mitglieder Rechnung, ohne sie für deren Handeln verbindlich zu machen; mit unwiderstehlichem Zwang aber ginge er gegen alle die vor, die sich als Verächter und Hindernis ethisch geforderten bzw. menschenrechtlich legitimierten Handelns ihrer Mitmenschen zu profilieren suchten.

Daß Kant allem Angeführten zum Trotz zunächst auf die vorfindlichen zeitgenössischen, auf ihre Machtinteressen und Gewaltpotentiale

24 Kant 1973: 135.

25 Ebda. 125.

sich berufenden Staaten bauen darf, nur deren allmählichen Umbau zu Vernunftrepubliken verlangen muß, garantiert eine interessante Neuinterpretation des ursprünglichen Vertrages. Dieser verlangt – als „Idee", nicht als historisches Faktum – vom empirischen Souverän, das Recht, und daraus resultierend: das Gemeinwohl, zu besorgen nach Prinzipien, Verfahren und Gesetzen, denen prinzipiell jeder Staatsbürger (als ideell kontrahierender) zustimmen können muß.

Nun ist Kant nicht nur von dem – historisch in der Tat bemerkenswerten – inneren Pazifizierungsvermögen dieses Staatstyps überzeugt, er überträgt diese positive Einschätzung auch sogleich auf dessen Außenverhalten. In der Tat vertraut Kant nicht nur auf die wechselseitige Friedfertigkeit homogen-demokratisch verfaßter Rechtsstaaten, er glaubt grundsätzlich, diese seien „ihrer Natur nach so beschaffen ..., den Angriffskrieg nach Grundsätzen zu meiden ..."[26]

Nun wird man dieser Position sofort den bekannten und kaum noch bestrittenen Befund konfrontieren müssen, daß Demokratien des OECD-Typs untereinander sich weitestgehend friedlich verhalten (haben), insgesamt sich aber nicht weniger kriegerisch gerier(t)en als Nicht-Demokratien.[27] Dürfte der erste Teil dieses Befundes als eine überzeugende empirische Bekräftigung der Forderung des 1. Definitivartikels nach einer homogen-demokratischen Verfassung der Staaten eines Friedensbundes wirken, so scheint der zweite Teil des angeführten Befundes Kants weitergehender These von der grundsätzlichen Friedfertigkeit rechtsstaatlich verfaßter Demokratien historisch den Boden zu entziehen.

Das nicht nur an dieser Stelle ins Spiel gebrachte Standardargument Kants für die Friedfertigkeit von Demokratien kennen Sie wahrscheinlich alle. Aufs wesentliche komprimiert, lautet es: „Wenn ... die Beistimmung der Staatsbürger dazu erfordert wird, um zu beschließen, ob Krieg sein solle oder nicht, so ist nichts natürlicher als daß, da sie alle Drangsale des Krieges über sich selbst beschließen müßten, sie sich sehr bedenken werden, ein so schlimmes Spiel anzufangen ..."[28] Belehrt durch die Möglichkeiten moderner Massenmanipulation sowie die häufige Erscheinung kriegsbereiter Mehrheiten zumal in mächtigen Demokratien könnte man Kants demokratisches Vorurteil in der Tat als historisch falsifiziert betrachten.

26 Kant 1968: 358.

27 Vgl. herzu meine Auseinandersetzung mit Czempiel (1996) in Schmidt 1996.

28 Kant 1973: 127f.

Vorschnell allerdings, denn dem aufmerksamen Zuhörer wird nicht entgangen sein, daß Kant selbst in dem als Kronbeweis angeführten Zitat keineswegs einschränkungslos einer demokratischen Kriegsabstinenz das Wort redet („sie sich sehr bedenken werden"). In Wirklichkeit gründet Kants Demokratie-These sicher auch in einer besitzbürgerlichen Psychologie und im Vertrauen auf die Kraft nutzenkalkulierender Argumente, sie verläßt sich darüber hinaus aber, und das ist entscheidend, auf weitere zentrale institutionelle Charakteristika entwikkelter Demokratien, als da sind:

- ihre strikt menschenrechtlich orientierte Verfassung, welche die Einstellung ihrer Bürger gegenüber potentiellen Feinden prägen und humanisieren wird – dieses Kennzeichen dürfen wir den OECD-Demokratien wohl zusprechen;
- ihre defensive militärische Strategie und Ausrüstung, Umsetzung des von Kant im 3. Präliminarartikel verteidigen Milizgedankens als der „freiwilligen periodisch vorgenommenen Übung der Staatsbürger in Waffen ..., (um) sich und ihr Vaterland gegen Angriffe von außen zu sichern"[29] – konstatieren wir hier für die einschlägigen Demokratien eine weitestgehende Fehlanzeige;
- die institutionelle Absicherung einer über die Fragen von Krieg und Frieden informierten und frei sich verständigenden Öffentlichkeit[30] – hiergegen möchte ich nur das Urteil E.-O. Czempiels ins Feld führen, in Sachen Außenpolitik und Krieg und Frieden verhielten sich auch die entwickeltsten Demokratien, aufgrund des „priviligierte(n) Zugang(s) von partikuaren Interessengruppen zum Gewaltmonopol des politischen Systems", wie „kollektivierte Monarchien"[31];
- zuletzt und vor allem aber die Verwirklichung des Staatsorganprimats des Parlaments oder einer vergleichbaren basisdemokratischen Institution als Sitz und Kontrollinstrument der Volkssouveränität[32] – hier stellt sich dann sogleich die (in der Literatur durchgehend unerörterte) Frage, wie denn Kants pazifizierende Parlamentsprärogative soll funktionieren können in Verhältnissen einer

29 Ebda. 120.

30 Wie zumindest grundgelegt im „Anhang II" des *Ewigen Frieden* („von der Einhelligkeit der Politik mit der Moral nach dem transzendentalen Begriffe des öffentlichen Rechts"), s. Kant 1973: 163 ff.

31 Czempiel 1996: 86.

32 Wie entwickelt im „Staatsrecht" (§§ 45-49) der *Metaphysik der Sitten*.

das klassische Gewaltenteilungsschema unterlaufenden Parteiendemokratie, in der das Parlament die Außen- und Sicherheitspolitik weder bestimmt noch durchgehend kontrolliert!

Halten wir fest: Verkörpern Demokratien des OECD-Typs auch in wesentlichen Zügen die von Kant geforderte Republik, so weisen sie in friedenspolitischer Hinsicht einschneidende Defizite auf. Die Kantsche Friedensrepublik kann somit, da sie als solche weder existiert noch existiert hat, nicht als historisch getestet, ihr friedenspolitischer Anspruch mithin nicht als widerlegt gelten. Aufgrund der hier vorgestellten Pazifizierungskriterien und ihrer unterstellten Interdependenz stellt Kants Friedensdemokratie ein äußerst bedenkenwertes normatives Modell für die Überprüfung Friedensansprüche machender Staaten und Herrschaftsordnungen dar. Kants Demokratie behauptet sich nicht nur als eine beachtliche Antwort auf das Hobbes-Problem institutionell zu kanalisierender unvermeidlicher sozialer Gewalt, sie überzeugt zugleich als ein tragendes Element einer europäischen Friedensordnung im Sinne Rousseaus, deren weitere Züge ich nun rekapitulieren und verteidigen will.

Kants Intention, das Völkerrecht durch eine Konföderation unabhängiger Staaten, durch Friedensbünde, sichern und durchsetzen zu lassen, hat Czempiel jüngst noch einläßlich gewürdigt. Die defensive Zwecksetzung dieses Bundes, auf keinen Machterwerb, sondern „lediglich auf Erhaltung und Sicherung der Freiheit eines Staats für sich selbst und zugleich anderer verbündeter Staaten“[33] gerichtet zu sein, mache ihn für Dritte ungefährlich und verpflichte seine Mitglieder zur „wechselseitigen Existenzgarantie“[34]. Zugleich reduziere sie dadurch das Sicherheitsdilemma bzw., positiv formuliert und den Kooperationsaspekt akzentuierend, installiere sie die entscheidende Friedensursache im internationalen System. Indem Kant zugleich die politische Notwendigkeit und Möglichkeit, „sich durch mehrere Verbindungen dieser Art nach und nach immer weiter auszubreiten“[35], betont habe, sei er ein Vordenker jener Art internationaler Organisation, wie sie „in Gestalt der Vereinten Nationen verwirklicht worden ist“[36].

Ich habe Kants Friedensbund-Konzept als Wiederaufnahme des Rousseauschen ‚Friedensbund Europa‘ gekennzeichnet und damit den

33 Kant 1973: 133.

34 Czempiel 1996: 95.

35 Kant 1973: 134.

36 Czempiel 1996: 95.

Kritikern widersprochen, die in Kants Friedensbund entweder ein theoretisch unbefriedigendes Substitut einer föderalen Weltrepublik oder eine zahnlose Versammlung nur deklaratorisch zur Friedensförderung entschlossener Staaten ohne alle Sanktionsmacht sehen wollen. Denn: Besteht der einzige – in der Regel schon als Bedrohung wirksame – Zweck des Friedensbundes darin, mit überlegener (Verteidigungs-) Macht jede Aggression äußerer Gegner abzuwehren und vertragsbrüchige Bündnispartner zu repazifizieren, dann wird man Mitglied in diesem Bund nicht durch die folgenlose Verzichtserklärung auf ein vorgebliches ius ad bellum, sondern durch einen – grundsätzlich natürlich aufkündbaren – Teilsouveränitätsverzicht sowie durch finanzielle und militärische Beiträge. Über diesen Zweck und diese Praktiken vermittelt, entwickeln sich Zusammengehörigkeitsgefühle, es entstehen Koordinationsbedürfnisse und -strukturen, die ausbaufähig erscheinen für weitere Rechtssicherungs- und Kooperationsvereinbarungen; diese wiederum könnten den Beitrittsanreiz für weitere Staaten und gegebenenfalls weitere Friedensbünde nur erhöhen und am Ende vielleicht auf einen globalen Friedens- als „Völkerbund" hinauslaufen.[37]

Diese geschichtliche Perspektive belegt, auch durch ihre geographische Übertragbarkeit, eine Kant gegenüber Rousseau auszeichnende Vermittlung von Vernunftprogramm und zeitgeschichtlichen Möglichkeiten. „Denn wenn das Glück es so fügt", so Kant mit einem Seitenblick auf das revolutionäre Frankreich, vielleicht aber zugleich auch auf die eben erst gegründeten Vereinigten Staaten, „daß ein mächtiges und aufgeklärtes Volk sich zu einer Republik (die ihrer Natur nach zum ewigen Frieden geneigt sein muß) bilden kann, so gibt diese einen Mittelpunkt der föderativen Vereinigung ab, um sich an sie anzuschließen ... und sich durch mehrere Verbindungen dieser Art nach und nach immer weiter auszubreiten ..."[38].

Kommt es nun zu einem Friedensbund, hier führt Kants Terminologie leicht in die Irre, dann bleibt auch dieser eine Konföderation wenn nicht gleicher, so doch gleichberechtigter souveräner Staaten, die jederzeit verlassen werden darf. Gerade darum kann Kants Völkerbund als Vorläufer der UNO als des aktuellen Systems kollektiver Friedenssicherung gelten. Wenn die Weltgeschichte nun anders verlief, als von Kant vorhergesehen, die Vereinten Nationen nicht herausgewachsen sind aus einem Ensemble regionaler Friedensorganisationen, bleibt

[37] Kant 1973: 131.

[38] Ebda. 133f.

Kants Modell doch in zweierlei Hinsicht bedenkenswert für demokratische Friedenspolitik und Friedensforschung.

Wenn der Kantische Friedensbund „auf keinen Erwerb irgendeiner Macht des Staats“[39] zielt, sondern seine raison d'être allein in der inneren Pazifizierung des Gebildes sowie im (auch militärisch) effektiven Schutz desselben gegen äußere Bedrohung findet, verdient keine der in der Literatur gehandelten Institutionen, auch nicht die von Czempiel herausgestellte Europäische Union,[40] den Titel eines Friedensbundes. Solange dessen Zentralmacht oder einzelne Bündnismächte mit ihren fortlaufend verbesserten Offensivkapazitäten in aller Welt ihre Zwecke gewalttätig verfolgen können, müssen Dritte dies als eine sehr reale Bedrohung fürchten, müssen derartige ‘Friedensbünde’ als Produzenten neuer Sicherheitsdilemmata auf höherem Niveau gelten. Hier stellt sich dann die drängende Frage: Wie müßten und könnten „mit ganz anderen Absichten“ gegründete[41] und ein beeindruckendes Maß friedensförderlicher Zusammenarbeit praktizierende Organisationen umgebaut werden, um Friedensbünde im Kantischen Sinne zu werden? Daß hierbei vor allem die kontrollierte Beseitigung der Nuklearwaffen und anderer Massenvernichtungssysteme und -strategien anstünde, dürfte auf der Hand liegen.

In Umwendung des gattungsgeschichtlichen Zeitpfeils sozusagen ließe sich Kants Vorstellung des Herauswachsens der Vereinten Nationen aus regionalen Friedensbünden so aktualisieren, daß eine im demokratischen und rechtsstaatlichen Sinne zu stärkende UN-Zentralorganisation durch ein System regionaler Friedens- und Sicherheitsorganisationen nach dem Muster etwa der OSZE unterfüttert und somit dem internationalen System ein stark interdependentes, konföderatives Friedenskorsett verpaßt würde.

Bleibt schließlich noch die Würdigung des Weltbürgerrechts, das auch in Czempiels ambitionierten Versuch, „Kants Theorem“ zum Kern einer Theorie der Internationalen Beziehungen zu machen, unter den Tisch fällt. Dieses ius cosmopoliticum trägt der Tatsache Rechnung, daß der Mensch auch außerhalb und unangesehen staatlicher Sanktionsmöglichkeiten Rechte hat und Rechtsansprüche gegenüber Menschen, Gruppen und Staaten erheben kann. Gegenüber dem Rechtssetzungsabsolutismus der Staaten erinnert das Weltbürgerrecht an die Verwurzelung allen Rechts in der moralischen Natur der einzel-

39 Ebda. 133,

40 Czempiel 1996: 96f.

41 Ebda. 96.

nen Menschen. Konkret regelt das Weltbürgerrecht tendenziell gewalttätige Tatbestände des sozialen Verkehrs, die weder innerstaatliches noch das Völkerrecht erfassen. Die politische Aktualität dieses Grundrechts, bestimmt als „das Recht eines Fremdlings, seiner Ankunft auf den Boden eines anderen wegen, von diesem nicht feindselig behandelt zu werden", ist erschreckend: „Dieser kann ihn abweisen, wenn es ohne seinen Untergang geschehen kann..."[42] Nicht nur der Demokratisierungsgrad, auch die Asylgesetzgebung disqualifizieren die Bundesrepublik Deutschland und andere Staaten der Europäischen Union als Friedensrepubliken im Sinne Kants. Das Problem ist nur, daß Kant wohl den systematischen Ort und den Inhalt des Weltbürgerrechts, nicht aber dessen Ausführungsmodalitäten und spezifischen Sanktionsmöglichkeiten bezeichnet – uns also ein Problem hinterlassen hat, dem Philosophie und Friedenswissenschaft sich erst noch gewachsen zeigen müssen.

Das Weltbürgerrecht stellt die rechtliche Grundlage bereit für die Errichtung supranationaler, mehr auf diskursiven Konsens den auf Macht setzende Institutionen, wie etwa einer der UNGA (United Nations General Assembly) zur Seite (und vielleicht einst voran) zu stellende UNPA (United Nations People Assembly). Es zielt auf einen völlig neuen Typus von Recht, insofern es das für die okzidentale Rechtsauffassung selbstverständliche Zwangsmoment allen Rechts zurückzunehmen trachtet – und darum des Dialogs mit anderen, nichtwestlichen Rechtstraditionen dringend bedarf.

Der Rechtstyp des Weltbürgerrechts könnte, als Widerlager zum Völkerrecht, zu einer Reflexion über die friedenspolitische Bedeutung der Grenze verleiten: Wenige politische Philosophen und Friedenswissenschaftler dürften geneigt sein, den Schutz individueller Rechte unmittelbar einer global agierenden Macht anzuvertrauen, und Rousseaus und Kants Absage an den „seelenlosen Despotism"[43] eines Weltstaats rechtfertigt zugleich die Rechtsverwirklichungspflicht und -kompetenz des modernen Territorialstaats. Dieser wiederum nutzt seine Grenzen nicht allein zwecks sanktionsfähiger Definition seiner Rechtssetzungs- und -durchsetzungsmacht, er nutzt sie auch zur Kontrolle, zur Kanalisierung und Behinderung der zivilgesellschaftlichen Ströme und Kontakte. Hier interveniert dann das Weltbürgerrecht und statuiert, daß Grenzen rechtlich notwendig, aber kein Letztes sind und immer wieder in Frage gestellt werden dürfen. Grenze und Grenzüber-

42 Kant 1973: 135.

43 Ebda. 147.

schreitung, Abschottung oder Öffnung und Austausch: grundsätzliche Probleme des europäischen Einigungsprozesses von Anfang an – deren adäquate Bearbeitungsformen alles andere als ausgeschöpft sind.

3 Epilog

Hat Kant, der hier so vielgerühmte, haben er und seine kontraktualistischen Vordenker und Mitstreiter nun das Wesentliche ausgefunden, das Fundament und den Bauplan einer europäischen Friedensordnung freigelegt? Nein, müßte ich antworten, würde die Frage in dieser Klarheit gestellt. Wichtiges ist noch gar nicht gesagt, wenn denn der Ausdruck Friedens-*Ordnung* die Beschränkung auf den Rechtsrahmen nicht schon implizieren soll. Wichtiges aber ist durchaus frag- oder kritikwürdig – und dem wollen wir uns, über die Globalisierungsthese, nun abschließend nähern.

Was Globalisierung genauer ist oder sein könnte, ist in der Diskussion,[44] und so hat man ihre Existenz bestreiten ebenso wie die Ersetzung des Globalisierungsbegriffs durch andere, präzisere Begriffe fordern können.[45] Gönnt man sich zu Zeiten einer Fußballweltmeisterschaft ein paar Stunden vor dem Fernseher, gewinnt der Begriff Globalisierung eine gewisse Überzeugungskraft: Spieler, die sich nur im Rahmen von Länder- und WM-Spielen einem bestimmten Staat zuordnen, ansonsten aber Vereine in aller Welt als potentiellen Arbeitsplatz betrachten; Spielsysteme, die weltweit gelehrt, diskutiert und modifiziert werden; Trainer, die auf drei oder vier Kontinenten gearbeitet haben. Natürlich hängen auch im Fußball die Bewegungen, die Ortsveränderungen von Trainern, Spielen und Systemen meist davon ab, ‚wo der Rubel rollt', und so könnte man (auch hier) die kapitalist ische und Marktlogik vielleicht als Hauptmotor der Globalisierung betrachten – ohne darum „soziale Austauschprozesse von relativ distanz- und grenzenloser Qualität" „in anderen Sachbereichen – wie z.B. Kommunikation, Kultur, Migration, Umwelt"[46] geringschätzen zu wollen.

Die globale Ausrichtung der Wirtschaft qua kapitalistische ist eigentlich nichts Neues, sondern eher Definitionsbestandteil, sie hat aber

44 Einstiege und Überblicke gewähren etwa Beck 1997, Beisheim/Walter 1997, Jahrbuch Arbeit und Technik 1997, Messner/Vobruba 1998, jüngst Altvater 1999.

45 Vgl. etwa Beisheim/Walter 1997: 174ff.

46 Ebda. 174.

anscheinend ihre Entwicklungsschübe und Höhepunkte, und letzteren vielleicht auch gerade jetzt, wenn der Faktor Kapital besonders mobil und „von nahezu aller Barrieren, Kontrollen, Widerständen, Gegenmachtpositionen befreit ist"[47]. Obgleich der Staat an der Erfolgsgeschichte von ‚Globalisierung' seinen guten Anteil hat, werden seine Souveränitätsansprüche und Gestaltungsmöglichkeiten nun eingeschränkt, erscheinen die demokratische Verfassung und ein bewährter sozialer Zusammenhalt auch im Kreis der OECD-Staaten als durchaus gefährdet.

Der Nationalstaat ist aber keineswegs nur Opfer der vorgenannten Globalisierungsstränge in Ökonomie, Ökologie, Migrations- oder Kommunikationswesen. Als Nuklearmacht bedient er sich nicht nur bestimmter Waffensysteme von globaler Reichweite. Er nutzt unangesehen weiterbestehender einzelstaatlicher Grenzen die ganze Welt als seine Infrastruktur und Logistik und scheut sich nicht, die Weltbevölkerung zur Geisel und gegebenenfalls zum Opfer seiner partikularen Sicherheitsstrategien zu machen. Dem an Destruktionsmitteln überreichen Nationalstaat wie der ökonomisch-possessiven Umwälzung aller Weltverhältnisse haben die von uns betrachteten Philosophen kräftig zugearbeitet – ohne jede feste Absicht und gewiß auf unterschiedliche Art und Weise. Indem meine abschließende Kritik ein wenig Licht auf diese aufklärungsbedürftigen Vorgänge zu werfen sucht, wird sie zwangsläufig auf einige Kritikposten sich berufen müssen, die ihrerseits dann vielleicht als Wegmarken für eine „andere Globalisierung"[48] fungieren können.

Blicken wir noch einmal auf die den politikphilosophischen Neueinsatz kennzeichnende Trias von Naturzustand/Vertrag/Staat und Gesellschaft. Sehen wir vom Sonderfall Rousseau einmal ab, der den Gedanken des Gesellschaftsvertrages mit der Erzeugung tugendhafter Bürger belastet, so gilt grundsätzlich: Um den Gefahren und der Not des Naturzustands zu entkommen, errichten dessen Bewohner eine übermächtige Gewalt, die dafür sorgt, daß sie nun tun können, was ihnen früher nur unter großen Gefahren möglich war. Die durch den Vertrag entstehende Gesellschaft ist eine Gesellschaft nutzenkalkulierender Individuen, die in marktförmigen Beziehungen zueinander stehen; der dies alles ermöglichende und darum legitimierte Staat aber ist

47 Negt 1998: 7.

48 Wie für mehrere Dimensionen (Frieden, Konflikt, Entwicklung, Kultur) vorgedacht in dem Buch gleichnamigen Titels von Johan Galtung (Galtung 1998).

zuletzt „Instrument ... ein aus dem Willen und der Klugheit der Menschen geborenes Machtwerk ... eine Maschine“.[49]

Die Philosophen, von Thomas Hobbes bis zum Kontraktualismus der Gegenwart, die den Staat von der ökonomisch-technischen Vernunft seiner Bürger her konstruieren und legitimieren, wie ihre Leser und Hörer, die ihr Staatsverständnis entsprechend modellieren, gehen meines Erachtens aber gleich doppelt in die Irre.

Sie verkennen zunächst die Art und den Grad der Beteiligung der den Staat gründenden Subjekte. Geht es hier tatsächlich um ein Geschäft, in das jeder so viel wie nötig einzahlt, um so viel wie möglich herauszubekommen – Staatsbürgerpflichten versus Existenz- und Freiheitsgarantien sozusagen? Oder handelt es sich hier nicht notwendigerweise um den Versuch einer Selbstgründung der jeweils einzelnen wie der vereinigten Individuen, aus eigener Kraft nämlich sich die Bedingungen ihres Lebenserhalts und ihrer möglichen Lebenssteigerung zu verschaffen – in der Sprache der theologischen Tradition: causa sui zu werden?

Im letzteren Fall wäre der Staat zweifellos mehr als das Produkt eines rationalen Kalküls seiner Erzeuger, der sichere Garant ihrer Interessen. Vor den Interessen prägen den Menschen notwendigerweise die Leidenschaften, der Wunsch, das Begehren: das Begehren des als ein blutiges kleines Bündel in die Welt geworfenen Menschenkindes, Sicherheit und existentiellen Halt zu finden, ein Ganzes, in sich Ruhendes und nicht immer nur Abhängiges zu werden. Wenn der letzte Sinn der von der Psychoanalyse konstatierten ödipalen Konfiguration darin besteht, daß der darin involvierte Mensch versucht, über die Unterwerfung des anderen Geschlechts und der vorhergehenden Generation sich phantasmatisch seiner eigenen Existenzbedingungen zu bemächtigen, dann sprechen gute Gründe dafür, daß auch der Staat in diese ödipale Struktur eintritt. Knüpfen sich an ihn dann aber nicht mehr nur die Rationalitätserwartungen des homo oeconomicus, sondern zumal die ganze Selbstgründungsleidenschaft und -hoffnung der ihn konstituierenden Subjekte, dann dürfte kaum überraschen, wie affektiv aufgeladen dieses vorgebliche Rationalitätsprodukt Staat seit seiner Entstehung immer war; dürfte auch verständlich sein, daß und warum dieser Staat schon von seinen subjektiven Entstehungskonditionen her immer mehr und anderes war als ein Instrument oder eine gehorsame Maschine.

[49] Kersting 1996: 26.

Das Gewaltwesen des modernen Staates, das wollte ich mit diesem gedrängten Gedankengang nahelegen, hängt auch und nicht zuletzt an der philosophisch begünstigten Verdeckung bzw. Verkennung der in seine Produktion und Unterhaltung eingegangenen subjektiven Motive und Kräfte. In diesem Staat ein Instrument, ein Mittel sehen zu wollen, ist aber, zum zweiten, auch objektiv falsch, ein „Kategorienfehler" (G. Anders): weil das, von dem wir, allein und in Gemeinschaft, abhängen, nie und niemals unser Instrument und Mittel sein kann. Hervorheben möchte ich, daß das bisher Gesagte keineswegs nur für den Machtstaat des Thomas Hobbes oder seiner weniger konsequenten Nachfolger, sondern ebenso gilt für den Rechtsstaat in der Nachfolge Kants, obwohl dieser doch im Verständnis vieler Zeitgenossen seinen Selbstzweckcharakter definitiv aufgegeben habe und in der Besorgung der Rechte seiner Bürger und des Friedens seiner Gesellschaft aufgehe. Doch zeigt schon eine einfache rechtsphänomenologische Überlegung, daß es mit dieser menschenfreundlichen Selbstbegrenzung sein ganz eigenes Bewenden hat.

Rechtsansprüche zu behaupten, setzt eine mindestens dreistellige Relation voraus. Das dritte Element, der Staat, liegt nur scheinbar auf derselben Ebene wie die beiden anderen, zwischen denen jeweils das Recht strittig ist. Als (rechtslogisch notwendigerweise) mit unwiderstehlicher Sanktionsmacht ausgestatteter Rechtsinterpretator, bei dem alle nur möglichen Rechtsansprüche aufbewahrt liegen, wird der Staat zum Über-Subjekt schlechthin: Grundrechte setzend, anerkennend, zuerkennend, modifizierend, abschaffend. Zwei Züge machen die hiermit aufgewiesene überindividuelle Statur des modernen Staates zu einer metaphysischen. Einmal die Tatsache, daß dieser Staat, gerade auch zwecks Realisierung subjektiver Anspruchsrechte, zur schlechthin überwältigenden „Lebens-Macht" (Foucault) wird, der Existenz und Lebensalternativen stiftet und verbürgt. Zugleich aber macht ihn die angesprochene Sanktionsmacht zur allzeit in das Leben hineinragenden Todes-Macht, die sich als solche auch bekennt (in Kriegsplanung und finalen Todesschüssen, in Todesstrafe und Gnadenerweisen).

Wird dieser Staat sich im Frieden und Normalfall durch Menschen- und Bürgerrecht beschränken und bestimmen lassen, so wird er doch im Gefahren- oder Ausnahmefall sein höheres Recht präsentieren. Mit Zustimmung wohl der meisten Bürger, die in diesem Moment die metaphysische Stellung des Staates bestätigen und im Akt der Unterwerfung den Staat als die objektiv höchste und subjektiv faszinierende Gewalt anerkennen. Es könnte fatalerweise sein, daß vor dem gesellschaftlichen Unbewußten wie dem Gefühl und Selbstverständnis der

Regierenden erst der das Menschenrecht suspendierende und damit relativierende Akt des Staates, seine Kriegserklärung nach innen und/oder nach außen, ihn als alltäglichen Rechtsbewahrer glaubwürdig installierte. Wie könnte der das Recht besorgen, der ihm selber unterworfen bleibt?

Wir sind hier offensichtlich ein weiteres Mal in den Bereich gelangt, den man die Politische Theologie des modernen Staates nennen könnte; dies allerdings nicht, um dessen metaphysische Postur mitsamt ihres menschliche Vorstellungskraft mittlerweile überfordernden Gewaltwesens unangreifbar zu machen. Erkennen wir unsere – grundsätzlich doch unerfüllbaren! – auf den Staat gerichteten Wünsche und Leidenschaften, begreifen wir durch die Widerlegung des Rechtsinstrumentalismus, daß und wie der Staat noch in seinen nobelsten Verrichtungen seinen Gewaltvorbehalt ausspielt – dann sollten wir weniger naiv über das Verhältnis von Staat und Bürger urteilen und zugleich Maßstäbe gewinnen können für eine Neuaushandlung der Geschäftsgrundlagen zwischen Staat und Gesellschaft.

Institutionell wäre zunächst auf die Zurückdrängung der Lebens- wie der Todesmacht des Staates durch die Stärkung der Zivilgesellschaft zu drängen, versteht sich: über den nationalen Rahmen hinaus. Hier bietet das Kantsche Weltbürgerrecht mehr als einen Fingerzeig. Das zweite wäre verstärkte Demokratisierung. Demokratisierung der internationalen wie der supranationalen Organisationen auf der einen, der einzelstaatlichen und substaatlichen Gebilde auf der anderen Seite. Die realgeschichtlich anscheinend unerläßliche Übertragung repräsentativ-demokratischer Institutionen auf immer größere politische Einheiten (EU), muß abgemildert und aufgefangen werden durch eine radikal demokratische Durchbildung des politischen Alltagslebens. Diese demokratischen Prozesse sollten vor allem die Gestaltung des sozialen Raums betreffen, sie sollten den Zentralismus auf ein unerläßliches Maß zurückbilden (Stichwort: Subsidiaritätsprinzip) und bis in den Kern der sozial-ökonomischen Reproduktion dringen, Stichwort: Wirtschaftsdemokratie.

Die gerade unter Globalisierungsbedingungen unerläßliche, nationale wie übernationale Demokratisierung der sozioökonomischen Verhältnisse veranlaßt einen letzten Blick auf die anthropologischen Grundlagen der hier untersuchten Friedenskonzeptionen. Die neuzeitliche Stilisierung des Naturzustands- und Staatsbürgers als homo oeconomicus kennzeichnet den Kontraktualismus von Hobbes bis Rawls, sie kennzeichnet aber auch Kants anspruchsvollere Sozialtheorie. Diese hat in der Freiheit das erste und neben der Gleichheit einzige Menschenrecht gesehen und sie als „Unabhängigkeit von eines anderen nötigender Willkür“[50] verstanden. Diese gerade in ihrer Unbestimmtheit produktive Formel hat Kant aber in seiner *Metaphysik der Sitten* sogleich eigentumsrechtlich ausgelegt und den Staat dann als Garanten einer Ordnung von Eigentümern und ökonomischer Freiheit deduziert, einer Ordnung, die um den sozialen Ausgleich gänzlich unbesorgt war.

Was spricht dagegen, hier und heute Kants ökonomistische Wendung im Menschenrechtsverständnis zu widerrufen? Die Rückkehr zu einer nicht-ökonomistischen Fassung des Menschenrechts auf Freiheit sollte plausibel erscheinen in einer Zeit, in der die neoliberale Ökonomie an der 20:80-Formel bastelt: 20 % der Weltbevölkerung produziert alles Nötige, der Rest muß vor allem ruhig gestellt werden! So erscheint mir die „Unabhängigkeit von eines anderen nötigender Willkür“ unabdingbar in einer Welt, in der praktische Solidarität mit den Schwächeren und die demokratisch-aktive Auseinandersetzung mit den Weltverhältnissen immer wichtigere, aber, unter dem Ansturm der Globalisierung, auch immer knappere Ressourcen werden.

Literatur

Altvater, Elmar: Von der Schwierigkeit, Globalisierung zu verstehen – eine verhaltene Polemik, in: Th. Greven/O. Jarasch (Hgg.): *Für eine lebendige Wissenschaft des Politischen. Umweg als Methode*, Frankfurt a. M. 1999, S. 182–203.

Beck, Ulrich: *Was ist Globalisierung? Irrtümer des Globalismus – Antworten auf Globalisierung*, Frankfurt a. M. 1997.

Beisheim, Marianne/Gregor, Walter: „Globalisierung – Kinderkrankheiten eines Konzeptes“, in: *Zeitschrift für Internationale Beziehungen.* 4. Jg (1997). Heft 1, S. 153–180.

Bellers, Jürgen (Hg.): *Klassische Staatsentwürfe. Außenpolitisches Denken von Aristoteles bis heute*, Darmstadt 1996.

Bull, Hedley: Hobbes and the International Anarchy, in: P. King (ed.): *Thomas Hobbes. Critical Assessments.* Vol. 3: *Politics and War.* London/New York 1993, S. 79–93.

Czempiel, Ernst-Otto: Kants Theorem. Oder: Warum sind die Demokratien (noch immer) nicht friedlich, in: *Zeitschrift für Internationale Beziehungen.* 3. Jg. (1996). Heft 1, S. 79–101.

50 Kant 1966: 43.

Euchner, Walter: Thomas Hobbes, in: *Pipers Handbuch der politischen Ideen*, hgg. von I. Fetscher und H. Münkler, Band 3: *Neuzeit: Von den Konfessionskriegen bis zur Aufklärung*, München 1985, S. 353–368.

Fetscher, Iring: *Modelle der Friedenssicherung*, München 1972

Fetscher, Iring: *Rousseaus politische Philosophie. Zur Geschichte des demokratischen Freiheitsbegriffs*. Dritte überarbeitete Auflage, Frankfurt a.M. 1979.

Fetscher, Iring: Jean-Jacques Rousseau, in: *Pipers Handbuch der politischen Ideen*, hgg. von I. Fetscher und H. Münkler, Band 3: *Neuzeit: Von den Konfessionskriegen bis zur Aufklärung*, München 1985, S. 477–494.

Frankfurter Rundschau von Pfingsten 1998, S. 7: Kein spezieller Grund, pessimistisch zu sein? Der Sprachwissenschaftler, Philosoph und Gesellschaftskritiker Noam Chomsky im Gespräch.

Galtung, Johan: *Die andere Globalisierung. Perspektiven für eine zivilisierte Weltgesellschaft im 21. Jahrhundert*, Münster 1998.

Geismann, Georg: Kant als Vollender von Hobbes und Rousseau, in: *Der Staat. Zeitschrift für Staatslehre, öffentliches Recht und Verfassungsgeschichte*. 21. Band (1982). Heft 2, S. 161–189.

Hoffmann, Stanley: Rousseau on War and Peace, in: ders: *The State of War. Essays on the Theory and Practice of International Politics*, New York Washington/London 1965, S. 54–87

Jahrbuch Arbeit und Technik 1997 (*Globalisierung und institutionelle Reform*), hgg. von Werner Fricke, Düsseldorf 1997.

Kant, Immanuel: *Grundlegung zur Metaphysik der Sitten*, Hamburg 1965.

Kant, Immanuel: *Metaphysik der Sitten*, Hamburg 1966.

Kant, Immanuel: *Der Streit der Fakultäten*, in: W. Weischedel (Hg.): *Kant – Werke in zehn Bänden*, Bd. 9, Darmstadt 1968, S. 263–393.

Kant, Immanuel: *Kleinere Schriften zur Geschichtsphilosophie, Ethik und Politik*, Hamburg 1973.

Kersting, Wolfgang: *Kants Rechts-, Staats- und Geschichtsphilosophie*, Hagen 1988 (Studienbrief der FernUniversität Hagen).

Kersting, Wolfgang: Einleitung. Die Begründung der politischen Philosophie der Neuzeit im *Leviathan*, in: ders. (Hg.): *Thomas Hobbes, Leviathan oder Stoff, Form und Gewalt eines bürgerlichen und kirchlichen Staates*, Berlin 1996, S. 9–28.

Messner, Dirk/Vobruba, Georg: *Die sozialen Dimensionen der Globalisierung*. (INEF-Report 28) Duisburg 1998.

Meyers, Reinhard: *Weltpolitik in Grundbegriffen*, Düsseldorf 1979

Negt, Oskar: Ironie der Geschichte, oder: Der Kaiser ist nackt, in: *Frankfurter Rundschau* vom 4. Juli 1998, S. 7.

Raumer, Kurt von: *Ewiger Friede. Friedensrufe und Friedenspläne seit der Renaissance*. Freiburg/München 1953

Rousseau, Jean-Jacques: *Sozialphilosophische und Politische Schriften*. München 1981.

Schmidt, Hajo: „Zum ewigen Frieden“ – Kants radikales Vermächtnis, in: M. Hädrich/W. Ruf (Hgg.): *Globale Krisen und europäische Verantwortung – Visionen für das 21. Jahrhundert*. Baden-Baden 1995/96, S. 30–52

Schmidt, Hajo: Kant und die Theorie der Internationalen Beziehungen. Vom Nutzen und den Problemen einer aktualisierenden Kant-Lektüre – ein Kommentar zu E.-O. Czempiel, in: *Zeitschrift für Internationale Beziehungen*. 3. Jg (1996). Heft 1, S. 103–116.

Scholte, Jan-Aart: The Globalization of World Politics, in: J. Baylis and St. Smith (ed.s): *The Globalization of World Politics: An Introduction to International Relations*, Oxford 1997, S. 13–30.

Tauras, Olaf: Jean-Jacques Rousseau. Friede durch Konföderation, in: Bellers 1996, S. 121–134.

Weizsäcker, Ernst Ulrich von: Globalisierung – Krebsgeschwür für die nationale Demokratie und die globale Umwelt, in: F. Hager (Hg.): *Im Namen der Demokratie. Alle Staatsgewalt geht vom Volke aus*, Darmstadt 1997, S. 129–135.

Willms, Bernard: Tendenzen der gegenwärtigen Hobbes-Forschung, in: U. Bermbach/K.-M. Kodalle (Hgg.): *LEVIATHAN – Diskussion 300 Jahre nach Thomas Hobbes*, Opladen 1982, S. 232–243.

JOHAN GALTUNG

21st Century Conflict Formations: Diagnosis, Prognosis, Therapy

1. A Bird's Eye View

A conflict formation includes all parties with a stake in the outcome of the conflict, their goals, and the issues, the clashing goals, the incompatibilities, the disharmonies. Each one is a problem crying for some resolution, or transcendence. Thus, a conflict analysis focuses on problems. A more complete analysis would also focus on compatibilities, and among them on the harmonies where goals are met together or negated together.

A conflict perspective is by its very definition focussed on problems and can be accused of giving us a too pessimistic perspective on human affairs. This is true if it is taken for granted that those problems cannot be solved and that conflict will by some law of nature degenerate into violence.

A much more optimistic perspective, held by this author, would beg to differ. Conflict is a challenge with the problems shouting „transcend me!", go beyond, a force motrice driving human beings, societies, the whole world forward when taken on. Whether conflict leads to destructive action, indifference or constructive action, or some mixture, is for us to decide.

When a conflict is on, energies are generated that may lead to basic changes. The outcome is uncertain, meaning that raw material for new acts of creation is available. Big, powerful actors sense that things are up for grabs, and descend upon the fields like vultures, politically as „third parties" steering the conflict, militarily as big powers enforcing their peace, economically as major speculators. And that is already one formation pitting big powers against the small countries.

In the following the focus is on conflict formations with parties, and not only states, found all over the world:

- Geoeconomic conflict formation: The World Economic Crisis
- Geomilitary conflict formation: The NATO/AMPO Expansion
- Geopolitical conflict formation: The State/Nation Controversy
- Geocultural conflict formation: The Christian-Muslim Antinomy

However, since this talk is given in Europe we add the Euroregional conflict formation: Tripartite Europe and Germany.

All four forms of power, economic (remunerative), military (punitive), political (decisional) and cultural (normative) are found in all five; the classification refers to the main theme.

This year is 1998, 350 years after the Peace of Westphalia, the peace that was none, a non-starter. But 1648 is a convenient if too precise milestone to mark the birth of the state system. This goes beyond the states as large, centralized, territorial organizations imposing economic/military/political/cultural „order", meaning compliance with the commands of the center. Basic were the two rules for military power:

(1) Only the state has the right to use internal force, and

(2) Only the state has the right to use external force, war.

In short, the power monopoly for the ultima ratio regis. There is no assumption that states have to use violence nor that they should not do so, only that they have that monopoly. The policy became „peace within, at the expense of war without", symbolized by the lag between the human rights of 1776/89, to a large extent implemented, and the ius ad bellum and ius in bello of the Hague system 1899 and the UN Charter Article 2(4), far from implemented. The centuries after the Peace of Westphalia, particularly this one, gives us no reason to celebrate.

2. The World Economic Crisis: Diagnosis, Prognosis, Therapy

Any effort to describe the world situation without paying attention to the economy is usually due to a singleminded focus on the political/military state system; any attempt to see the current economic crisis as financial only (a crisis in the finance economy) is probably due to the usual economistic focus on the economic problems of upper and middle classes; any effort to see the crisis in terms of the names of the countries where it appears (Thai crisis, Asian crisis) is as misleading as to believe that the conflict formation of Yugoslavia is there only. There is a confusion between the arena map where the crisis shows up and the crisis (or conflict formation) map.

The world economic system crisis is seen as deriving from:

(1) ever-increasing labor productivity, pushing the production to ever higher levels compatible with supply side economics and making workers redundant: compatible with transfer of gains from workers (and to some extent managers) to capital-holders;

(2) ever-increasing privatization, eliminating the state as an economic actor capable of distributive politics: compatible with the neo-liberal ideology of the primacy of the „market"; and

(3) ever-increasing globalization, borderless economy, making high Q/P (quality over price) products/services available for those who can buy through corporate outlets, eliminating local subsistence, non-market economies.

The net outcome is obvious and has been evolving since the end of the Cold War: over-production with supply exceeding demand, increasing unemployment, possibly disguised (like in the US) as job = contract on which workers/families cannot live. This leads to people living miserable and short lives at the bottom of the world economic system, with neither effective demand nor access to subsistence economy (CRISIS I) and to overheating of the finance economy, speculation rather than investment, asynchrony, lack of trust in financial goods, and finance crises (CRISIS II).

This is not the place to present the underlying model for this extremely badly managed, or unmanaged at all, world economy with blind reliance on „market forces", meaning on strong actors who call the tune. The current system is as blindly ideological in its reliance on the „market" (meaning, for instance, the 358 bil ionaires) as the Soviet system was in its blind reliance on the „state" (meaning, for instance, the 20 or so members of the Politburo). By „ideology", then, is meant a map of the world, descriptive and prescriptive, with vast white spots that the map tries to make invisible (like „freedom" on the Soviet map and „basic human needs for all" on the liberal map; they both claim that what is missing will come automatically „later".

In passing it should be noted how IMF fits into this. IMF works like a doctor with only one therapy: detaching corporate decision-making from constraints, thus making it free to operate according to „market" supply/demand discipline, unrestrained by workers (hence increasing productivity, defeating workers with technology); unrestrained by states laws/regulations (hence increasing privatization, less state power and MAI), and unrestrained by borders (hence globalization, WTO and MAI). IMF prescriptions, defying trade unions, abolishing luxury taxes, subsidies for basic needs and duties, devaluation, unfettered entry and exit of capital, all point in that direction. IMF is a (major) part of the problem, not a part of the solution.

Any diagnosis, like the preceding short-hand indication, has to be tested against the plausibility of both prognosis and therapy; these are three inter-linked intellectual activities. They serve as each other's test. Ideally the diagnosis should provide a necessary and sufficient basis for both. Does it?

The prognosis is increasing misery and accelerating finance crises in an increasingly labor-productive, privatized and globalized economy. The unemployment and general exclusion from the economy may spread more evenly as the economy globalizes.

But globalization also hits higher up. Classical imperial structures, based on the harmony, even alliance between center in the Center countries and center in the Periphery countries may yield in favor of a „one world, one economy“ formula.

Why should the center in the Center, the corporate elites in the OECD countries in the USA, the EU and Japan, share with elites in the Periphery when they can reach the few workers and the many customers they need directly? No local representatives are needed, shopping can be on the Internet straight from the

Center with delivery from Center-controlled outlets. This is a major threat to Periphery elites and may serve to equalize the misery. In addition, it proves Marx' point of increasing misery at the bottom of the system, not at the bottom of each country (Marx was a system economist, not a state, country economist).

Obviously, both corporate and bureaucratic elites are going to defend themselves when they discover that profits end up with centers in the Center uncompelled to share the spoils with the center in the Periphery as they have direct access.

At the bottom the prognosis spells more miserable and short lives as the state has ever less funds for health and education, increased violence, migration waves, nationalism, riots, war. Higher up it spells increased corruption to hang on to power and privilege, and revolutions that may or may not be similar to our recent fascist or communist past, possibly religious, populist, with state and national self-reliance inscribed on the banners.

Short term, superficial therapies would include such measures as restrictions on the borderless finance economy in currencies, bonds, stocks, options/futures/derivatives etc. by means of taxation, built-in delays, quantity restrictions on transactions, making public major transactions (for everybody to draw conclusions, including when anonymity is invoked), and the reintroduction of traditional state-border economies.

Medium term, less superficial therapies would include such measures as radical redistribution, increasing the buying power lower down in society. Building modern subsistence economies in all local communities, based on micro-credits, alternative technologies, local money, etc. would be a part of the picture.

Long term, more fundamental (some would say fundamentalist) therapies would work on basic values, reinstating altruistic solidarity instead of egoistic cost-benefit economism and more spiritual, less materialistic life projects as cultural pillars.

Why? Because the current world system deprives people of their livelihood. What to do? Guarantee basic needs for all. Who would do that? Not corporations, there is no profit to reap from basic needs for the most needy. Not the states, their tax base erodes: corporations move where taxation is lowest or even negative (incentives), and people with no or badly paid jobs pay little or even negative (unemployment relief) taxes. Not workers in the classical sense, even with rejuvenation of trade unions their bargaining power will be a shadow of the past.

Consumers, however, have considerable power; they are still needed as customers. Consumer strikes by even small percentages will have an impact given the low profit margin except for arms, drugs and pornography; meaning that the supply will increase.

3. The NATO/AMPO Expansion: Diagnosis, Prognosis, Therapy

This double expansion, here seen as a consequence of the US JCS 570/2 directive under Roosevelt in 1943, the „base bible“, is easily a decision at the same level of arrogance cum ignorance of political consequences as the provisions of the Versailles Treaty of 1919 for defeated Germany-Austria. Increase the force directed at somebody and he may collapse. But he may also react or recohere in some other form and generate a counter-force.

To have NATO expand eastward, and at the same time AMPO westward, in terms of the support, logistical and otherwise, given by Japan to the USA, will easily be perceived as a pincer movement. In-between is the Eurasian continent, the source of geopolitical evil in US strategic thought (Latin America being an easily controlled backyard, Africa being insignificant). The Middle East is a key part of Eurasia as is West Asia in general, so is South Asia after the nuclear explosions of India and Pakistan, so is Central Asia with its oil, so is Southeast Asia with until recently booming economies. And so are, indeed Russia (with Ukraina and Belarus) and China, not to mention the highly problematic Eurasian peripheries, Korea and the Balkans. Thus, a global superpower has its reasons. What will be the reaction?

A reactio of (about) same size, and with (about) opposite direction. Russia and China will settle grievances (e.g. over the Ussuri river) and start exchanging military information; China might like to reinforce agreements with Pakistan and Russia to reinstate agreements with India; in addition Russia will pick up what the USA defines as pariah states, Serbia, Libya, Syria, Iraq, Iran and support them in the UN. The whole region may cohere against the USA. Welcome to Cold War II?

Not necessarily. There could be confidence-building measures, high level of transparency in all directions, systematic use of defensive capabilities, etc. But the problem is that with the expansions old conflict fault-lines become borders between potentially opposed military forces, with no buffer zones of neutral/nonaligned states in-between.

The major European fault-lines are the 1054 schism fault-line, related to the line between West and East Rome from 395, between the Western-Catholic and the Eastern-Orthodox Christian churches, and the 1095 Crusades faultline between Christianity and Islam. Expansion of basically Protestant/Catholic NATO will bring the border up to the Catholic/Orthodox faultline between Poland and Belarus/Ukraina, and between Hungary and Ukraina/Serbia/Romania (potentially also between Protestant Finland/Estonia and Orthodox Russia, which also borders on Catholic Latvia/Lithuania; Slovenia being less problematic). A minor incident along the highly problematic Poland/Ukraina border may easily activate large geotectonic aggregates.

The major East Asian fault-line is between the single shinto country, Japan, and the rest of North, Central and South East Asia. Fortunately there is a wet defense in-between, the Japan Sea. A purely defensive Japanese posture would signal non-threat. But high level cooperation with the most mobile military power in the world, the USA, signals the opposite, regardless of the deployment of the self-defense forces. What matters is the nature of the bond to offensive capability, not the defensive posture of the national forces alone, just as in

Europe. Again, a little incident and it will easily be magnified politically. That is the significance of fault-lines.

The prognosis is along those lines. A totally unnecessary move partly motivated by the in-born urge of an organization to perpetuate itself, at the very least, and at best to grow on top of that, with little concern for possible consequences.

Those consequences should be seen in the light of the first geo-economic formation. The controllers of both the finance and the productive economies are in the OECD area, the NATO/AMPO area in military terms. Countries suffering badly both CRISIS I and CRISIS II symptoms are found in-between, in the pincer gap.

Imagine that one day they see a connection between the two and interpret the double expansion as an effort to control regions that become restive under economic duress. USA/EU/Japan may then discover that they have taken on more than they can digest if the „in-between" crystallizes into reasonably coherent resistance. Those who consider this unlikely might contemplate the underestimation of Arab cooperation in the OPEC 1973 action.

It is not so easy to envisage any therapy short of „stop it, reverse the decision, promote super-regional, world security" instead. The solution is not to invite Russia into first class NATO membership since that would trigger an East Asian Security Community along the fatal White-Yellow faultline, recently activated by the biggest communist countries. Nor should China join AMPO, for the same reason. Regional solution would have to bridge fault-lines, not reinforce them.

And that pushes the only viable solution in the direction of either disarmament or UN peacekeeping capability by soft military means: Sun Tzu rather than Clausewitz, defensive rather than offensive, police rather than military, nonviolent rather than violent. Much too little energy goes into its development.

4. The State/Nation Controversy: Diagnosis, Prognosis, Therapy

With about 2,000 nations, i.e., cultural groups with territorial claims, and about 200 states (185 of which are UN members), the world has at present an average of about 10 nations per state.

Only about 20 states have only one nation, meaning they are nation-states. Something like 180 states are multinational, with at least 90% of humanity, and they split into two groups:

- symmetric, the nations are about equal in power and privilege;
- asymmetric, one nation, more equal than the others, dominates.

In the symmetric category there seems to be only one relatively clear case: Switzerland. The rest are asymmetric, meaning that either they have to become symmetric or the subjugated nations have to become autonomous, whether that means sovereign or not.

Deep conflicts threaten deeply rooted needs. For the geoeconomic formation that need is wellbeing, livelihood in the simplest material sense, and for at least one billion human beings. For the geomilitary formation the need is survival, grossly insulted in a military enormity that might involve half of humanity if the dangerous mix should explode.

And for the geopolitical formation explored here the basic need threatened is freedom, to be the master of a house one can call one's own, not to be lorded over by some other nation. The state as „a prison of nations", also often used for the defunct Habsburg empire, expresses this linkage to basic needs. But very close is the need for identity, with the idiom and, indeed, with the sacred times and sacred places rooted in the coveted territory. The problem gets acute when two or more nations covet the same territory not only as convenient property but as sacred ground where their forefathers imprinted their Culture on Nature.

Some examples of asymmetric multi-national countries:

- USA: Inuits, Hawaiians, First Nation Indians, Mexicans, Whites
- Japan: Ainu, Okinawans, Japanese
- China: Taiwan, Hong Kong, Tibet, Xinjiang, Inner Mongolia, Han
- Spain: Catalans, Basques, Galicians, Valencians, Canarese, Spanish
- France: Bretons, Corsicans, Basques, Alsatians, Occitans, French

It is less obvious that people imported as slave workers, such as Africans in the USA and Koreans in Japan, constitute nations with mythical relations to territory, even if links produced by trauma should not be underestimated.

The prognosis is not that each nation will initiate a secessionist war for independence. Even given the right to self-determination, expressed in a referendum, the outcome may be some level of autonomy within that state, „functional independence", with control over certain functions (like the local police) and not others (like a local army). The prognosis would be that with no autonomy granted secessionism may sooner or later follow, also threatening survival and wellbeing needs.

The category „nation“ as used here should not be confused with the much broader category „culture“ (of which there may be more like 10,000 in the world). Cultures have their own idiom, like language, religion, myths; but not the claim on territory that makes them nations, potentially claiming a nation-state. Their needs can be met by according them the right to speak their own tongue and worship their own gods; no special territorial arrangement would be needed. Thus, the United States of America is also the United Diasporas of the World, UDW, generously providing a home and a New Beginning to people from all over the world. But that does not make them nations in the USA, only cultures in a highly multi-cultural country.

There are, broadly speaking, two non-exclusive approaches at two different levels, to this conflict formation: to loosen up the state, and to link the state to neighboring states. At both levels there are six possibilities: a unitary state, a federation, a confederation, an associative/ cooperative system,

no relation at all and a dissociative/(pre-)violent system; in other words 36 combinations. However, six of them can be eliminated immediately as a unitary multi-national state is the problem, not a solution. Another eleven can also be eliminated: we do not prescribe as therapy the dissociative solution at any level, and certainly not at both even if this is what we may end up with if the conflict formation is badly handled.

If we use Yugoslavia as an example, with the uti possidetis insistence on the old border, then Slovenia as a unitary state, Croatia as a federation with autonomy for Kraina and Slavonia, BiH as a federation with three entities, a Yugoslav federation with Kosovo/a as one more republic, possibly adding Vojvodina and Sandjak, and then Macedonia as a federation with an Albanian part, all of this linked together in a Yugoslav confederation might not be the worst outcome. If neighboring countries join in a Balkan confederation it might be even more meaningful.

Or, take Sri Lanka: a confederation that one day might become a federation between a sinhalese and (one, two) Tamil parts within SAARC as an associative system.

For the Kurds: human rights and high level of autonomy within the five countries, and a confederation linking the autonomies. The same formula might be interesting for the Mayas in Mexico (Chiapas), Guatemala (majority) and Honduras.

And how about China as a (con)federation of the six Chinas?

5. The Christian-Muslim Antinomy: Diagnosis, Prognosis, Therapy

In this formation cultural identity is foremost in the needs hierarchy, but not necessarily in a theological sense. What Christians worry about is not so much Islam as „Christianity without Christ“, as the interpretation of jihad as unconditional war against infidels. That interpretation of „exertion“ is more fundamentalist than the fundamentalism they attribute to Islam. But it is combined with worry about a state that is „integriste“ as opposed to states segmented in sacred and secular sectors.

And Muslims seem to worry less about Christian theology than about Augustinian Holy War and the idea that Christian wars seem to be at their holiest when directed against Muslims. This is then linked to an interpretation of Westerners, Christian or not, as economistic fundamentalists, stripping economic transactions down to rock-bottom „goods/services against money“, against the Qur'anic doctrine transactions being wholesome, involving the total person on both sides. Islam is not hostile to markets, nor to capitalism except for the interest aspect, but is hostile to economism (not quite the same as economics).

There is mutual cultural invasion going on with economic investment, military deployment, political decision-making and cultural conditioning from Christian to Islamic countries; and the migration of Muslims and conversion to Islam in Christian countries. Both patterns will confirm the negative ideas indicated above. But whereas the Muslims are a small minority (except for Germany) in the West, the invasion of Muslim countries is massive. Reactions are sometimes violent (bombing barracks in Lebanon, World Trade Center, embassies); so are the responses (bombing Libya, missiles over Sudan and Afghanistan.

This conflict formation comprises well above one third of humanity if we go by the numbers of adherents of the two faiths, both of them universalistic and similar enough to be highly competitive, for instance in Africa. Islam prescribes, not only permits, war to defend, not to spread the faith; the Crusades 1095–1291, Zionism in Palestine, and Communism in Afghanistan being the clear cases. Is Western economism in the same league? The answer will be given by Muslims, not by Christians, will not be unanimous, and is unlikely to be understood by the West, unaccustomed to see themselves in the looking glass. Thus, the West would have done well to contemplate the message in targeting the World Trade Center; an anti-economistic message which Muslims has formulated without bombs for centuries.

This does not justify the threat to lives. But it should be understood that Muslim violence is reactive, following penetration of Muslim lands from the realm of Christianity. Since that penetration seems to continue unabated at the same time as there are no signs of increasing Western sensitivity to the underlying cultural conflict the prognosis can only be massive increase in the violence, including the violence of „fundamentalist“ Islamic groups against „moderate“ governments.

One way out is less investment, deployment, decision-making and conditioning and more dialogue across the religion divide. When entering somebody else's house better observe the rules of the place: smoking or not, shoes off or not. That also applies to Muslims in Christian countries: when in public space obey the rules of the place; your own private space is another matter. Cultural globalism will meet with the same reactions as economic globalism, and economic globalism is today in deep trouble.

6. Tripartite Europe and Germany: Diagnosis, Prognosis, Therapy

Two fault-lines cut Europe in three parts: Protestant/Catholic (also a fault-line, but inactive since 1648 except for Ireland), Slavic-Orthodox and Turko-Muslim. As the fault-lines intersect in Sarajevo, surrounded by Bosnia and Herzegovina, surrounded by Yugoslavia, surrounded by the Balkans this is a major conflict arena by and large with predictable alliances. Thus, there is a Washington/London/Paris/Berlin/Wien/Zagreb axis, an axis running Moscow/Beograd/Skopje/Athens and the „green transversal“ running Sarajevo/Tirana/Pristina/Skopje/Ankara and onwards.

Another tripartite arena is the Caucasus region, with violent encounters between Slavic-Orthodox and Turko-Muslim forces, the third parties being Georgian/Armenian Christians.

This has been European reality for about one thousand years even if it does not account for the tremendous belligerent energies in the Protestant/Catholic part, both among themselves and as imperial powers overseas. Thus, the First and Second world wars fall into that category. But the Cold War was closer to the Schism configuration, Catholic/(Protestant) against Slavic-Orthodox; with the important proviso that Orthodox Greece, Protestant East Germany, Catholic

Poland, Catholic Hungary, Muslim Albania and Protestant-Catholic Czechoslovakia were located wrongly. These were also the six countries where major revolts took place, in that chronological order. In the other fifteen of the 16+8 = 24 NATO/WTO countries there were no major protests against alliance incorporation. Thus, France never excited completely, not even militarily. And after the Cold War the tripartite order has become dominant, with Greece and Turkey being under cross-pressure, and hence unstable.

Today most Protestant/Catholic countries are in the European Union, the biggest Slavic-Orthodox in the CIS, and the Turko-Muslim countries also have an organization (which in addition to Turkey and the six ex-Soviet republics includes Iran, Pakistan and Afghanistan). Should conflicts harden further crystallization economically/militarily/politically would be relatively easy. Western Christianity is ahead.

The order is tripartite, and conflicts where all three have axes to grind with the other two are entirely possible. But wars are between two parties, calling either for alliances or for withdrawal as outsiders or declared neutrals. The Soviet Union was an institutionalized alliance between the Slavic-Orthodox and the Turko-Muslim; the exceptions being three small Baltic states and Armenia/Georgia; quick to opt out when the chance came, feeling they belonged elsewhere. In Yugoslavia an alliance was forced upon Catholic Croats and Muslim Bosniaks, among other reasons to avoid any split of the West over Yugoslavia, with Germany/Austria (Prussia/Habsburg) siding with the Croats and the USA with Muslims. It is all very unstable.

Insert into this the European „Kingdom in the Middle", Germany, today a leading member of the European Union, always with Austria near-by politically. Germany is the European cross-roads, so many other countries are islands (England), peninsulas (Iberia, the Nordic countries, Italy, the Balkans) or face water (France). For the others to preserve identity has always been more easy, for Germany problematic. People have traveled to, from, and through, in all directions. Not strange that language and territory have defined Germany, and that territory has undergone dramatic changes given Germany's centrality.

Nor is it strange that such a force, with counter-forces on all sides, have had a history of expansion-contraction: I Reich up (960s) and down (1806), II Reich up (1871) and down (1918), III Reich up (1933, 1938) and down (1945), IV Reich up (1990), and? Noting the tremendous costs of „grosse Opfer und grosse Leiden" and the tremendous creativity of the more peaceful periods in-between, it stands to reason that the first priority, conscious or not, of German policy is to regain lost territories (Austria, Sudeten, Schlesien-Pommern and East Prussia) and lost spheres of influence: eastward through Catholic Poland into the Slavic-Orthodox heartland (the Berlin-Moscow axis) and south-eastward into the Balkans (with the possible exception of Serbia) and through Turkey to Baghdad (the Berlin-Baghdad axis).

Old policies are pursued, after a 70 years hiatus 1919–1989 with two periods of enforced low profile politics and a period of super-high visibility, expanding in all four directions. But in addition to the pursuit of old visions there are also old traumas to heal. One country symbolizes the double defeat, both for Germany and for Austria: Serbia. The Yugoslav crisis offered the opportunity for Abrechnung, siding with their old allies Slovenia/Croatia/Bosnia against their old enemy Serbia.

But there is no way Germany, from 1950 tied to the ESCC-EEC-EC-EU integration process, and from 1955 member of a NATO designed „to keep the Soviet Union out, the USA in and Germany down" can do this alone, and with military means. German policy must be to bend both institutions to serve her purposes. How this was done pressing the EU to early recognition and joining the NATO operations is today history, as this is written with a replay in Kosovo/a, and even with Green party participation.

The obvious EU condition, whatever status Germany obtains accrues to all EU members, has probably not been of much significance given the high profile of Germany in the Balkans. The German policy has worked, German is the lingua franca, the DM is the reserve or even factual currency. Given the very strong tie to Turkey it may be advantageous for Germany if Turkey is not an EU member; there is no need to share markets.

But how about the expansion eastward? Again there is the same factor: German policy tries to establish footholds in the other two European camps, culturally through the Goethe institutes, economically through investment, Gastarbeiter and their remittances/investments, politically, with Austria, through OSCE and militarily through NATO (Turkey) and the partnership (Russia). EU membership for Poland, the Czech Republic and Hungary is the logical way to make the access to Sudeten, Pommern-Schlesien and at least one half of East Prussia border-free, and for Austria the same access to Hungary, thereby reuniting the core of the Habsburg empire inside the European Union. But for Russia non-membership is desirable, whatever the fruits of cooperation there is no need to share.

Imagine this happens. What are the next steps? The Meyer-Muellerisierung der Kowalski in Schlesien-Pommern, claiming a German-born grand-mother? Well targeted investments for the old territories? A referendum? A border move within an EU where borders could be seen as administrative conveniences? And then? Polish history is a function of the strength of Germany and Russia: both weak, Poland expands; Germany weak and Russia strong, Poland moves west; both strong, Poland disappears. And with Germany strong and Russia weak, Poland moves east.

That means into the Catholic/Uniate part of Ukraina, like Marshal Pilsudski, possibly aiming at Odessa. And that brings us to the powder keg of the second formation above, activating, potentially, enormous forces. Germany has done that before, and the central location can be used to push domino chains in all directions. Moving the capital to Berlin would almost demand a profile consonant with its splendor and traditions.

If for a moment we entertain a division of Germany into three regions, a wine-Catholic region in the Northwest, a beer-Catholic region in the South, and a beer-Protestant region in the Northeast, and assume that Nazism was ecumenical, based on the two beer-regions, then the move becomes even more ominous. Bonn was located in a more congenial setting for peace.

Political acts motivated by the collective subconscious are so much more dangerous than acts openly argued and documented,

(a) because it is unclear how these acts originated, and

(b) because of high level of consensus including the opposition.

A preventive debate, warning against such possibilities, is very difficult given the obvious answer: „nobody is suggesting that!“ And when it happens it has been pre-argued, in the collective subconscious, like German reunification rather than the quite reasonable confederation proposals, and the move of the capital.

A concrete measure, also for formation no. 2 above, would be a 500 km demilitarized zone between Lithuania/Belarus/Ukraina and Poland, as the major problem is located there. But much better would be an open debate about the issues, discussing them without becoming either anti-German or anti-anti-German. The forces mobilizing against that type of debate are considerable, with the conspiracy of silence paving the way for expansionism.

7. A Conclusion on synergies

There are many other conflict formations in the world, but the five selected are both deep in scope and broad in domain. The geoeconomic and geocultural formations may comprise between one quarter and a third of the world population, the geomilitary formation more than one half and the geopolitical formation most of the world population as there are so few nation-states. Add patriarchy and the whole world is involved with the men running these formations and the women being victims or silent partners.

As many nations and states are in several formations, negative conflict energy easily spills over from one to the other. Thus, simultaneous flare-ups in Balkan over nations that dislike being together in one state and in Korea over a nation that dislikes being divided between two states, may activate the NATO/AMPO formation, with unforeseeable consequences.

As big countries generally work for status quo formulas a reasonable question would be whether there is anything small countries can do? They could, like Malaysia today, put some brakes on their participation in globalization. They could limit their participation in military alliances. They could be more open to a proactive approach to national minorities. They could initiate dialogues across the Christian-Muslim divide.

And, they could even one day take a very courageous step: if the big powers have a trade union called the Security Council why not a trade union of small countries, an expanded version of the union of „like-minded“ countries in Northern Europe/Canada? Much more likely, however, and much more useful, now as before, is the union of „like-minded“ people, standing up against all these ominous formations: the NGOs, the people's movements.

BIRGIT MAHNKOPF

Weltwirtschaftsgeld gegen Staatenwelt

> Auf die Frage, ob er sich wünsche, daß Indien nach der Unabhängigkeit das gleiche Wohlstandsniveau erlangt wie Großbritannien, entgegnete Mahatma Gandhi im Jahre 1908: „Wenn Britannien die Ausbeutung der halben Erdkugel benötigt, um das zu werden, was es ist, wie viele Erdkugeln würde Indien dann benötigen?"

Bei der Globalisierungstendenz handelt es sich um ein vielschichtiges, sowohl ökonomisch-technische als auch politisch-kulturelle Prozesse umschreibendes und zugleich sehr widersprüchliches Phänomen. Daher ist es nicht verwunderlich, daß die aktuelle Debatte einerseits um (quantitative) ökonomische Entwicklungen – beispielsweise des Welthandels oder der ausländischen Direktinvestitionen von Unternehmen – kreist, die im Kern wenig kontrovers sind, und daß andererseits neue Entwicklungen aus dem Blick geraten, die sich durch eine beschränke Zahl von ausschließlich ökonomischen Einzelindikatoren (wie Warenverkehr, Investitionen oder Kapitalverflechtungen) nicht erklären lassen.

Mit Globalisierung verbinden die einen die segensreichen Wirkungen des Freihandels; aus ihrer Sicht stellt sich die Integration der Volkswirtschaften in den Weltmarkt als ein Positivsummenspiel dar, bei dem irgendwie alle gewinnen – die einen mehr, die anderen weniger. Wenn der Kuchen absolut wächst, wird selbst das relativ kleinere Stück absolut größer. Dadurch daß die Grenzen für Waren und Dienstleistungen, für Kapital und Arbeitskräfte durchlässig werden, sinken die Transaktionskosten, wird die internationale Arbeitsteilung vertieft, steigt die Produktivität der Arbeit und mit ihr der „Wohlstand der Nationen". Es entsteht mehr Wettbewerb und dieser führt zu einer global effizienteren Nutzung der Ressourcen, weil bei der Produktion die jeweiligen nationalen Vorteile zum Zuge kommen. Langfristig schlagen sich die erzielten Produktivitätsgewinne in Wohlfahrtssteigerungen für alle Beteiligten nieder, vorausgesetzt sie passen sich an die weltweiten Rahmenbedingungen globaler Märkte an. So lautet denn das Versprechen der Anhänger des Freihandels seit den Zeiten von Adam Smith und David Ricardo, daß es nur Gewinner geben könnte, – weil sich nun alle Länder auf ihre jeweiligen nationalen Vorteile spezialisieren können, die einen auf billige Arbeitskräfte und andere auf technologisches know how oder die Attraktion von Finanzdienstleistungen.

Schon allein aus ökologischen Gründen, darauf wird zurückzukommen sein, kann dieses Versprechen nicht erfüllt werden. Doch es sprechen auch alle verfügbaren makroökonomischen Daten gegen eine solche Einschätzung. Die Globalisierung von Finanzmärkten und die Internationalisierung von Güter- und Arbeitsmärkten hat bislang keine gerechte Weltgesellschaft hervorgebracht. Zwar haben die Einkommen in den letzten zwei Dekaden weltweit zugenommen; selbst in einigen Ländern des Südens entstanden Wohlstandsinseln. Doch ist im selben Zeitraum das Pro-Kopf-Einkomen in vielen Ländern unter das Niveau der 70er und 80er Jahre gesunken (vgl. UNDP 1995ff). Die Globalisierung von Märkten trägt in der Tat zur Wohlstandssteigerung bei, doch führt sie zugleich zu einer Konzentration des Wohlstands in einigen wenigen Ländern und auf relativ wenige Menschen in vielen Ländern. Die Ungleichheiten zwischen Rohstoffwirtschaften und Industrieländern, zwischen Geldvermögensbesitzern und Schuldnern, zwischen einer kleinen Schicht von Globalisierungsgewinnern unter den Erwerbstätigen und einer wachsenden Gruppe von Arbeitslosen, arbeitenden Armen und sozial Deklassierten wurden befestigt und verstärkt. Ökonomische Globalisierung geht auf Kosten sozialer Inklusion: Innerhalb der letzten dreieinhalb Jahrzehnte, also seit Beginn der ersten sogenannten „Entwicklungsdekade“ hat sich die Kluft zwischen dem ärmsten und dem reichsten Fünftel der Weltbevölkerung verdoppelt. 1994 betrug die Einkommensschere zwischen dem reichsten und dem ärmsten Fünftel 1:78; 1960 lag der Abstand noch bei 1:30 (UNDP 1996). Zugleich wächst in der ehemaligen „Dritten Welt“ die Kluft zwischen den Gewinnern und den Verlierern der weltweiten Handels- und Investitionsströme. In Ost- und Mitteleuropa lebt heute ein Drittel der Bevölkerung unter der Armutsgrenze. Auch in den Industrieländern ist die Armut zurückgekehrt; gleichzeitig ist die Arbeitslosigkeit hier so hoch wie seit 30 Jahren nicht mehr (vgl. Hamm 1996). Die Handels- und Entwicklungskonferenz der Vereinten Nationen (UNCTAD) geht davon aus, daß trotz langsamen Wachstums der Weltwirtschaft und eines Investitionsbooms in einigen wenigen Entwicklungs- und Schwellenländern die Schere zwischen den armen und den reichen Ländern sich noch weiter öffnen, die Zahl der am wenigsten entwickelten Länder wachsen und die Armut zunehmen wird.

Innerhalb des hegemonialen neoliberalen Diskurses muß die Globalisierung jedoch als eine heilsame Therapie für überzogene Ansprüche an soziale Sicherheit verstanden werden. In dieser Variante steht Globalisierung für Standortwettbewerb und zwingt zum Abbau von sozialen Leistungen und allen möglichen Rechten und Berechtigungen. Bei gegebenen Produktivitäts- und Einkommensunterschieden zwischen Norden und Süden, Osten und Westen bedeutet Standortkonkurrenz, daß die relativ „teuren" Standorte sich an die relativ „billigen" anzupassen haben. Mit einem Satz: Kostensenkung wäre die notwendige Reaktion auf globalisierte Märkte.

Eine andere Position in der aktuellen Debatte verkündet indes die beruhigend gemeinte Botschaft, die Rede von der Globalisierung sei eine gezielte Irreführung interessierter politischer Kreise, eine Lüge, ein „Mythos" oder ein „Phantom". In diesem Fall wird eine rhetorische Strategie verfolgt, wonach Globalisierung eigentlich nichts Neues ist und alles „Gerede über Globalisierung" nur dem Zwecke dient, Arbeitnehmer und Sozialstaatsbürger zum Verzicht zu bewegen (vgl. neben vielen anderen Beiträgen mit gleichlautenden Argumenten u.a. Simons/Westermann (Hg.) 1997; Krätke 1997; Küchle 1997; Dolata 1997; Zinn 1997). Nach der Diagnose derjenigen, die die Globalisierung für einen interessengeleiteten „Schwindel" halten, gibt es kein „Standort"-, sondern nur ein „Innovationsproblem". Demnach ließen sich hohe Lohnkosten kompensieren, wenn die Unternehmen den Wettbewerbern auf den globalen Märkten bei der Produktivität der Arbeit einigen Längen voraus sind. Dies ist eine Position, die Bundespräsident Herzog mit der Mehrheit der Sozialdemokraten, mit Bundespolitikern der Grünen und vielen Ökonomen, die sich als politisch links bezeichnen würden, teilt (vgl. zur Kritik dieser Position ausführlich Mahnkopf 1999). Im Grunde geht es dieser Position nicht zuletzt darum, gegen die These von der schwindenden Steuerungsfähigkeit des Nationalstaats der Überzeugung Ausdruck zu verleihen, daß Politik in den Grenzen des Nationalstaats nach wie vor möglich ist.

Auch wenn in diesem Beitrag nicht alle Argumente, die in der aktuellen Globalisierungsdebatte eine Rolle spielen, diskutiert werden können, so sollen doch einige zentrale Streitpunkte des Diskurses um die begriffliche und empirische Berechtigung der Rede von der Globalisierung aufgegriffen und kritisch kommentiert werden. Ich werde mich auf die wichtigsten Argumente jener Debattenteilnehmer konzentrieren, die sich selbst politisch „links von der Mitte" positionieren würden und die – jenseits aller partei- und wissenschaftspolitischen Differenzen – das Bestreben eint, auch morgen noch guten Gewissens Politik in den Grenzen des Nationalstaats machen zu wollen. Aufgegriffen wird *erstens* die mit Verweis auf makroökonomische Daten argumentierende These, daß Globalisierung eigentlich nichts Neues. Erörtert wird sodann *zweitens* die als „entdramatisierend" verstandene Behauptung, Globalisierung sei eher Ideologie denn geschichtsmächtige Realität; *drittens* ist die These opportun, bei der ökonomischen Globalisierung handle es sich genaugenommen um eine „Regionalisierung" der Weltwirtschaft – und aus der deutschen Perspektive betrachtet, um eine „Europäisierung" der Wirtschaftsbeziehungen. Diese Thesen eint die Absicht, gegen alle „Globalisierungshysterie" die Rolle nationalstaatlicher Politik ins rechte Licht zu rücken. Als Ursache der Rückkehr von Verarmung und Massenarbeitslosigkeit in den reichen Industrieländern wird ein mangelnder politischer Wille zur Umverteilung des Vermögens identifiziert. Wer globale Finanzkrise und Zunahme der Armut in Zusammenhang bringt, unterliegt demnach einer „Fehldiagnose" (vgl. Cohen 1998; Galbraith 1998) oder wisse das „Glück der Globalisierung" (Minc 1998) nicht zu schätzen.

Die unterschiedlichen Einschätzungen der Globalisierung sind keineswegs nur von akademischem Interesse; sie haben beträchtliche Konsequenzen für die Interpretation der und den Umgang mit den Krisentendenzen der Weltwirtschaft. Ist Globalisierung nur ein „Mythos", dann kann es auch keine globalen Krisen geben. Wie aber soll der Zusammenhang der Währungs- und Finanzkrisen in Asien und der ökonomische Zusammenbruch in Rußland, ganz zu schweigen von den lateinamerikanischen Krisen begriffen werden, wenn der *„Contagion-Effekt"* der Ansteckung mit dem Krisenfieber durch die Wirkungsweise der globalen Märkte geleugnet werden muß? Ist Globalisierung andererseits ein „Glück" für alle, dann sind Krisen allenfalls partiell, vorübergehend, oberflächlich und man darf sich durch die Verarmung und Verelendung ganzer Landstriche, von zig Millionen Menschen nicht beirren lassen. Diesen Positionen gegenüber soll im Folgenden gezeigt werden, daß die Tendenz der Globalisierung erstens alles andere als ein „Mythos" ist und daß diese zweitens alles andere als ein Glück für die Mehrheit der Menschen darstellt. Es ist eher zu erwarten, daß sich die Krisen am Ende des Jahrhunderts globalisieren, dadurch ihren Charakter verändern und sich zuspitzen – und daß deshalb auch nationalistische Gegentendenzen zur Globalisierung entstehen.

1. Globalisierung – eine maßlos übertriebene und keineswegs neue Tendenz?

Der Begriff der Globalisierung ist zwar jüngeren Datums, doch verweist er auf eine längerfristige Tendenz: auf die Herstellung eines Weltmarktes. Den Beginn dieses Prozesses datieren der große Wirtschaftshistoriker Karl Polanyi (1978), der französische Historiker Fernand Braudel (1986) oder Immanuel Wallerstein (1974) seit dem 16. Jahrhundert; andere Forscher wie André Gunder Frank (1998), die den traditionell ohnehin großräumigen innerasiatischen Handel im Blick haben, setzen den Beginn eines „world system" interkontinentaler Arbeitsteilung schon tausende Jahre früher an. Weitgehend unbestritten ist jedoch, daß mit den Eroberungen und mit der Ausplünderung der „Neuen Welt" durch die europäischen Kolonialmächte seit etwa 1500 nicht nur politische Grenzen neu gezogen, sondern auch transozeanische Handelsbeziehungen hergestellt wurden, in denen das europäische Kapital hegemonial gewesen und bis heute – freilich mit Einschränkungen – geblieben ist.. Seine kapitalistische Dynamik erhielt der Prozeß der Herstellung eines Weltmarktes allerdings erst mit der Industriellen Revolution: Erst seitdem es einen Bodenmarkt gibt – also seinen Markt für Natur – und Märkte für Geld und Arbeitskraft, erhält die Herauslösung des Marktes aus den sozialen Bedingungen lokaler Gemeinschaften – also das „disembedding" der Ökonomie aus der Gesellschaft – einen systemprägenden Charakter.

Doch folgt daraus, daß die Tendenz der Globalisierung so alt ist wie die kapitalistische Produktionsweise? Gewiß waren die Handels- und Kapitalströme in der früheren Hochphase des Freihandels, in der Zeit der *pax britannica* vor dem Erster Weltkrieg, ähnlich intensiv wie heute (vgl. Paqué 1995; Hirst/Thompson 199; Bairoch/Kozul-Wright 1996; IMF 1997). Daraus wird vielfach der Schluß gezogen, daß die internationale Wirtschaftsverflechtung eigentlich nichts Neues sei und der Globalisierungsgrad des Jahres 1913 gerade erst wieder vor einem Vierteljahrhundert erreicht worden sei (IMF 1997: 112ff). In der Zeit von 1870 bis 1913 wuchsen die Exporte im Jahresdurchschnitt mit 3,5% schneller als das Bruttoinlandsprodukt (BIP) und gleiches läßt sich für die Zeit von 1950 bis 1973 nachweisen –, für das „goldene Zeitalter" der *pax americana*, als die Wachstumsraten des BIP mit 4,7% zwar deutlich über den Zuwachsraten am Ende des vorigen Jahrhunderts lagen, die Exporte jahresdurchschnittlich mit 7,2% aber ebenfalls schneller wuchsen als das BIP (vgl. Maddison 1995). Doch war weder vor 150 Jahren, als der Freihandel und mit ihm der Kapitalismus seinen Siegeszug rund um die Welt antraten, noch zu Beginn des 20. Jahrhunderts von Globalisierung die Rede (wohl aber, worauf hier nicht eingegangen werden kann, von „Imperialismus"!). Das verweist darauf, daß der Weltmarkt durch imperialistische Mächte als konfliktreiche Ausdehnung nationaler Ökonomien entstand, heute aber eine eigenständige „geoökonomische" Realität außerhalb nationalstaatlicher Kontrolle entstanden ist.

Der Weltmarkt hat sich aus einem Ensemble von Nationalökonomien in eine Geoökonomie verwandelt. Er weist heute einige neue Qualitäten auf, die in quantitativen Daten zu Welthandel, Weltproduktion, Direktinvestitionen oder Migrationsströmen nur unzureichend zum Ausdruck kommen. Betrachten wir zunächst die Unterschiede, die es erst am Ende des 20. Jahrhunderts und nicht schon zu dessen Beginn rechtfertigen, von Globalisierung gehaltvoll zu sprechen: *Erstens* sind in der langfristigen Tendenz der ökonomischen Entwicklung *Niveauveränderungen* von Belang. Dem exponentiellen Wachstum von Kapital- und Güterströmen liegen Steigerungen der Arbeitsproduktivität, der Einkommen und des Kapitalstocks zugrunde. In der Zeit von 1820 bis 1913 ist das Pro-Kopf-Einkommen in Westeuropa von durchschnittlich 1228 $ auf 3482 $, also um 183% gestiegen; von 1913 bis 1992 war der Anstieg (auf 17412 $) mit 401% doppelt so hoch (vgl. Maddison 1995: 23). Die Dollarwerte induzieren einen monetären Anspruch auf reale Güter, die auf Naturstoffen durch (in der Regel industrielle) Bearbeitung gewonnen worden sind; sie sagen also etwas über die Tendenzen des Naturverbrauchs aus.

Das Niveau der Beanspruchung der Natur – sei es in Gestalt eines vermehrten Rückgriffs auf nicht erneuerbare fossile Energieträger und andere mineralische und agrarische Ressourcen, sei es in der Forme der Übernutzung von nicht beliebig vermehrbaren Senken für nicht mehr verwendbare Stoffe – ist heute also ungleich höher als vor 100 oder 150 Jahren. Das verweist auf die *ökologische Dimension* grenzüberschreitender wirtschaftlichen Austauschs, welche zu vernachlässigen war, so lange das Niveau des globalen Zugriffs auf Ressourcen so niedrig war wie beispielsweise vor 100 Jahren und Grenzen der „Tragfähigkeit" der planetaren Ökosysteme nicht ersichtlich waren. Das ganze „kurze 20. Jahrhundert" (Hobsbawm 1995) steht „unter dem Paradox von fortschreitender Ent-grenzung – der Märkte, der Migration, der Kommunikation, der Kriegsführung – und er unüberwindlichen Letztbegrenzung durch die Endlichkeit des Planeten und seiner Ressourcen – einer

Endlichkeit, die in früheren Epochen noch nicht erfahrbar war" (Osterhammel 1998: 126).

Davon ist erst seit Anfang der 70er Jahre die Rede. Anders als noch vor 50 Jahren, als die Gemeinschaft der „Vereinten Nationen" entstand, jedoch „die Welt" für die meisten Menschen eine abstrakte Kategorie gewesen ist, die wenig mit ihrem Lebensalltag zu tun hatte, existieren heute Bilder von der „einen Welt". Die Raumfahrt machte es möglich, die Erde von außen und als Ganzes zu betrachten; durch die Satellitenbilder erwarb die gegenwärtige Generation zum ersten mal in der Geschichte de Menschheit eine visuelle Vorstellung von der Endlichkeit unseres Planeten. Ohne die Bilder vom „blauen Planeten" wäre der Begriff der Globalisierung eine Abstraktum. Mit dem Wissen über globale ökologische Kreisläufe und Zusammenhänge schwinden zugleich die Möglichkeiten, negative Folgen des Marktgeschehens zu externalisieren. Nachdem die astronautische Perspektive beim Anblick der Erde aus dem Weltall die epochale Einsicht ermöglichte, daß die Menschen „gemeinsam Reisende auf dem Globus" sind, sehen sich diese erstmals in der Geschichte in einer globalen Verantwortung für die „eine Welt".

Zweitens erleben wir am Ende des 20. Jahrhunderts *eine weitere Stufe des „disembedding"*: die monetäre Akkumulation wird von der realen entkoppelt (vgl. dazu ausführlich Altvater/Mahnkopf 1996, Kap. 4). Im Zuge der „Great Transformation" wurden sowohl das Geld wie die Natur und die Arbeit in Waren und Kapital verwandelt; dieses Prinzip der „commodification" hat Karl Polanyi als „disembedding" bezeichnet. Gemeint ist damit ein Prozeß der Integration von allem und jedem in das System kühl kalkulierenden marktmäßigen Austauschs. Zuerst werden der Markt aus gesellschaftlichen Bindungen und die sozialen Systeme aus ortsgebundenen Interaktionszusammenhängen herausgelöst; mit der Revolutionierung der Energiesysteme im Zuge der „industriell-fossilistischen Revolution" wurde dann die gesellschaftliche Form des Profits aus den engen Schranken der traditionellen biotischen Energiequellen und der damit verbundenen Raum- und Zeitregime befreit.

Ausschlaggebend für die weitgehende Entkopplung der monetären von der realen Akkumulation, war zum einen die Freigabe der Wechselkurse und die Deregulierung der Geldmärkte nach dem Zusammenbruch des Weltwährungssystems von Bretton Woods Anfang der 70er Jahre, zum anderen die Revolutionierung der Kommunikationsmedien. Mit Hilfe moderner Informations- und Kommunikationstechnologien und komplexer Computerprogramme können die Anleger heute leicht von einer Währung in eine andere und von einer Anlageform in eine andere wechseln. Insbesondere sorgen neue Finanzinstrumente, die ursprunglich zur Absicherung gegen die erhöhten Schwankungsinstensitäten der Kurse geschaffen wurden, die sogenannten Derivate, für eine höhere Mobilität und Flexibilität der Anlagevermögen[1]. Ziel der mit Hilfe neuer Informations- und Kommunikationstechnologien enorm beschleunigten Finanztransaktionen ist die optimale Ausnutzung von zinstragenden Anlagemöglichkeiten im globalen Raum. Es geht darum, Wechselkursbewegungen in der Währungskonkurrenz und Zonen niedriger Regulierungsstandards auszunutzen und die Risiken durch Risikotransformationen zu vermindern. Weil die Finanzderivate die organisatorisch-räumliche Trennung zwischen verschiedenen Kapitalmärkte auflösen, nimmt zugleich die wechselseitge Abhängigkeit zwischen den einzelnen Teilmärkten (für Zinsen, Wechselkurse, Warenpreise) zu; sie werden dadurch anfällig für Kettenreaktionen, die durch unvorhergesehene Ereignisse oder durch den Mißbrauch von Anlageformen ausgelöst werden. Der Ausfall eines zentralen Akteurs oder mehrerer Finanzkonglomerate kann das gesamte Finanzsystem aus den Fugen bringen – mit dramatische Konsequenzen für die Güterproduktion und die betroffenen nationalen Ökonomien. Die massenhaften und blitzschnellen Bewegungen auf den (spekulativen) Geldmärkten und insbesondere die auf den Devisenmärkten getätigten Transaktionen folgen dem zwischenstaatlichen Zinsgefälle und sehr viel weniger den produktions- und produktivitätsbezogenen Indikatoren (vgl. dazu ausführlich Altvater/Mahnkopf 1996, Kap. 5). Dennoch bleiben die schnellen Bewegungen auf den globalisierten Finanzmärkten leider nicht auf die „virtuell reality" der elektronischen Medien begrenzt; sie sorgen für gravierende Instabilitäten in den realen Lebens- und Arbeitswelten. Die Folgen der Währungskrise in Mexiko 1994/5 und die noch längst nicht ausgestandene Wirtschafts- und Finanzkrise in Südostasien und jene in Rußland manifestieren in exemplarischer Weise das ökonomische Gefährdungspotential der hypertrophen globalen Finanzmärkte. Problematisch ist die Verselbständigung von monetären gegenüber realwirtschaftlichen und sozialen Prozessen nicht zuletzt

1 Das Volumen der globalen Finanzströme, deren Tagesumsatz von 1 Mrd $ im Jahr 1978 auf 1,2 Bill $ im Jahr 1996 angewachsen ist, übersteigt heute bekanntlich um ein Mehrfaches das Volumen an Geld und Kapital, das zur Abwicklung des Welthandels notwendig ist. Der Derivatenbestand deutscher Banken ist in den letzten 10 Jahren um das 26fache gestiegen; eine vergleichbare Steigerungsrate läßt sich weder bei Bruttoinlandsprodukt, noch bei der Beschäftigung- oder bei der Produktivitätszunahme feststellen (vgl. DBB 1998).

deswegen, weil anders als auf der nationalstaatlichen Ebene, wo die Herauslösung ökonomischer Prozesse aus der Gesellschaft nie vollständig war und von zahlreichen Versuchen der „Wieder-Einbettung" begleitet wurde, die politische Regulierung im globalen Raum bislang nur sehr unvollständig geblieben ist.

Drittens ist der Prozeß der *Verallgemeinerung der Marktabhängigkeit* am Ende des 20. Jahrhunderts weitgehend abgeschlossen – anders als in der Zeit vor dem Ersten Weltkrieg, als viele Ökonomien nicht in den Weltmarkt integriert waren und viele Gesellschaften nicht zur „zivilisierten Welt" gerechnet wurden. Es gibt es keine „weißen Flecken auf der Landkarte", keine großen Territorien, wo das Leben der Menschen nicht vom Markt abhängig wäre. Märkte haben in der Geschichte stets der Urbanisierung Vorschub geleistet; Vermarktwirtschaftlichung und Urbanisierung gehen Hand in Hand. Diese Entwicklung hat der britische Sozialhistoriker Eric Hobsbawm pointiert als das „Ausstreben der Bauern" beschrieben; ebenfalls zum ersten Mal in der Menschheitsgeschichte sind seit den 50er Jahren weniger als die Hälfte der Menschheit in der Landwirtschaft tätig. Diese Entwicklung ist keineswegs zum Abschluß gelangt; ihre sowohl in sozialer wie ökologischer Hinsicht dramatische Zuspitzung erhält sie infolge der Durchkapitalisierung Indiens und Chinas, den letzten großen Territorien, in denen noch ein vergleichsweise große Zahl von Menschen ihr Auskommen in der landwirtschaftlichen Produktion findet. Mit der fortschreitenden Industrialisierung der Landwirtschaft und der Durchkapitalisierung der Lebensmittelversorgung in diesen zwei Ländern könnten schon innerhalb der nächsten Dekaden bis zu einer Milliarde Menschen ihre ländliche Existenzgrundlage verlieren und gezwungen sein, auf den Arbeitsmärkten der großen Städte ihr Überleben zu sichern. Es steht zu befürchten, daß in China der Arbeitskräftebedarf innerhalb nur einer einzigen Generation um bis zu 60% sinken wird (Danielmeyer 1997)[2]. Dies ist ein radikaler Wandel in extrem kurzen

2 „Das kann nicht gutgehen", so Hans Günther Danielmeyer, Vizepräsident der European Science and Technology Assembly und ehemaliges Vorstandsmitglied der Siemens AG. Ganz ohne jede gesellschaftskritische Ambition diagnostiziert Danielmeyer eine säkulare Tendenz der kapitalistischen Industriegesellschaft: Unter den Bedingungen wachsender Kapitalintensität, steigender Produktivität und eines wachsenden Erwerbspersonenpotentials – bei gleichzeitig tendenziell sinkenden Wachstumsraten – wirft die Industrialisierung Chinas die Frage nach dem Fortbestand der Industriegesellschaft selbst auf. Wenn es nach 2040 keine „Aufholregion" mehr geben wird und sich die immanente Krise der kapitalistischen Industriegesellschaft, die strukturelle Massenarbeitslosigkeit, nicht länger exportieren läßt, werden die Ver-

Fristen wie niemals zuvor in der Geschichte, es sei denn in Zeiten von Katastrophen.

Ein *viertes* Charakteristikum der ökonomischen Globalisierung am Ende dieses Jahrtausends besteht darin, daß ein abstraktes globales Raum- und Zeitregime gegenüber der sozialen Zeit- und Raumbindung von Gesellschaften und Individuen dominant geworden ist; diese müssen sich an schnell wechselnde Standards anpassen und je schneller ihnen diese Anpassung gelingt, desto beschleunigter verlaufen die nachfolgenden Wandlungsprozesse. Es ist leicht einzusehen, daß die hohen Geschwindigkeiten der Veränderung mit sozialen und ökologischen Kosten verbunden sind: mit einer beschleunigten Entwertung erworbener Qualifikationen, mit dem Verlust von Zeitsouveränität und Optionsmöglichkeiten, aber auch mit einer Beschleunigung des Ressourcenverbrauchs. Die prinzipielle Seite dieses Vorgangs ist darin zu sehen, daß die „Eigenständigkeit und Subjektstellung kulturgeprägter Wirtschafts- und Lebensräume oder auch Staaten" negiert wird und „statt dessen (...) die Welt als einheitlichlicher Wirtschafts- und Handlungsraum konzipiert (wird), wenngleich sie ein solcher (...) nicht ist. (...) Auf diese Weise wird das freigesetzte Kapital mit seiner Suche nach Rentabilität zu dem maßgeblichen Subjekt" (Böckenförde 1997: 277).

Die Tendenz der Globalisierung äußert sich heute – im Unterschied zum Zeitalter des Imperialismus – also nocht mehr wesentlich als räumlich-territoriale Expansion. Die ökonomische und finanzielle Dynamik richtet sich heute immer stärker nach außen, auf die „Neuen Welten" der Eiskappen an den Polen, der Meeresböden, des erdnahen Weltalls und nach innen auf die Nanostrukturen des Lebens, in den Mikrokosmos, die Moleküle und Atome. Heute finden die „Entdekkungsreisen" in der Gehirnforschung und in der Molekurarbiologie statt, hier werden bislang für unüberwindlich gehaltene Grenzen nie-

teilungskämpfe eine aller Voraussicht nach während der letzten drei Jahrhunderte nicht gekannte Härte annehmen. „Für die Stabilität der Industriegesellschaft wird das die große Prüfung"; diese werde – so mutmaßt einer, der die Globalisierung aktiv vorangetrieben hat – „die Welt früher und härter treffen als das Ressourcenproblem" (Danielmeyer 1997: 118). In diesem Punkte wird die globale ökologische Krise sicherlich unterschätzt. Das läßt sich insbesondere am Beispiel der Industrialisierung Chinas exemplarisch nachvollziehen: Weder reichen die globalen Vorräte an Land und Wasser aus, um Chinas steigenden Getreidebedarf zu decken, noch werden die Ölvorräte verfügbar sein, die für eine Fortsetzung des derzeitigen Entwicklungsweges benötigt werden, -von den Folgen eines auf US-amerikanischen Ausmaß angestiegen Ausstoßes an Kohlenstoff pro Person in China für das globale Klima einmal ganz zu schweigen (vgl. dazu Brown 1998).

dergerissen, auf der Suche nach jenen Räumen, die noch nicht marktwirtschaftlich erschlossen sind.

Wo die räumliche Expansion in die Makro-, die Mikro- und die Nanosphäre an Grenzen stößt, findet sie als Beschleunigung in der Zeit statt. Am deutlichsten zeigt sich die „Globalisierung der Zeit" (P. Virilio) auf den Finanzmärkten, wo moderne Informations- und Kommunikationstechnologien und komplexe Computerprogramme dafür sorgen, daß zeitliche Differenzen zwischen den verschiedenen Kapitalmärkten verschwinden, Geld und Kapital also fast in „Echtzeit" zirkulieren können. Doch auch in den grenzüberschreitenden Produktionsnetzen nimmt die Globalisierung auf der Zeitachse Gestalt an. Unter den Bedingungen deregulierter, liberalisierter Märkte und extrem verkürzter Produktlebenszyklen wird „Zeitwettbewerb" zur kritischen Größe des Erfolgs am globalisierten Markt. Hohe Entwicklungskosten müssen durch die Erschließung neuer Märkte in möglichst kurzer Zeit wieder hereingeholt werden. Die Zeiten, in denen die Produktionsapparate inaktiv sind, erweisen sich als entscheidende Kostenfaktoren – und müssen daher tendenziell auf Null gebracht werden. Demgegenüber fallen die Arbeitskosten für jene Zeiten, die zur Produktion von Gütern und Erstellung von Dienstleistungen aufgewandt werden, immer weniger ins Gewicht. Übergreifendes Ziel ist die Beschleunigung des Kapitalkreislaufs: das in Material und Maschinen gebundene Kapital soll wieder „frei" werden für einen erneuten Einsatz (vgl. Altvater/Mahnkopf 1996, Kap. 9).

Fünftens verdeutlichen die Globalisierungstendenzen, daß der *Pfad kapitalistischer Modernisierung und Rationalisierung* von Volkswirtschaften und Gesellschaften und damit zugleich die normsetzende Macht von Weltmarkt und Weltgeld nach dem Zusammenbruch des planwirtschaftlichen Systems in Ost- und Mitteleuropa *ohne Alternative* ist. Nach den „weißen Flecken" auf der Landkarte sind also auch die „roten Flecken" verschwunden. Seit 1989 existiert das Prinzip „kapitalistische Marktwirtschaft" ohne jede Konkurrenz; es muß seine Überlegenheit daher auch nicht länger durch *soziale* Leistungsfähigkeit im „Systemwettbewerb" unter Beweis stellen. Der sozialistische Planungsstaat hatte mit dem keynesianischen Interventions- und Sozialstaat in den Industrieländern und mit dem „Entwicklungsstaat" in der ehemaligen Dritten Welt zumindest eines gemeinsam: In allen Fällen handelte es sich darum, daß aus der Erfahrung des Zusammenbruchs des Weltmarktes in den 30er Jahren die Konsequenz gezogen wurde, soziale und ökonomische Prozesse nicht allein dem Markt zu überlassen. Wie die Strategie der „Importe substituierenden Industrialisierung" im Süden so waren auch die sozialistische Planung im Osten und der keynesianische Interventionismus im Westen Versuche, den „Sachzwängen" des Weltmarktes durch nationalstaatliche Steuerung entgegen zu wirken und die desaströsen Wirkungskräfte des Weltmarktes durch eine „vernünftige" Organisation der Gesellschaft abzufedern. Das verlangte die Stärkung des Nationalstaats gegenüber dem Weltmarkt, also die Betonung politischer Priorität gegenüber der Ökonomie.

Genau dies aber ist unter den gewandelten Bedingungen schwierig geworden. Die Staaten erweisen sich zunehmend als zu schwach, um Regeln und Normen durchzusetzen, nach denen die Angelegenheiten auf einem bestimmten Territorium zu gestalten sind. Der „Markt ist König" (Minc 1998), der Weltmarkt triumphiert über politische Versuche der Regulierung ökonomischer Prozesse. Heute werden die „Spielregeln" der Vergesellschaftungsprozesse weniger denn je durch autonome ökonomische Politik vorgebenen; sie ergeben sich aus dem Wirken eines Weltmarktes, der sich aus einem Ensemble von Nationalökonomien in eine „Geoökonomie" gewandelt hat (vgl. Luttwak 1994). Die Globalisierung erodiert eine der Basisbegründungen des Nationalsstaat: den nationalen Markt; dessen strategische Rolle tritt zurück hinter die Bedeutung des entstehenden globalen Raums. Der Weltmarkt entfaltet seine „unwiderstehliche" Macht einerseits über die Preise insbesondere für Geld und Währungen und zum anderen über technische Standards; heute dürfte es niemandem mehr gelingen, beispielsweise gegen die normsetzende Macht der Produkte von Bill Gates und seinem Imperium anzukämpfen. Die Herstellung des Weltmarktes bedeutet aber vor allem eine Verallgemeinerung der nordamerikanisch-westeuropäischen Produktions- und Konsumnormen. Der „american way of life" wird inzwischen über die dazugehörigen Medien – über Hollywood und McDonald's – bis in die letzten Erdenwinkel exportiert. In diesem Sinne ist der Weltmarkt eine Kraft, die selbst Länder und Menschen berührt, die nur marginal in den Weltmarkt eingebunden sind. Auch für sie werden die Ingredenzien unseres Produktions- und Konsummodells strukturprägend: der Einsatz effizienter Technologien, eine hohe Produktivität der Produktion, zunehmende Verstädterung und, daran gekoppelt, eine hohe Mobilität und Individualisierung. Weder in sozio-kultureller noch in bio-physischer Hinsicht handelt es sich dabei um einen nachhaltigen Entwicklungsprozeß (vgl. Altvater/Mahnkopf 1996, Teil V sowie Finger 1997): Die Globalisierung industrieller Produktionsmethoden wird begleitet von der Universalisierung ressourcenintensiver Konsumnormen und Moden – und diese wiederum befördern soziale Erosionsprozesse, mithin einen Teufelskreis einander verstärkender Prozesse der Degradation: „je individualisierter und fragmentierter die modernen Gesellschaften werden, desto zerstörerischer sind sie. Und umgekehrt, je degradierter die bio-physische Umwelt ist, desto größer die Chance von gesellschaftlichen Fragmentierungen und Konflikten. Der gesamte Entwicklungsprozeß wird als Resultat dieses Teufelskreises immer unnachhaltiger" (Finger 1997: 60).

2. Globalisierung – nichts als ein politisches Projekt der Disziplinierung?

In der tagespolitischen Debatte ist allerdings immer häufiger zu hören, „Globalisierung" sei eigentlich nur ein „Fetisch", ein „Phantom", ein „Mythos" gar, dessen ideologicher Gehalt verborgen bleibt – ein Universalargument für Angebotspolitik, Deregulierung, Lohndumping und Sozialabbau, das von Fehlern der nationalen Politik ablenkt und den Verzicht auf politische Gestaltung ökonomischer und sozialer Prozesse legitimieren soll. In ihrem Kern zielt diese Rhetorik darauf ab, an der Möglichkeit „richtiger" Politik, genauer: an einer sozial-ökologisch alternativ orientierten Wirtschaftsstrategie von Parlamenten und Regierung im Rahmen des Nationalstaats festhalten zu können. Mit einem „Politikwechsel" soll der Globalisierung ihr Schrecken genommen werden (vgl. dazu insbesondere Robert Boyer und Daniel Drache (1997)[3].

Zutreffend an dieser Sichtweise ist, daß die Globalisierungstendenzen im hegomonialen neoliberalen Diskurs als ein unabdingbarer Sachzwang fetischisiert werden – von Publizisten, wirtschaftsliberalen Politikern und Wissenschaftlern, von Vertretern der Wirtschaft und von

[3] In der Regel mündet die Leugnung der realen Globalisierungstrends, welche als ein Ausweichen vor ihren Konsequenzen intrepretiert werden kann (Conert 1998: 385), in ein entschiedenes Plädoyer für ein „neues Wachstumsregime". Dem soll durch Produktivitäts- und Innovationspakte auf nationaler Ebene zum Durchbruch verholfen werden. Demnach dürfte der Druck auf einfache, gering qualifizierte Arbeit keinesfalls durch gewerkschaftlichen Widerstand abgefangen werden; gefordert wird eine Verbesserung der Produktionsmethoden, mehr Kundenfreundlichkeit, eine bessere Ausbildung der Arbeitskräfte und mehr Investitionen in Forschung und Entwicklung – also die weitere Beschleunigung von Produktivitätssteigerungen (Boyer/Drache 1997 sowie zur Kritik an dieser auch in Deutschland sehr verbreiteten Sichtweise Mahnkopf 1999).

einflußreichen internationalen Organisationen. Unter Verweis auf die (Sach)Zwänge der internationalen Konkurrenz wird für „Kostensenkung" auf allen Ebenen plädiert. Das schließt eine Absenkung der Sozialleistungen ebenso ein wie die Aushöhlung kollektivvertraglicher Regelungen, eine weitere Flexibilisierung von Beschäftigungsverhältnissen und Steuersenkungen für Einkommen aus Unternehmertätigkeit und Vermögen. Gefordert wird, daß die Produktivität gesteigert werden muß, die Löhne jedoch nicht nachziehen dürften; daß die Unternehmen von Sozialleistungen zu entlasten seien und eine weitere Spreizung der Löhne befördert werden müßte. Darüber hinaus wird eine Senkung des Spitzensteuersatzes angestrebt und eine weitere Umschichtung der Steuereinnahmen auf den „weniger flexiblen Produktionsfaktor" Arbeit. In der Logik des in sich konsistenten neoliberalen Projekts der „Deregulierung" und „Entstaatlichung" erzwingt der internationale Systemwettbewerb um „taxable incomes" eine solche Politik.

Auf der anderen Seite des politischen Spektrums finden sich auffällig viele Oppositionspolitiker, Gewerkschafter und diesen nahestehende Sozial- und Wirtschaftswissenschaftler, die in der „Globalisierungsdrohung" lediglich eine interessenpolitische Inszenierung sehen, die von hausgemachten Problemen ablenken soll. Aus ihrer Sicht handelt es sich bei dem Streß, dem beispielsweise die deutsche Variante des „rheinischen Kapitalismus" (M. Albert) derzeit ausgesetzt ist, nicht um eine Folge der ökonomischen Globalisierung. Das „deutsche Modell" wäre demzufolge durch eine falsche (weil kredit- statt steuerfinanzierte) Vereinigungspolitik, wegen der rigiden Geldpolitik der Bundesbank und wegen einer zeitweiligen Überbewertung der DM unter Druck geraten. Um den neoliberalen Angriff auf wichtige industriegesellschaftliche Institutionen des „deutschen Modells" abzuwehren, ziehen seine Verteidiger daher die statistische Relevanz der Globalisierungsthese für die deutsche Wirtschaft in Zweifel. Zweck dieser Übung, die mit makroökonomischen Daten zu Welthandel, ausländischen Direktinvestitionen und zur Entwicklung der Lohnstückkosten im internationalen Vergleich durchgeführt wird, ist es *erstens*, die Qualitäten des Wirtschaftsstandorts Deutschland hervorzuheben, und *zweitens*, die These vom Bedeutungsverlust nationalstaatlicher Politik zu widerlegen.

Völlig zu Recht betonen diejenigen, die der „Globalisierungsdrohung" ihren Schrecken nehmen möchten, daß der Globalisierungsprozeß ohne Politik gar nicht denkbar wäre. Der Begriff der Globalisierung steht zwar für einen Prozeß der Überwindung von historisch entstandenen Grenzen, Politik hingegen für das Setzen von Grenzen, für die Begrenzung des Eigenen und die Ausgrenzung des Anderen. Dennoch hat Politik bei der Realisierung des Globalisierungsprozesses eine wichtige Rolle gespielt. Die „neue Ordnung des Weltmarktes“ ist unter dem dominanten Einfluß der wirtschaftlich starken Nationen hergestellt worden – durch den sukzessiven Übergang zur Deregulierung und Liberalisierung des zwischenstaatlichen Waren-, Geld- und Kapitalverkehrs sowie dadurch, daß Weltmarktagenturen wie der IMF, die WTO, die Weltbank oder die OECD von den Nationalstaaten mit Kontroll- und Sanktionskompetenzen ausgestattet wurden (vgl. Conert 1998: 385ff). Auch die wichtigtsten Akteure der „neuen Weltmarktordnung“, die transnationalen Unternehmen, sind mit Staatsaufträgen und teilweise sogar mit finanzieller Unterstützung der Staaten zu dem geworden, was sie heute sind (Finger 1997: 62). Die Entgrenzung, also die Beseitigung der Grenzen für Kapital, Güter, Dienstleistungen und (in geringem Umfang auch für) Arbeitskräfte wurde und wird auch heute noch politisch moderiert.

Die Zunahme der Konkurrenz von Waren und Arbeitskräften ist einerseits eine Folge der Miniaturisierung der Güter (und damit der Senkung von Materialkosten) und vor allem der Senkung von Transportkosten[4]. Durch den Einsatz moderner Kommunikations- und Transportmittel und nicht zuletzt durch die Verbilligung der Energiekosten ist es möglich geworden, praktisch alle Produkte in alle Teile der Welt zu versenden. Weil natürliche Konkurrenzgrenzen immer weniger eine Rolle spielen, werden nicht nur hochwertige Produkte weltweit angeboten sondern selbst Massenkonsumartikel. Befördert wurde die weltweite Verfügbarkeit der Produkte allerdings durch die Deregulierung der Arbeitsverhältnisse im Transportsektor insbesondere im internationalen Schiffsverkehr[5]. Von entscheidender Bedeutung

[4] In der Zeit von 1920 bis 1990 konnten die Kosten des Schiffsverkehrs um zwei Drittel gesenkt werden; die Betriebskosten im Luftverkehr sanken innerhalb von nur dreißig Jahren (von 1960 bis 1990) um 60% und bei den Kosten für Telefongespräche waren die Reduktionen noch gewaltiger; sie sind in der Zeit von 1940 bis 1970 um 80% und von 1970 bis 1990 um 90% gesunken (vgl. Wolf 1997).

[5] Um Steuergesetze und Sicherheitsvorschriften ihrer Heimatlände zu umgehen, ließen nach 1945 zunächst amerikanische und griechische Reeder ihre Schiffe in Ländern wie Panama und Honduras registieren. Heute ist der Kreis der Länder, für die das Schiffsregister eine bedeutende – oder, wie im Falle Liberias, sogar die größte – Einnahmequelle ist, sehr viel größer; längst fahren auch japanische, niederländische, norwegische und deutsche Schiffe unter Billigflaggen. Auf ausgeflaggten Tankern und Frachtern lassen sich die Betriebskosten durch das Mißachten von Sicherheitsstandards und durch das Anheuern von Seeleuten aus afrikanischen oder asiatischen Ländern erheblich senken.

ist jedoch, daß erst der politisch gewollte Abbau von Handelshemmnissen im Rahmen der Zollrunden des GATT die größere Konkurrenz von Waren und Arbeitskräften ermöglicht hat: In der Zeit von 1947 bis 1980 verminderte sich der durchschnittliche Zolltarif auf importierte Fertigwaren von 47% auf 6%; nach der vollen Umsetzung des GATT wird er auf 3% gesunken sein.

Seit der Deregulierungsoffensive in den 70er Jahren, die dem alten Projekt des Freihandels zum vollen Durchbruch verholfen hat, ist die Globalsierung eine *geschichtsmächtige Tendenz* – und alles andere als ein Phantom. Dies findet seinen Ausdruck *erstens* in der Politik der Strukturanpassung unter den Bedingungen der *Währungskonkurrenz* und *zweitens* in der dramatischen *Verschärfung des Wettbewerbs* seit den 70er Jahren, welche Tendenzen zur De-Lokalisierung von Produktion und Dienstleistungserstellung ausgelöst hat.

2.1. Die Währungskonkurrenz – mehr als eine Ideologie

Bei flexiblen Wechselkursen geben die globalen Finanzmärkte die Margen vor, in denen Zinsen durch nationalstaatliche Geld- und Zinspolitik beeinflußt werden können. Eine autonome Wirtschaftspolitik des Nationalstaats innerhalb des Bereiches, der durch den Schutzmechanismus des Wechselkurses eingehegt wird, läßt sich unter diesen Bedingungen nicht mehr realisieren. Tatsächlich divergieren die Zinsen, doch läßt sich aus den Divergenzen gerade nicht auf politische Autonomie schließen (so aber Krätke 1997). Alle Notenbanken sind in einen „Qualitätswettbewerb" gezwungen und müssen daher die Stabilität „ihrer" Währung im Vergleich zu anderen Währungen herstellen. Die Nationalökonomie wird zunehmend als ein Währungsraum interpretiert und nicht mehr als die Wirtschaft innerhalb des umgrenzten Staatsgebiets. Oberstes wirtschaftspolitisches Ziel wird die Stabilität der nationalen Währung; die Regierungen begeben sich in einen Stabilitätswettlauf, bei dem es darum geht, Kapital durch hohe Zinsen, niedrige Steuersätze auf Kapitaleinkünfte und niedrige Inflationsraten (also durch das Versprechen einer hohen Qualität der Währung zur Sicherung der Geldvermögen) ins Land zu locken.

Dieser Wettlauf um die Stabilisierung der nationalen Währung ist auch verantwortlich für eine gewisse Konvergenz der wirtschaftspoltischen Antworten auf den „Sachzwang Weltmarkt". Regierungen in aller Welt sehen sich heute dem Zwang zur „Strukturanpassung" ausgesetzt: Wie in den Ländern der ehemaligen „Zweiten Welt" und in den Entwicklungs- und Schwellenländern, so geraten auch die Regierungen der modernen Wohlfahrtsstaaten unter Druck, der Sicherung internationaler Wettbewerbsfähigkeit von Unternehmen und der Anpassung an die monetären Standards globaler Finanzmärkte vor allen anderen politischen Zielen Priorität einzuräumen. Wenn auch die Länder des Südens und des Ostens durch internationalen Institutionen wie Weltbank und IMF gezwungen werden, „structural adjustment programs" in Permananz durchzuführen, während die Industrieländer dies ganz „freiwillig" tun, ist das Repertoire der „Strukturanpassung" an die Herausforderungen des Weltmarktes doch weitgehend identisch; es lautet: Deregulierung (insbesondere der Arbeitsmärkte), Liberalisierung der Preise und der Wechselkurse, Privatisierung (öffentlicher Unternehmen), Stabilisierung der nationalen Währung, eine restriktive Haushaltspolitik und politischer Flankenschutz für die Erzielung einer Rendite auf produktive Investitionen, die größer ist als die Weltmarktzinsen einschließlich Risikozuschlag.

Problematisch ist diese Entwicklung in vielerlei Hinsicht: Zum einen steuern die auf deregulierten und liberalisierten Finanzmärkten gebildeten Preise für Geld (Zinsen) und Währungen (Wechselkurse) die Güter- und Dienstleistungsmärkte und von diesen hängen Beschäftigungsniveau und Löhne in der nationalen Ökonomie ganz entscheidend ab. Deshalb müssen reale Investitionen heutzutage eine Rendite versprechen, die mindestens auf dem Niveau des globalen Zinsniveaus liegt, ansonsten unterbleiben solche Investitionen, die – wenn sie als Erweiterungs- und nicht als Rationalisierungsinvestitionen erfolgen – Arbeitsplätze schaffen können. Insofern kommt den globalen Finanzmärkten eine „strukturelle Hegemonie" gegenüber realökonomischen, sozialen und politischen Prozessen zu. An den Preisen für Währungen und für Geld müssen sich die mikroökonomischen Unternehmensentscheidungen ebenso ausrichten wie die staatliche Geld- und Zinspolitik, die Wirtschafts- und die Steuerpolitik und in letzter Konsequenz dann eben auch die Sozial- und die Arbeitsmarktpolitik. Die Logik des Staatshandelns wird also von globalen ökonomischen Tendenzen überschrieben; sie folgt nun selbst dem Druck der Konkurrenz und nicht länger einer eigenen, politischen Logik. Zugleich verwandelt sich der Staat unter der Hand in eine Ordnungsmacht für globale Geldvermögensbesitzer. Vorrangig geht es darum, die Inflation zu verringern, um das Vertrauen der internationalen Geschäftswelt und der Geldvermögensbesitzer zu erhalten (vgl. Altvater/Mahnkopf 1996, Kap. 15). Die kurzfristge Kapitalmobilität unterminiert die Möglichkeiten, eine Politik zu verfolgen, die das Vertrauen der potentiellen Investoren in ein Land und dies heißt zuvorderst: in eine Währung erschüttern könnte.

Die Währungskonkurrenz, welche die Standards vorgibt, zwingt zugleich dazu, bei den Größen anzusetzen, die sich überhaupt als Eingriffsvariable anbieten: bei den Löhnen, den Lohnnebenkosten, bei individuellen und kollektiven Bestimmungen des Arbeit- und Arbeitnehmerschutzes. Denn die lokalen Reaktionen auf die globalen Wirkkräfte müssen „vor Ort" erzeugt werden.

2.2. Die dramatische Verschärfung des Wettbewerbs

Mitte der 70er Jahre ging in den westlichen Industrieländern eine Phase hoher Wachstumsraten zu Ende und nicht deutet darauf hin, daß jemals wieder eine Phase von vergleichbar hohen Wachstumsraten möglich wäre, und wenn, dann nur um den Preis der Zerstörung des „blauen Planeten". Der verschärfte Wettbewerb findet einerseits auf der Ebene des „Kostendrucks" statt und andererseits über die Erschließung neuer Märkte –, auf der Basis neuer Informations- und Kommunikationstechnologien, denn sie ermöglichen eine dezentralisierte Organisation von Unternehmen bei gleichzeitg hoher Zentralität der Kapitalkonzentration und -akkumulation in den Unternehmenszentralen. Der Begriff der Globalisierung steht daher auch für eine Aufsplitterung und Neuorganisation von Produktionsprozessen entlang der Wertschöpfungskette.

Im Gegensatz zu früheren Phasen der Internationalisierung von Produktionsprozessen beschränkt sich die in den letzten zwei Jahrzehnten stattfindende Transnationalisierung der Unternehmen nicht auf die Errichtung von Endfertigungsstätten in anderen Ländern, handele es sich dabei um Industrie-, Schwellen- oder Entwicklungsländer (vgl. dazu auch Hamm 1996, S. 125ff). Vielmehr bezieht die Strategie den gesamten Prozeß der Wertschöpfung und das gesamte System der Zulieferindustrien in die tendenziell globale Restrukturierung der Unternehmensorganisation mit ein. Die Produktionsabschnitte werden im Hinblick auf die höchste Effizienz ihres spezifischen Wertschöpfungsbeitrags neu organisiert. Wichtig für Entscheidungen über eine Verlagerung (Dezentralisierung) von Produktion ist neben den Kosten der Arbeit und sonstiger Faktoren insbesondere der Zugang zu den Märkten, die Marktsicherung, die Marktausweitung und die Erschließung neuer Märkte – insbesondere in China, Indien und Osteuropa. Unternehmen, die beispielsweise ein Viertel ihrer Produkte in den USA verkaufen wollen, werden dies immer weniger durch den Export zu realisieren versuchen, sondern durch eine Reorganisation der Wertschöpfung; tendenziell müßte ein Viertel ihrer Produktion dorthin verlagert werden, so sich ihre Absatzmärkte befinden.

Längst haben die ausländische Direktinvestitionen für den Prozeß weltwirtschaftlicher Verflechtung eine größere Bedeutung als der Weltexport von Gütern und Dienstleistungen. Seit Beginn der 1980er Jahre steigen die Kapitalabflüsse in Form von ausländischen Direktinvestitionen und noch ist kein Ende des Prozesses wachsender internationaler Kapitalverflechtung in Sicht. Globalisierung wird oft gleichgesetzt mit der Verlagerung von Arbeitsplätzen in sogenannte „Billiglohnländer“ außerhalb des OECD-Raumes, doch die meisten Investitionen werden nach wie vor in den Industrieländern getätigt[6]. Der Kapitalfluß aus den reichen Industrieländern in (einige wenige) Länder des Südens, der seit Anfang der 90er Jahre regelmäßig angestiegen war, hat sich in Folge der schweren Finanz- und Wirtschaftskrise im Fernen Osten im Jahr 1997 beträchtlich verringert. Die weltweiten Kapitaltransfers haben einschneidende Konsequenzen für die lokalen Arbeitsmärkte, denn es werden durch die globale „Verstreuung“ der Produktion immer mehr Länder bzw. immer mehr Arbeitskräfte in einen Prozeß beschleunigten Strukturwandels einbezogen. Dies hat zur Folge, daß *erstens* die Konkurrenz und die Produktivität insgesamt gesteigert werden und darum *zweitens* global betrachtet Arbeitsplätze verloren gehen. Denn es erfolgt eine Verlagerung zu den jeweils günstigsten Produktionsbedingungen und soweit die dadurch realisierten Produktivitätssteigerungen nicht gleichzeitig mit einem exorbitanten Wachstum der Weltwirtschaft einher gehen, hat dies im globalen Kontext steigende Arbeitslosigkeit und Unterbeschäftigung zur Folge (vgl. Danielmeyer 1997). Von großem Gewicht ist außerdem, daß es *drittens* vor allem die „guten“, sozialrechtlich geschützten und noch gewerkschaftlich organisierbaren Arbeitsplätze sind, die verloren gehen, während die Beschäftigungsverhältnisse, die in Folge von grenzüberschreitenden Investionen neu entstehen, einen geringeren Grad an Formalisierung aufwiesen: sie sind eher prekärer Natur, zeitlich befristet, vergleichsweise schlecht bezahlt; sie ermöglichen häufig keine Existenzsicherung auf dem historisch gegebenen Niveau, sie lassen sich

6 Selbst innerhalb Europas fließen die meisten Direktinvestionen keineswegs in die südlichen Länder mit den vergleichsweise niedrigen Lohnniveaus. Bevorzugtes Anlegerland deutscher Firmen war im Jahr 1997, wie schon in den Vorjahren, die USA, gefolgt von Großbritannien, Frankreich, der Schweiz und Luxemburg (vgl. dazu auch Härtel/Jungnickel et al. 1996 sowie DIW 1997).

gewerkschaftlich nur schwer organisieren und sind sozialrechtlich oft ungeschützt.

Einerseits befördert der Prozeß internationaler Produktionsintegration die Spezialisierung von nationalen Arbeitsmärkten – weil die strategischen Standortvorteile eine größere „Humankapital"-Komponente enthalten und weil lokale Standorte nicht mehr die ganze Bandbreite von physischen und sozialen Infrastrukturvorteilen aufweisen müssen, um ausländische Direktinvestitionen anzuziehen. Andererseits werden gerade durch die Spezialisierung lokaler Standorte innerhalb der Wertschöpfungskette von transnationalen Unternehmen spezielle Segmentationsmuster, die auf der Ebene der nationalen Arbeitsmärkte existieren, verstärkt und neue geschaffen. Damit verschärfen sich auch die Ungleichheiten zwischen den relativ sicheren und gut bezahlten „Kernarbeitsplätzen" und den im globalen System der Unternehmen weit verstreuten peripheren Jobs. Zugleich kann es innerhalb einiger Branchen und Tätigkeitsfelder durchaus zu einer grenzüberschreitenden Konvergenz von Löhnen und/oder anderen Elementen des Beschäftigungsverhältnisses kommen.

Mit der Durchsetzung neuer Systeme der Qualitätssicherung lassen sich auch komplexe Fertigungsprozesse ohne Qualitätseinbußen in Länder mit vergleichsweise „günstigen" Kostenstrukturen verlagern. Damit geraten auch Arbeitsplätze im Bereich der „intelligenten Dienstleistungstätigkeiten", die bislang vornehmlich in den Industrieländern lokalisiert waren, unter Konkurrenzdruck. Weil Datennetze keine Grenzen kennen und weil die wichtigste Ressource der „informationellen Ökonomie, nämlich qualifizierte menschliche Arbeitskraft heute in vielen Ländern reichlich zur Verfügung steht, gerät die alte Vorstellung von den in Zukunft 'blaupausenproduzierenden' Metropolen endgültig ins Wanken. Elektronische Dienstleistungen können als „footloose industries" nahezu überall erbracht werden, wo entsprechend qualifizierte Arbeitskräfte und die benötigte Infrastruktur vorhanden sind. Da diese Voraussetzungen heute schon in einer Vielzahl von Ländern wie Brasilien, China, Indien, Mexiko, Korea oder den Philippinen gegeben sind, deutet sich hier ein dramatischer Wandel an: die Möglichkeit eines „alte Hierarchien" zwischen Industrie- und Entwicklungsländern mißachtenden totalen, den gesamten Globus einbeziehenden Wettbewerbs (vgl. Petrella 1997; Wichterich 1998).

Das „Herkunftsland" eines transnationalen Unternehmens hat nicht mehr das selbstverständliche „Monopol" auf die Arbeitsplätze mit den höchsten Qualifikationsanforderungen. Wohin die „guten Jobs" gehen, hängt eher vom „Wert eines Standortes" ab, wie ihn das

Management in den globalen Unternehmensstrategien einschätzt. Dieser Wert ergibt sich aber immer weniger aus traditionellen Faktoren – z. B. aus der Nähe zum Markt oder durch komparative Kostenvorteile – sondern durch bestimmte kombinierte Eigenschaften eines Standortes, die neu erzeugt werden können. Standorte müssen heute nicht mehr das ganze Set von Bedingungen erfüllen, um konkurrenzfähig zu sein. Wegen der höheren Bedeutung von „human resources“ – menschlichem Können und Wissen – für Produktions und Dienstleistungsprozesse, können auch Standorte (beispielsweise Bangalore in Indien), die in vielerlei Hinsicht Defizite aufweisen, mit Standorten (in Deutschland zum Beispiel), die ein höheres Maß an „systemischer Wettbewerbsfähigkeit“ aufweisen, in Konkurrenz treten.

Dies verweist auf einen entscheidenden Strukturwandel auf den Arbeitsmärkten: Durch die Revolutionierung bei den Informations- und Kommunikationsmedien werden aus „non competing groups“, beispielsweise aus Informatikern oder Ingenieuren, „competing groups“; auch im Segment der qualifizierten und hochqualifizierten produktionsnahen Dienstleistungstätigkeiten bilden sich derzeit grenzüberschreitenden Arbeitsmärkte heraus. Waren früher viele produktionsnahen Dienstleistungen nur an den Orten konsumierbar, an denen sie erbracht wurden, so müssen entsprechende Qualifikationen heute nicht unbedingt am Ort vorgehalten werden, um sie nutzen zu können. Im Zuge der fortschreitenden Tertiarisierung und Globalisierung wirtschaftlicher Aktivitäten fließt selbst der Nutzen öffentlicher Ressourcenallokation in den Bereichen Forschung, Wissenschaft und Bildung nicht mehr unbedingt den nationalen Volkswirtschaften zu. Denn es geht heute längst nicht mehr allein um die *Anwendung* national generierten Wissens, sondern immer stärker um das grenzüberschreitende Zusammenführen unterschiedlicher Arten von Wissen und Informationen. Die *Absorption* weltweit entstandenen Wissens wird ebenso wichtig wie die Förderung der Wissensproduktion im eigenen Land.

Selbstverständlich operieren transnationale Unternehmen nicht in jedem Land der Erde, selbstverständlich verschwinden auch nicht überall auf der Welt alle Arten von Grenzen und nachweislich sind Welthandel und die Investitionsströme der Unternehmen durch eine hohe räumliche Konzentration auf die sogenannten Triadenmächte gekennzeichnet. Die These einer zunehmenden De-Lokalisierung von Produktion und Dienstleistungserstellung besagt auch nicht, daß die konkreten „Standorte“ nichts mehr zählen würden, ganz im Gegenteil: Globalisierung und Lokalisierung bedingen einander.

3. Regionalisierung und Glo-kalisierung der Weltwirtschaft – und die Rolle des Staates

Gegen den globalen Wettbewerb bietet der traditionelle Nationalstaat keinen hinreichenden Schutz. Daher sind einerseits „mikro-regionale" Einheiten unterhalb des Nationalstaats und andererseits „makro-regionale" Handelsblöcke, die mehrere Nationalstaaten umfassen, entstanden. Daher lautet ein sehr verbreitetes Argument in der aktuellen Debatte, daß sich bei näherer Betrachtung die Globalisierung als Regionalisierung der Weltwirtschaft, genauer als „Triadisierung" (Bonder/Röttger/Ziebura 1993; Krätke 1997; Boyer/Drache 1997) herausstelle. Völlig zu recht verweist dieses Argument darauf, daß in den 90er Jahren vier Fünftel des Welthandels, der Direktinvestitionen oder Finanztransfers zwischen Westeuropa, Nordamerika und Ostasien (vor allem Japan) abgewickelt werden. Allein die Europäische Union bringt es auf einen Anteil des Intra-Blockhandel am Außenhandel der Mitgliedsländer von an die 70%. Mit einem Anteil von etwa 45% an den Weltexporten ist sie der bedeutendste Wirtschaftsblock. Der Handel mit Finanzdienstleistungen ist zu 90% auf wenige Länder der „Triade" (USA; Deutschland, Japan, Großbritannien, Frankreich) konzentriert. Regionalisierung und Fragmentierung seien mithin angemessenere Begriffe für die Analyse der Tendenzen der Weltwirtschaft als jener der Globalisierung (vgl. u.a. Heise/Küchle 1996)[7]. Es ist ohne Zweifel richtig, daß sich die globalen ökonomischen Aktivitäten auf die Triadenmächte konzentrieren, und daß regionale Wirtschaftsblöcke in der „neuen Weltordnung" Konjunktur haben – nicht nur in Europa. Aber diese sind gerade die unvermeidliche Kehrseite der Globalisierung (dazu: Altvater/Mahnkopf 1996, Teil IV.).

Wird hingegen die Konzentration weltweiter ökonomischer Aktivitäten auf die „Triade" als Indiz dafür gewertet, daß die Blockbildung gegen die Globalisierung spräche, so liegt dem letztlich – in neoklassischer Denktradition – die Vorstellung zugrunde, daß Globalisierung alle Weltregionen (und alle Nationen, und sozialen Klassen und Schichten) gleichmäßig einbeziehen, also eine vollständig integrierte Weltökonomie hervorbringen müßte und notwendigerweise mit glo-

7 In der Regel wird der Begriff der Fragmentierung wenig präzise und eher als polemischer Gegenbegriff zur Globalisierungsthese gebraucht. Zu diesem Zweck ist der Begriff allerdings gänzlich ungeeignet. Vgl. zur Unterscheidung von Fragmentierung, Fraktionierung und Fraktalisierung im Prozeß der Globalisierung Altvater/Mahnkopf 1996, S. 77–108

baler Konvergenz verbunden sei, nicht aber neue Divergenzen hervorbringt (vgl. Boyer/Drache 1997: 13f). Diese Vorstellung rechnet also nicht mit der grundsätzlich asymmetrischen Struktur der kapitalistischen Produktionsweise. Selbstverständlich unterscheiden sich die wirtschaftliche Stärke und der Einfluß einzelner *Volks*wirtschaften und Nationalstaaten in Abhängigkeit von einer Kombination ihrer natürlichen und ihrer artifiziellen ökonomischen Ressourcen und Potentiale (vgl. Conert 1998: 141). Das bedeutet allerdings nicht, daß beispielsweise die armen Entwicklungsländer in Süd/Ostasien, Lateinamerika und die ärmeren Länder in den ehemaligen RGW-Staaten, die innerhalb der Weltmarkthierarchie auf den untersten Plätzen angesiedelt oder, wie viele Länder im südlichen Afrika, aus dem Weltmarkt gleichsam exkludiert sind, sich deshalb außerhalb der Globalisierungsdynamik befänden; sie sind von ihr negativ und subaltern betroffen. Die Regionalisierung ist in vielen Fällen gerade dem Versuch der Abwehr von Tendenzen der *Exklusion* aus dem formellen Weltmarkt geschuldet. Angesichts der Macht der großen Weltkonzerne, unter Berücksichtigung der Bedeutung attraktiver Anlagemöglichkeiten für kurzfristiges Kapital auf hochflexiblen Finanzmärkten, werden neue Einheiten der *Inklusion* gebildet. Ihr Ziel ist es, die Wettbewerbsfähigkeit von territorialen Wirtschaftseinheiten zu verbessern, eine „Stabilitätsgemeinschaft" attraktiver Zinsen und stabiler Wechselkurse zu schaffen, um mit der Herausforderung der globalen Märkte besser fertig werden zu können; sie verhelfen aber auch zur Akkumulation von Verhandlungsmacht in den Institutionen und Organisationen der globalen Ökonomie (WTO, IMF etc.). Regionale Wirtschaftsblöcke können somit auch als Versuch gewertet werden, angesichts der Globalisierung von Märkten einen Teil der politischen Kontrolle über ökonomische Prozesse „oberhalb" des Nationalstaats zurückzugewinnen. Regionale Wirtschaftsblöcke stellen also den Versuch dar, die „entgrenzte Staatenwelt" durch neue Grenzen zu strukturieren, um die wirtschafts- und gesellschaftspolitische Souveränität nicht ganz an die globalen Märkte abzugeben. Denn dies würde nicht nur sozialen Streß erzeugen, sondern auch die Wettbewerbsfähigkeit mindern.

Die traditionelle Vorstellung von der nationalen Ökonomien (bzw. deren politischer Form der Nationalstaaten) als maßgebliche Struktureinheiten des Weltmarktes verstellt den Blick darauf, daß die unmittelbaren Akteure des Weltmarktes Unternehmen sind, von denen einige über ein ökonomisches Potential verfügen, das nicht wenige Einzelstaaten in den Schatten stellt. Das Spielfeld, auf dem diese Marktakteure sich bewegen, ist sehr viel größer geworden und die Spielregeln, nach denen sie sich richten, werden nicht mehr durch das Zusammenspiel der vielen Binnenwirtschaften und der Nationalstaaten in der „Staatenwelt“ bestimmt. Es geht um die Herstellung von „systemischer Wettbewerbsfähigkeit“ in der globalen Ökonomie. Insbesondere auf der mikroregionalen Ebene der Vernetzung von Unternehmen, Politik und Wissenschaft hängt viel von der Instrumentalisierung „extraökonomischer Produktivkräfte“ für die Zwecke von finanziellen und wirtschaftlichen „global player“ ab. „Vor Ort“ müssen wichtige gesellschaftliche Akteure und intermediäre Organisationen (etwa die Gewerkschaften) in „Modernisierungpakte“ eingebunden werden. Doch anders als unter den Bedingungen neokorporatistischer Politikabstimmung in der Vergangenheit kann ein monetär und makroökonomisch entmachteter Staat die für das Gelingen sozialer Pakte notwendigen Spielregeln nicht mehr garantieren. Unternehmen können als Folge der Deregulierung mehr „exit-Optionen“ als je zuvor gegenüber nationalstaatlichen oder subnationalen Arrangements der „Standortsicherung“ wahrnehmen. Kurzfristig dient dies dem „shareholder-value“, mittelfristig resultiert daraus die Zerstörung von sozialen Ressourcen (beispielsweise des Vertrauens) und von politischen Institutionen der Aquirierung von Konsens (beispielsweise durch nationale Systeme der industriellen Beziehungen).

Weil die Voraussetzungen für den globale Wettbewerb in der Tat „vor Ort“ erzeugt werden müssen – beispielsweise durch „Produktivitäts- und Innovationspakte“, die sich auf qualifizierte Arbeitskräfte, technische Effizienz, moderne Infrastruktur und gesellschaftlichen Konsens gründen – trifft der Begriff der „Glo-kalisierung“ (Altvater/Mahnkopf 1996, 27ff) auch genauer als derjenige der Globalisierung die spezifische Doppelstruktur modernen Wirtschaftens: Wirtschaftliche Prozesse sind sowohl material wie sozial an konkrete Territorien oder „Standorte“ und an die Bedingungen lokaler Kooperation gebunden; gleichzeitig richtet sich das wirtschaftliche Handeln jedoch an Parametern aus, die einem entterritorialisierten Raum ökonomischer Funktionsmechanismen gebildet werden, an den (umkämpften) Grenzwerten von Kosten und Preisen. Dabei sind es auch keineswegs nur die Lohnkosten, die für Entscheidungen über die Verlagerung und Dezentralisierung von Produktion den Ausschlag geben. Entscheidend ist vielmehr, daß die Parameter für wirtschaftliches Handeln – also die Standards bei Preisen, Zinsen und Kosten – im globalen Wettbewerb gebildet werden, so daß sie auch für Produzenten wirksam werden, die ihre in der Stadt X produzierten Produkte auch nur dort verkaufen.

4. Politik diesseits und jenseits des Nationalstaats

Auf der lokalen Ebene artikuliert sich indes auch der Widerstand der weniger mobilen Kräfte, die anders als die globalen Akteure, welche Promotoren des beschriebenen Entwicklungsprozesses sind, Verlierer der Globalisierung werden. Während die „globalen Entwickler“ von der nationalen staatlichen Politik erwarten, daß diese in dem Territorium, in dem sie für „Recht und Ordnung“ zu sorgen hat, ökonomische Funktionen übernimmt und attraktive Bedingungen für Kapital und Investoren herstellt, hofft die sozio-kulturell fragmentierte Gruppe der Globalisierungsverlierer darauf, daß der traditionelle Nationalstaat in seiner Funktion als Bollwerk gegen die Zwänge globaler Märkte operieren könnte. Doch die Hoffnung trügt.

Seine Rolle als allgemeiner Regulator der Volkswirtschaften und Promotor von „nationalen“ ökonomischen Interessen kann der Nationalstaat immer weniger erfüllen (vgl. Mahnkopf 1998). Wichtige Staatsfunktionen werden unterminiert und an andere Institutionen und Organisationen transferiert. Dank seiner Verfügungsgewalt über moderne Militärtechnologie bleibt der Staat als Garant von Sicherheit im engeren Sinne auch weiterhin ein bedeutender Akteur. Doch selbst diese entscheidende Ordnungsfunktion wird in Ländern mit mangelhafter Rechtsstaatlichkeit und ungenügend geschützten Eigentumsrechten – durch nicht-staatliche Anbieter von Sicherheit: Söldner, private Schutzfirmen, die Mafia, lokale Banden, Guerilla und Kriegsherren. Ausgeprägter sind die Erosionserscheinungen indes bei der Steuerung von wirtschaftlichen und gesellschaftlichen Rahmenbedingungen, dies gilt insbesondere im Hinblick auf die Fähigkeit des Staates, die nationale Währung, also die Wechselkurse zu stabilisieren und für die Sicherung von Eigentumsrechten. Hier haben Organisationen wie der IWF und die WTO wichtige Funktionen übernommen. Gleichzeitig bilden sich globale Kapitalmarktstandards und Regelungen für die Finanzberichtserstattung oder die Schlichtung von Streitfällen im internationalen Geschäftsverkehr heraus, die im Rahmen von privaten Regulierungssystemen abgesichert werden[8].

[8] Diese werden von großen, global operierenden amerikanischen und britischen Anwaltskanzleien (und Investmentagenturen) gestaltet, welche – gestützt auf das amerikanische Gesellschaftsrecht, das zum globalen „jus commune“ wird – ihre Mandanten überall dort vertreten, wo im Zuge der seit den 90er Jahren stark gestiegenen ausländischen Direkinvestitionen Unternehmensübernahmen, Joint-Ventures und internationale Privatisierungen anstehen (vgl. Dezalay 1995; Sassen 1996).

Als aktiver Gestalters des industriellen Entwicklungsprozesses hat der Staat insbesondere in Europa – befördert und verstärkt durch zwei Weltkriege und durch den Kalten Krieg – eine wichtige Rolle gespielt. Im Zeitalter der Globalisierung wird er gerade in dieser Rolle – zumindest in den entwickelten Industrieländern – immer weniger benötigt. Gefragt ist seine gesteigerte Fähigkeit, Standortvorteile für territorial prinzipiell nicht gebundene wirtschaftliche Akteure zu schaffen und zu erhalten –, etwa durch die Bereitstellung von „effizienten", d. h. kunden- und resultatorientierten Dienstleistungen, durch die Übernahme der Kosten für moderne und zugleich preisgünstige Infrastruktur, durch die Finanzierung hochriskanter Forschung und Entwicklung oder dadurch, daß für „nationale" Unternehmen der privilegierte Zugang zu bestimmten Märkten gesichert wird (in den Bereichen Verteidigung, Telekommunikation, Transport, Erziehung, Gesundheits- und soziale Dienste) und Investitionen in technologische Innovationen durch Steueranreize stimuliert werden. In dem selben Maße, wie Fähigkeit und Bereitschaft des Nationalstaats schwinden, negative soziale Konsequenzen des industriellen Entwicklungsprozesses durch distribunale Justiz und die wohlfahrtsstiftende Umverteilung von Ressourcen abzufedern, gerät er von Seiten derjenigen Bürger, die von Globalisierungsfolgen negativ betroffenen werden, verstärkt unter Druck, durch protektionistische Maßnahmen der Ab- und Ausschließung Sicherheit im Inneren des Territoriums herzustellen.

Kompatibel mögen Kapitalismus und Demokratie wohl auch dann noch sein, wenn nationale Regierungen nur über eine begrenzte Souveränität verfügen und gegenüber (globalen) ökonomischen Prozessen weder eigene politische Ziele verfolgen noch makroökonomische (nationale) Pläne gegen die mikroökonomischen Kräfte durchsetzen können. Doch wenn die Institutionen des Wohlfahrtsstaates – darunter v. a. die Systeme der sozialen Sicherung und die Systeme der industriellen Beziehungen – dem Regimewettbewerb ausgesetzt sind, besteht nicht nur die Gefahr, daß eine Unterklasse von „working poor" und „misérables" entsteht. Ihren Angehörigen wird es schwer fallen, ein Eigeninteresse an demokratischen Institutionen zu entwickeln. Darüber hinaus ist es nicht ausgeschlossen, daß neue Nationalismen entweder Vorteile und Vorsprünge verteidigen („Wohlstandschauvinismus") oder den Versuch unternehmen, die Tatsache, zu kurz gekommen zu sein, fundamentalistisch und aggressiv zu korrigieren.

Dramatisch zugespitzt wird das für die Zukunft substantieller Demokratie entscheidende Verteilungsproblem dadurch, daß anders als in den Jahrzehnten nach dem Zweiten Weltkrieg nicht allein aus ökonomischen sondern v. a. aus ökologischen Gründen Wachstumsraten wie im „golden age“ des Kapitalismus in Zukunft nicht mehr möglich sind. Der sichere Unterbau westlicher demokratischer Systeme: die effizienten Technologien, die hohe Produktivität der Produktion, Verstädterung, hohe Mobilität und Individualisierung lassen sich aus ökologischen Gründen nicht für alle Gesellschaften auf dem Globus errichten. Die substantiellen Bestandteile der demokratischen Ordnung, verstanden als Ansprüche auf materielle Wohlfahrt und Ressourcenverbrauch, sind auf dem Level des westlichen Produktions- und Konsumstandards nicht demokratisierbar. Bei der gegebenen ungleichen Verteilung natürlicher Ressourcen und der Ungleichheit, die aus der Organisation der gesellschaftlichen Naturverhältnisse resultiert, ist substantielle Demokratie im Sinne der Selbstbestimmung über die eigene Zukunft also nur durch eine gerechte Verteilung der begrenzten Ressourcen auf einem niedrigeren Niveau für alle vorstellbar.

Das aber kann nicht heißen: Effizienzsteigerung für den Norden, also den materiellen Wohlstand hier durch die Förderung und den Ausbau hochproduktiver, technologisch „innovativer“ Bereiche absichern und Suffizienz, also die Genügsamkeit für die weniger produktiven Menschen im Süden. Offenkundig sind es die Industrieländer, welche die „global commons“ übernutzen; daher ist die Verlangsamung, die Begrenzung und Vermeidung von Wachstum in erster Linie von ihnen zu bewerkstelligen. Nun haben Marktsysteme in ihrer bisherigen Geschichte jedoch nur die Steigerung von Produktion und Verbrauch, also ökonomisches Wachstum, erfolgreich regulieren können. Zukünftig müßten sie mit den gravierenden ökonomischen und sozialen Auswirkungen von Stagnation und möglicherweise Schrumpfung umgehen lernen. Die Rückführung der Marktwirtschaft auf ein menschliches und ökologisches Maß stellt sich angesichts der bestehenden Widerstände als eine gewaltige und scheinbar unlösbare Aufgabe dar. Denn in der Logik der auf Konkurrenz und Verdrängung begründeten Wirtschaftsweise eines globalen Kapitalismus folgen die handelnden Subjekte – seien sie Produzenten, Konsumenten, Arbeitnehmer, Händler oder Politiker – ihrer individuellen Rationalität, wenn sie ihren Vorteil auf Kosten der Natur und der Mitbewerber maximieren.

Allerdings steht die Tendenz der Globalisierung nicht allein für das Durchlöchern territorialer Souveränität – durch globale Finanzmärkte, transnationale Unternehmen, elektronische Mediennetze, die Transaktionen der kriminellen Ökonomie und durch die grenzüberschreitende Migration. Die Alternative eines globalen Institutionensystems, das anstelle eines nationalen Entwicklungsstaats Entwicklung stimulieren könnte, ist bislang nicht in Sicht. Doch mit dem Paradox von fortschreitenden Ent-grenzung und erfahrbarer Endlicheit des Planeten und seiner Ressourcen entstehen zugleich neue Orte, neue Träger und neue Inhalte von Politik jenseits des Nationalstaats. Auf der internationalen Ebene findet auch die Netzwerkbildung von zivilgesellschaftlichen Kräften statt, die im lokalen und zugleich im globalen Raum operieren. Vor allen den Organisationen der internationalen Zivilgesellschaft obliegt es, in Kooperation mit den Trägern traditioneller Politik (also auch mit Parteien und Regierungen, deren Zuständigkeit an nationalstaatlichen Grenzen endet) und gelegentlich wohl auch mit einem Repräsentanten jener „unverfaßen" ökonomischen Mächte, die heute ganz allein die Weltwirtschaft regieren, einer *neuen Art von Protektionismus* zum Durchbruch zu verhelfen. Dabei geht es nicht mehr allein um den Schutz von Produzenten eines bestimmten Nationalstaats vor übermächtiger Konkurrenz, sondern um den Schutz von Erdenbürgern vor ökologisch schädlichen Produkten bzw. Produktionsprozessen und um den Schutz vor sozialer Abwertung als Folge von „social dumping". Damit wird ein Diskurs die *Perspektiven einer zukunftsfähigen Entwicklung* eröffnet.

Dieser Diskurs muß zwar auch auf der nationalstaatlichen Ebene geführt werden, doch ist der territoriale Nationalstaat zukünftig sicherlich nur einer von vielen Orten, an denen über die politische Regulierung der „Grenzen ökonomischer Globalisierung" verhandelt wird – über eine Verteuerung von Transportkosten durch Energiesteuern und eine Verbesserung der Arbeitsbedingungen im Transportsektor, über ökologische und soziale Klauseln in multilateralen Handelsverträgen und die Förderung beschäftigungsintensiver, ökologischer Produktion, über Kapitaltransfersteuern und eine Neuregelung des internationalen Währungssystems. Ohne die internationale Kooperation von Gewerkschaftsverbänden und anderen Interessenvertretungen der Beschäftigten gegen „Standortmobilisierung", ohne eine Demokratisierung der internationalen Institutionen und eine Beteiligung der Nichtregierungsorganisationen an den WTO-Verhandlungen und ohne internationale/makroregionale Maßnahmen zur Eindämmung von Steuerflucht wird es freilich nicht möglich sein, die „Konkurrenzgrenzen", die „Grenzen des Umweltraumes" und die „Grenzen der Spekulation und der Währungskonkurrenz" politisch zu regulieren. Die Regulierung dieser „Grenzen der Globalisierung" bildet aber die Voraussetzung dafür, daß die dann größeren Spielräume in der staatlichen Fiskal-, Geld und Währungspolitik genutzt werden können, um die soziale Demokratie zu verteidigen und dort durchzusetzen, wo sie bislang keine Chancen hatte.

Literatur

Altvater, Elmar/Mahnkopf, Birgit (1996): Grenzen der Globalisierung. Ökonomie, Politik, Ökologie in der Weltgesellschaft, Münster (Westfälisches Dampfboot)

Bairoch, Paul/Kozul-Wright, Richard (1996): Globalization Myths: Some Historical Reflections on Integration, Industrialization, and Growth in the World Economy, United Nations Conference on Trade and Development Discussion Papers No. 113, March 1996

Böckenförde, Ernst-Wolfgang (1997): Recht setzt Grenzen, in: E. U. von Weizsäcker (Hg.), Grenzen-los? Jedes System braucht Grenzen – aber wie durchlässig müssen diese sein?, Berlin/Basel/Boston (Birkhäuser): 272–283

Bonder, Michael/Röttger, Bernd/Ziebura, Gilbert (1993): Vereinheitlichung und Fraktionierung in der Weltgesellschaft, in: PROKLA 91 – Zeitschrift für kritische Sozialwissenschaft, Jg.23, H. 2 (1993): 327–341

Boyer, Robert/Drache, Daniel 1997): Introduction, in: R.Boyer/D. Drache (Eds.), States Against the Market, London (Routledge): 1–30

Braudel, Fernand (1986a): Sozialgeschichte des 15.-18. Jahrhunderts, München (Kindler)

Cohen, Daniel (1998): Fehldiagnose Globalisierung. Die Neuverteilung des Wohlstands nach der dritten industriellen Revolution, Frankfurt/Main (Campus)

Conert, Hansgeorg (1998): Vom Handelskapital zur Globalisierung. Entwicklung und Kritik der kapitalistischen Ökonomie, Münster (Westfälisches Dampfboot)

Danielmeyer, Hans Günther (1997): Zur Entwicklung der Industriegesellschaft und der Beschäftigung, in: E. U. von Weizsäcker (Hg.), Grenzen-los? a. a. O.: 113–124

DBB (Deutsche Bundesbank) (1997): Bilanzunwirksame Geschäfte deutscher Banken, Statistische Sonderveröffentlichung 13, Dezember 1997

Dezalay, Yves, 1995: Merchants of Law as Moral Entrepreneuers: Constructing International Justice from the Competition for Transnational Business Disputes, in: Law & Society Review, Vol. 29, No. 1 (1995), S. 27–64

DIW (Deutsches Institut für Wirtschaftsforschung) 1997: Globalisierung: Falle oder Wohlstandsfalle? DIW-Wochenbericht 23/97

Dolata, Ulrich (1997): Das Phantom der Globalisierung, in: Blätter für deutsche und internationale Politik, H. 1 (1997): 98–104

Finger, Matthias (1997): Nationalstaat und Globalisierung – Kritische Überlegungen zur Zukunft des Nationalstaats im Zeitalter der Globalisierung, in: E. U. von Weizsäcker (Hg.), Grenzen-los? Jedes System braucht Grenzen – aber wie durchlässig müssen diese sein?, Berlin/Basel/Boston: 58–69

Frank, André Gunder (1998): Aber die Welt ist doch rund, in: M. Heinrich/Messner, D. (Hg.), Gloabalisierung und Perspektiven linker Politik. Festschrift für Elmar Altvater, Münster (Westfälisches Dampfboot): 80–109

Hamm, Bernd (1996); Struktur moderner Gesellschaften, Opladen (Leske + Budrich)

Härtel, Hans-Hagen/Jungnickel, Rolf et al. (1996): Grenzüberschreitende Produktion und Strukturwandel – Globalisierung der deutschen Wirtschaft, Veröffentlichungen des HWWA-Instituts für Wirtschaftsforschung, Bd. 29, Baden-Baden (Nomos)

Heise, Arne/Küchle, Hartmut (1996): Globalisierung, Sozialkonkurrenz und Europäische Integration, in: WSI-Mitteilungen, Jg. 49, H. 4 (1996): 237–244

Hirst, Paul/Thompson, Grahame, 1996: Globalisation in Question. The International Economy and the Possibilities of Govenance, Cambridge (Blackwell)

Hobsbawm, Eric (1995): Das Zeitalter der Extreme. Weltgeschichte des 20. Jahrhunderts, Wien/München (Hanser)

IMF International Monetary Fund (1997): World Economic Outlook, May 1997 (Globalization: Opportunities and Challenges), Washington D.C.

Krätke, Michael R. (1997): Globalisierung und Standortkonkurrenz, in: Leviathan. Zeitschrift für Sozialwissenschaft, Jg. 27, H. 2 (1997): 202–232

Küchle, Hartmut. (1996): Deutschlands Position auf dem Weltmarkt, in: WSI-Mitteilungen, Jg. 49, H. 5 (1996): 295–303

Luttwak, Edward (1994): Weltwirtschaftskrieg. Export als Waffe – aus Partnern werden Gegner, Reinbek bei Hamburg (Rowohlt)

Maddison, Angus (1995): Monitoring the World Economy 1820–1992, Paris (OECD)

Mahnkopf, Birgit (1998): Probleme der Demokratie unter den Bedingungen ökonomischer Globalisierung und ökologischer Restriktionen, in: Th. Greven (Hg.), Demokratie – eine Kultur des Westen?, 20. Kongreß der Deutschen Vereinigung für Politikwissenschaft, 13.-18. Oktober 1997 in Bamberg, Opladen (Leske + Buderich): 55–80

Mahnkopf, Birgit (1999): Between the Devil and the Deep Blue Sea: The German Model under the Pressure of Globalisation, in: L. Panitch (Ed.), Global Capitalism versus Democracy , Socialist Register 1999, London (Merlin): 81–116 (forthcoming)

Minc, Alain (1998): Globalisierung – Chance der Zukunft, Wien (Paul Zsolnay)

Osterhammel, Jürgen (1997): Kulturelle Grenzen in historischer Perspektive, in: E. U. von Weizsäcker (Hg.), Grenzen-los? a. a. O.: 213–219

Paqué, Karl-Heinz (1995): Weltwirtschaftlicher Strukturwandel und die Folgen, in: Aus Politik und Zeitgeschichte, Beilage zu „Das Parlament", B 49/95: 3–9

Petrella, Riccardo (1997): Globalization and Internationlization. The Dynamics of the Emerging World Order, in: R.Boyer/D. Drache (Eds.), States Against the Market, a. a. aO.: 62–83

Polanyi, Karl (1978): The Great Transformation, Frankfurt/M. (Suhrkamp)

Sassen, Saskia, 1996: Losing Control? Sovreignty in an Age of Globalization, New York (Columbia University Press)

Simons, Rolf/Westermann, Klaus (Hg.)(1997): Standortdebatte und Globalisierung der Wirtschaft, Marburg (Schüren)

Tauli-Corpuz, Victoria (1997): Wirtschaftliche Expansion gefährdet Völker und Zivilisationen, in: E. U. von Weizsäcker (Hg.), Grenzen-los? a. a. O.: 228–241

UNDP (United Nations Development Programme) 1996ff: Human Development Report; dt. Ausgabe: Bericht über die menschliche Entwicklung, fortlaufend

Wallerstein, Immanuel (1974): The Modern World-System, Vol. 1, New York (Academic Books)

Wichterich, Christa (1998): Die globalisierte Frau. Berichte aus der Zukunft der Ungleichheit, Reinbeck bei Hamburg (Rowohlt)

Zinn, Karl-Georg (1997): Globalisierungslehre ist Mythenbildung, in: Gewerkschaftliche Monatshefte, Jg.. 48, H. 4 (1997): 251–256

Sonja Puntscher-Riekmann

Demokratieprobleme in Europa

Prämisse

Das 20. Jahrhundert endet so, wie es begonnen hat: im Unbehagen. Zwar reden wir noch immer in den alten Begriffen der Moderne von Freiheit und Fortschritt, aber die Zuversicht, daß unser Tun beide wirklich befördere, will sich nicht mehr ohne weiteres einstellen. Die moderne westliche Kultur befindet sich in einem Prozeß der Verwandlung, doch das Resultat erscheint ungewiß. Westlich ist diese Kultur nur ihrem Ursprung nach, ihre Verbreitung ist heute global, auch wenn andere Weltregionen deren politische und ökonomische Modelle in unterschiedlichen Formen und Maßen übernommen haben. Wesentlicher Bestandteil dieser Kultur ist die Demokratie. Diese Form von Herrschaft ist eine originäre Erfindung Europas, die von der Antike bis heute mit wechselndem Erfolg in verschiedenen Formen realisiert wurde. Unverändert blieb jedoch das Ziel, dem sie dienen sollte: das Ziel war die Freiheit der Vielen, auch wenn „viele" real niemals „alle" bedeutete. Die Freiheit der Vielen schien immer am besten garantiert, wenn Herrschaft begrenzt und kontrolliert wird, wenn Macht geteilt und durch Gegenmacht balanciert wird. „Le pouvoir arrête le pouvoir" : diese Maxime Montesquieus wurde zu einem Schlüsselsatz des modernen demokratisch-republikanischen Verfassungsstaates. Doch dieser Verfassungsstaat befindet sich seit einiger Zeit in einer Krise, und die Krise ist eine wichtige Ursache des Unbehagens in unserem Fin de siècle.

Die Krise des europäischen Verfassungsstaates ist das Ergebnis jenes Verwandlungsprozesses, den wir europäische Integration nennen. Dazu kommen die Triebkräfte der ökonomischen Globalisierung, die Begriff und Realität der staatlichen Souveränität ad absurdum zu führen scheinen. Der Zusammenbruch des Sowjetimperiums schließlich und mit ihm das Ende der politischen und wirtschaftlichen Blöcke in Europa hat die alten Gewißheiten der bipolaren Welt mit in den Abgrund gerissen. Die Europäische Union wird dadurch zur wichtigsten Ordnungsmacht am Kontinent *und* zu einem „global player". Zugleich bleibt ihr legitimatorisches Fundament prekär. Denn das europäische Einigungsprojekt entsprach von Anfang an nicht den demokratischen Prinzipien und Institutionen, auf denen Herrschaft in den Mitgliedstaaten beruhte, während in diesen die Verwirklichung demokratischer Prinzipien und Institutionen durch die Verlagerung von Macht in den supranationalen Raum immer problematischer wird. Und doch geschieht alles im Namen der Freiheit der einzelnen und des Fortschritts der Allgemeinheit. Wie sind wir nur in dieses Dilemma hineingeraten? Und wo könnte, wenn überhaupt, ein Ausweg gefunden werden?

Elemente und Ursprünge des Dilemmas

Die heimliche Staatswerdung Europas

Die Europäische Union ist das Produkt internationaler Verträge zur Kooperation in definierten Bereichen im Namen der Erhaltung von Frieden, Freiheit und Wohlstand in Europa. Jedoch die internationalen Verträge konstituierten keine internationalen, sondern supranationale Institutionen, deren Ziel die Neuordnung eines Raumes war, der bis dahin aus konkurrierenden und einander balancierenden Nationalstaaten bestand. Nach der Katastrophe des Nationalsozialismus und des Zweiten Weltkrieges war die Stunde gekommen, Europa zu bauen, um ein Diktum von Georges Bidault aus dem Jahre 1947 wiederaufzunehmen. Die Konstruktion Europas generierte allerdings einen Prozeß der Staatswerdung, obwohl dieser nicht den Intentionen aller Gründungsväter entsprach. Die meisten hatten wohl ein anderes Ziel im Auge: die Rekonstruktion der durch Wirtschaftskrisen und den Weltkrieg beeinträchtigten nationalen Ökonomien und die Wiederrichtung liberaler Wirtschaftsordnungen. Und doch trägt die Europäische Union heute eindeutige Züge von Staatlichkeit, ohne daß mit diesem Befund etwas über die Natur dieses Staates ausgesagt wäre. Staatlichkeit kennt viele Konkretisierungen, denn der Staat ist ein historisches und folglich veränderbares Gebilde, das sich wesentlich durch seine Funktionen definiert. Mit Hermann Heller wende ich mich gegen alle essentialistischen Staatsdefinitionen und schlage einen funktionsanalytischen Ansatz vor, demzufolge von Staat dann sinnvoll gesprochen werden kann, wenn bestimmte und historisch relativ konstante Elemente und Funktionen in einem bestimmten Herrschaftsverband gegeben sind[1].

[1] Vgl. Heller 1934/1983, bes. 259ff.

Solche historische Konstanten sind *ein* begrenztes Territorium, *ein* Heer, *ein* Recht und *eine* Münze. Eine Analyse der Staatlichkeit der Europäischen Union muß also die Frage nach der Existenz dieser Konstanten beantworten: Und in der Tat ist die Union ein begrenztes Territorium (auch wenn die Grenze noch verschiebbar ist, so ist sie dies nicht unendlich, wie die Debatten um die Frage, was ein europäischer Staat sei, beweist), sie hat *ein* Recht (auch wenn es noch nicht alle gesellschaftlichen Bereiche erfaßt), sie hat in nächster Zukunft *eine* Münze, während das *eine* Heer noch Diskussionsmaterie ist. Diesen Elementen sind präzise staatliche Funktionen zuzuordnen, die von der Sicherung der Grenzen über die Garantie einheitlicher Verfahren zur Setzung und Durchsetzung des einen Rechts bis hin zur Formulierung und Implementierung der Geldpolitik reichen. Daraus könnten der Union neue staatliche Funktionen wie etwa die Wirtschafts- und Fiskalpolitik zuwachsen. Die Debatte darüber hat bereits begonnen. Mit einigem Recht also läßt sich von der Staatlichkeit der Union sprechen, ohne damit zu behaupten, die Union entwickle sich zu einem nationalen Wohlfahrtsstaat im tradierten Sinne. Qualifikationen der Natur dieses Staates wie zum Beispiel Giandomenico Majones „regulatory state“ sind eher Hilfskonstruktionen als allgemein akzeptierte Begriffe.[2]

Integration durch kommissarische Verwaltung

Die Staatlichkeit der Union ist das Ergebnis einer Transformationsmaschine, die ihren Ort in den supranationalen Institutionen hat. Diese Transformationsmaschine ist die kommissarische Verwaltung und ihr Auftrag, ihre *commissio*, die Schaffung einer neuen politischen, rechtlichen und ökonomischen Ordnung. Die kommissarische Verwaltung und ihre Praktiken zur Transformation der alten Staaten in einen neuen europäischen „Staat“ haben ihr Vorbild im Intendantensystem des Ancien Régime. Dieses Machtdispositiv im nationalstaatlichen wie im europäischen Integrationsprojekt führte damals wie heute zum Erfolg und genau darin liegt das Problem für die Demokratie in Europa[3].

Doch zunächst zum Vorbild und zur Begründung der historischen Analogie als politikwissenschaftliche Methode. Was mich am europäischen Einigungsprojekt vor allem interessiert, ist das *Wie*, sind die politischen Techniken, deren Anwendung zu einer neuen politischen

2 Vgl. Majone 1994, 1–41.

3 Ausführliche Belege für diese These in Puntscher-Riekmann 1998.

Realität – dem „immer engeren Zusammenschluß" einer bestimmten und im Laufe der Jahrzehnte wachsenden Zahl von Nationalstaaten – führt. Mein erster Blick gilt der Mikrophysik des Machtprojektes Europa im Sinne Foucaults[4].

Dabei verknüpfe ich die Frage nach dem *Wie* der Integrationspraxis mit jener nach einem strategischen Prinzip: Ist in den Integrationstechniken ein Kern auszumachen, ohne den das Projekt nicht funktionieren würde? Einige Politikwissenschaftler haben immer wieder auf das Prinzip der bürokratischen Herrschaft im europäischen Integrationsprozeß verwiesen[5]: Die europäische Technokratie ist zu einem wichtigen Begriff der wissenschaftlichen wie der politischen Debatte geworden.[6] Jedoch macht die Bürokratiethese den Betrachter moderner Staatsbürokratien stutzig: zu groß sind die quantitativen, aber auch qualitativen Unterschiede. Es käme einer Dämonisierung der supranationalen Institutionen und ihrer kleinen Bürokratien gleich, würde man sie tatsächlich zum Verwaltungskörper der Gemeinschaft machen, der analog zu modernen nationalen Verwaltungen operiert. Eine genaue Betrachtung dieser Institutionen macht deutlich, daß es sich zumindest um eine Bürokratie der besonderen Art handeln muß. Und in der Tat wird auch stets ihre Neuheit betont, für deren Definition kein vergleichbares Modell in der Geschichte existiere. Skeptisch gegenüber Urteilen, die in der Geschichte der Politik als Praxis der Machtausübung grundsätzlich Neues zu entdecken glauben, versuche ich mich der Natur dieser Bürokratie zu nähern, indem ich eine andere Frage historisiere.[7]

Ich frage: *Wie* wurden in der Vergangenheit Integrationsprojekte realisiert? Was wurde *gemacht*, um disparate politische Einheiten zu einer neuen Einheit zu verschmelzen? Die bedeutendsten Integrationsbeispiele in der Moderne sind jene der europäischen Nationalstaaten. Ein klassischer Einwand gegen Vergleiche der europäischen Integration mit den nationalstaatlichen Integrationsprojekten ist die Unvergleichlichkeit der sozio-ökonomischen Bedingungen. Doch der hier vorgeschlagene Vergleich ist einer der Machtdispositive und ihrer Praktiken, nicht der Verhältnisse, unter denen diese zum Einsatz gelangen. Die Machtdispositive stehen allerdings in einer historischen Kontinuität mit jenen, die mit mehr oder weniger Erfolg auch die eu-

4 Vgl. Foucault 1978.

5 Vgl. Coombes 1970, Bach 1992, Peters 1992.

6 Vgl. Wallace/Smith 1995.

7 Zum Problem der Historisierung siehe Kapitel II in Puntscher-Riekmann 1998.

ropäischen Staaten als Ergebnis einer Integration disparater Territorien mit getrennten Märkten, unterschiedlichen Währungen, Gerichtsbarkeiten, Zoll- und Steuerhoheiten, aber auch unterschiedlichen Sprachen und Kulturen geschaffen haben. Die Integration durch Recht und des Rechts ist damals wie heute ein essentielles Merkmal des Einigungsprozesses durch Zentralisierung, die damals wie heute auf (geschriebenen und ungeschriebenen) Verträgen, auf der Formulierung und Fundierung einer „Einheitsräson", auf der Herausbildung einer epistemischen Gemeinschaft[8] von Eliten, auf der Verschiebung von Interessen und Loyalitäten der Eliten auf ein neues Zentrum hin beruht. Damals wie heute wird Gewalt als unzumutbares Mittel zur Durchsetzung eines Willens gesehen, denn der Einigungsprozeß beginnt erst dort, wo man Gewaltverhältnisse, den Krieg oder Bürgerkrieg, beenden will. Damit sind die wesentlichen Elemente dieser Metamorphosen genannt, die weniger strategisch als experimentell vorangetrieben werden. Damit widerspreche ich nicht der These, daß Staatswerdung und Krieg einander bedingen[9], sondern behaupte, daß Integration von ständig wachsenden Politikbereichen durch einheitliche Normierung als Mikrophysik der Staatswerdung die Beendigung des Krieges im Inneren eines begrenzten Territoriums zur Voraussetzung hat.[10] Erst das Übereinkommen der Konfliktparteien *in* einem solchen Territorium, Frieden halten zu wollen, liefert die erste und unabdingbare Legitimation für weitere Integrationsschritte.[11]

Das Studium der nationalstaatlichen Zentralisierungsprozesse zeigt, daß es sich um höchst komplexe und langwierige Vorgänge handelte und daß auch sie sich wesentlich auf eine „Bürokratie" stützten, die ähnlich wie die heutigen „Eurokraten" eine Differenz zur ordentlichen Verwaltung aufwies: Sie bestand aus Kommissaren, aus Funktionären der neuen Einheitsidee und flexiblen Agenten, nicht aus den regulären Beamten des Königs, zu denen sie ebenso in einem Spannungsverhältnis standen wie heute die europäische „Bürokratie" zu den nationalen

8 Zum Begriff der epistemischen Gemeinschaft vgl. Peter M. Haas 1992.

9 Vgl. Tilly 1992, 67–95.

10 Vgl. Burckhardt 1978, 38.

11 Damit ist nichts darüber ausgesagt, wie die Konfliktparteien zu diesen Übereinkommen gelangen. Diese sind natürlich oft die Folge von gewaltsamen Unterwerfungen, wie z.B. der Krieg zur Herstellung der italienischen Einheit im 19. Jahrhundert beweist. Auch garantieren die Übereinkommen nicht den ewigen Frieden, wie die Fronde gegen Ludwig XIV. im 17. oder der Sezessionskrieg der USA im 19. Jahrhundert zeigten.

Verwaltungen. Nur eine „unabhängige und wurzellose" Instanz[12], ausgestattet mit relativ großen und im Detail nicht definierten Kompetenzen vermochte den Verwandlungsprozeß alter Ordnungen in eine neue zu organisieren. Diese Instanz kannte auch in der Vergangenheit räumliche und zeitliche Variationen, die sich aus ihrem Auftrag, ihrer *commissio* ergaben, die Zentralisierung voranzutreiben und zu moderieren. Ich habe diese Organisationsleistung in ihren verschiedenen Ebenen und Facetten für die Vergangenheit und die Gegenwart in meinem Buch[13] dargestellt und dabei nicht nur bemerkenswerte Analogien, sondern auch historische Kontinuitäten und Differenzen feststellen können, die die Grundthese sehr weitgehend bestätigen. Allerdings bedingen die Differenzen eine besondere Variation dieses Instruments im heutigen Integrationsprojekt. Diese These widerspricht den herrschenden Integrationstheorien vor allem in einem entscheidenden Punkt, daß es sich bei der europäischen Integration institutionell und verfahrenstechnisch um etwas historisch völlig Neues handle. Neu ist nicht die Technik, sondern das Projekt selber. Noch nie zuvor hatte die Vorstellung einer Einheit Europas durch freiwilligen Zusammenschluß das Reich der Ideen verlassen, um Politik zu werden: „L'idée d'organiser pacifiquement cette Europe des Etats est apparue à maintes reprises, mais n'a jamais été prise en considération par les détenteurs du pouvoir, qui n'ont choisi qu'entre deux politiques: la domination ou l'équilibre."[14]

Die Technik ist also die kommissarische Verwaltung und diese eine besondere Variation bürokratischer Herrschaft, die wir zahlreichen Einheitsprojekten der Vergangenheit finden. Sie ist das Mittel, die regulären Verhältnisse der alten Einheiten zu deregulieren und den Regulativen der neuen Einheit zu „unterwerfen". Allerdings ist die neue Einheit mit ihrem regelstiftenden Zentrum als dem legitimen und gefestigten Befehlsgeber nicht schon da: Diese entsteht erst allmählich aus einer Vielzahl dialektischer Prozesse zwischen Zentrum und Peripherie, zwischen dem neuen Zentrum und den peripheren Zentren, zwischen alten und neuen Institutionen, ihren Regeln und Interessen. Oberflächlich betrachtet wächst die Macht des neuen Zentrums pro-

12 Hintze 1910/1970.

13 Vgl. Puntscher-Riekmann 1998.

14 Gerbet 1983, 7, vgl. Duroselle 1965.

portional zum Machtverlust der Peripherie[15], aber die Peripherie muß das neue Zentrum mitkonstituieren und entwickeln: Der Machtverlust der Peripherie ist weniger in Kategorien eines Nullsummenspiels als in solchen einer Metamorphose von Macht durch die Verschmelzung von zentralen und peripheren Interessen zu beschreiben. Unterwerfung ist daher ein unangemessener Begriff, der stets das Bild einer militärischen Sieger-Verlierer-Dichotomie projiziert. In Wahrheit erfolgt die neue Einheit aus einer Neuordnung von Befugnissen und Verantwortlichkeiten durch die Verschiebung des Fokus von Interessen und Loyalitäten[16]. Die Verschiebung gelingt nicht einfach durch einen zentralen Befehl, denn sie hat den Willen zur Neuorientierung an der Peripherie zur Voraussetzung. Da dieser Wille sich wohl in einer prinzipiellen Bereitschaft artikuliert, aber im übrigen diffus bleibt, bedarf es im neuen Zentrum eines Dispositivs, einer technischen Vorrichtung, die diesen Willen lockt, einfängt und handlungsfähig macht, seine Erwartungen lebendig hält und befriedigt, seine Differenzen moderiert und ausgleicht. Denn die Annahme eines singulären und konsistenten Willens der Peripherie ist ganz unrealistisch: er differenziert und spezifiziert sich in je konkreten Interessen und Strategien, aber auch nach unterschiedlicher Machtgröße. Weder sind alle Fürsten noch alle Mitgliedstaaten der EU gleich mächtig, was wiederum Strategien der Allianzen und der Abwehr von Gegenallianzen durch Kompromisse bedeutet. Und gleiches gilt für private Akteure, die aufgrund ihrer unterschiedlichen Interessen eine Verschiebung der Machtzentren befürworten oder bekämpfen. Die städtische Handelsbourgeoisie der frühen Neuzeit, die sich vom neuen Zentrum Modernisierungseffekte des überkommenen Zunftsystems erwartete, ist darin den heutigen Konzernen vergleichbar, die Jacques Delors für das Projekt des Binnenmarktes gewinnen

15 Der Begriff Peripherie ist ein summarischer, er meint natürlich nicht nur die Provinzen oder Nationalstaaten, sondern alle sozialen Akteure derselben und deren oft sehr unterschiedlichen Interessen am neuen Zentrum.

16 Diese Skizze widerspricht nur scheinbar Norbert Elias' These vom Monopolmechanismus als dem konstituierenden Element des Staates: Die Akkumulation von Besitz und die Monopolisierung militärischer Gewaltmittel in den Händen einer Dynastie sind die makrophysikalische Seite dieser Geschichte, die mikrophysikalische Verschiebung von Interessen und Loyalitäten ist ebenso unerläßlich. Elias hat selbst wiederholt auf die Verflechtung von Zentrum und Peripherie, auf die Balanceapparatur des Königsmechanismus hingewiesen und dem „Zentralherrn" stets einen „Zentralapparat" beigestellt, dem auch Akteure der Peripherie angehören. Ich lege allerdings den Akzent stärker auf die Funktionen und Wirkungen der Apparatur, die diese Verschiebung von Macht aus der Peripherie in das Zentrum ins Werk setzt und das Zentrum stabilisiert.

konnte. Die Existenz eines Vertrages, in dem der ursprüngliche Wille verankert ist, garantiert wohl einen Minimalkonsens und legitimiert den Gebrauch gewisser politischer Instrumente zur Steigerung dieses Konsenses durch praktische Politik, nicht aber schon die Realisierung der neuen Einheit, in der Politik idealiter nach *einem* Muster organisiert werden soll. Allerdings bietet der Vertrag vor allem zu Beginn des Einheitsprojektes einen wichtigen Hebel für die integrative Praxis, wie an der Entwicklung der europäischen Gemeinschaft gezeigt werden kann.

Die Vakanz des Thrones

Die Verschiebung des Fokus von Interessen ist umso schwieriger, wenn – wie in der Europäischen Union – das Zentrum „leer" ist, wenn kein „König" es repräsentiert. Damit ist auch der wichtigste Unterschied zu den neuzeitlichen Staatswerdungsprozessen benannt. Das Europäische Parlament mit seinen beschränkten Rechten ist bis heute ein Repräsentationstorso, seine „soziale Legitimität"[17] limitiert durch die Abwesenheit einer europäischen Öffentlichkeit, in der Parteien auf der Grundlage einer *res publica europaea* Interessen vertreten. Aus der „Vakanz des Thrones" wächst der Peripherie eine besondere Rolle und Macht zu, da sie die „Leere" permanent selbst füllen muß: Sie ist in der Integrationsdialektik sowohl These als auch Antithese, sowohl „Herr" als auch „Knecht". Diese Doppelrolle bedingt auch eine neue Variation des Instruments der kommissarischen Verwaltung, denn die Peripherie muß dieses Instrument schaffen und gegen sich selbst einsetzen. So sind die Differenzen zwischen den EU-Institutionen Rat und Kommission oder Rat und Parlament nicht einfach das Ergebnis einer klassischen interinstitutionellen Konkurrenz, sie haben ihren Grund in der Ausgangssituation, die durch die Ambivalenz der Peripherie gekennzeichnet ist: Denn der Rat ist zugleich supranationale Institution und Summe der nationalen Souveräne, Repräsentant des neuen Zentrums und der Peripherie. Er ist in ein und demselben Moment „Herr der Verträge" und „Knecht" im Machttransfer, Subjekt und Objekt des Verwandlungsprozesses. Als supranationaler Akteur ist der Rat Auftraggeber der kommissarischen Verwaltung, als Repräsentant der Mitgliedstaaten ihr Objekt. Es ist daher durchaus kein Widerspruch, den

17 Weiler 1991, 2468.

Rat zugleich als Triebwerk und als Bremse in der Integrationsmechanik zu lokalisieren.[18]

Die Antinomie liegt in der Natur der Sache, und um ihr zu entkommen, haben die Vertragsautoren und Gründungsstaaten die Macht institutionell gestreut:[19] Der Rat behält zwar das Letztentscheidungsrecht, aber ihm voraus gehen nicht nur das Initiativrecht der Kommission, sondern auch die intrikate Struktur der Gremien und Verfahren zur Entscheidungsvorbereitung und -durchführung (von der Kommissionsbürokratie über den COREPER bis zur Komitologie) und seit der Einheitlichen Europäischen Akte und dem Vertrag von Maastricht auch jene des Parlaments, während in der Folge das von ihm gesatzte Recht in der Judikatur des EuGH sowohl Auslegung wie Fortbildung erfährt. Streuung der Macht heißt dabei nicht Gewaltenteilung im Sinne moderner demokratischer Verfassungen[20], sondern Multiplikation von Orten und Ebenen, an denen Initiativen und Praktiken der Integration und Zentralisierung entstehen sollen. Scharpf spricht von einer „benevolent diffusion of responsibility."[21] Eine Streuung der Macht empfiehlt sich als Strategie vielleicht gerade in einem Projekt, dessen Legitimität prekär, dessen Dynamik labil und dessen Dimension zugleich gigantisch und vage ist.[22]

18 Vgl. Peters 1992, 78f.; Burley/Mattli 1993, 42; Nugent 1994.

19 Nicht zuletzt diese Konstruktion der Institutionen und die Verteilung der Macht zwischen ihnen macht den Unterschied zwischen internationalen Verträgen und Organisationen und dem europäischen Zusammenschluß zur Herstellung eines supranationalen Raumes aus. Alle Versuche, die Verträge vom EGKSV bis Maastricht als internationale zu betrachten, wie dies vor allem die Regimelehre tut, führen zu gravierenden Irrtümern in der Beurteilung von Integrationspolitik.

20 So Mentler (1996): „Die institutionelle Struktur der Europäischen Gemeinschaften folgt nicht dem Prinzip der Gewaltenteilung zwischen mehreren Organen, von denen jedes die Kompetenzen seines Bereiches ausschließlich ausübt, sondern ist vielmehr nach dem Grundsatz einer Funktionsteilung auf ein Zusammenwirken aller Organe ausgerichtet" (137). Vgl. Schweitzer/Hummer (1993), die dem Begriff der Gewaltenteilung jenen des „institutionellen Gleichgewichts", wie der EuGH ihn in einem Urteil aus 1970 geprägt hat, entgegenstellen (231). Zur Kritik am Begriff des „institutionellen Gleichgewichts" vgl. Bieber 1995, Art. 4 RdNr. 47. Wechsler (1995, 119) betrachtet dagegen das Prinzip des institutionellen Gleichgewichtes durchaus im Sinne der Gewaltenteilung. Es ist bemerkenswert, daß auch in den aktuellen Vorschlägen des Europäischen Parlaments zur Revision des Vertrages von Maastricht dieses nur ein mit der Kommission geteiltes Initiativrecht beansprucht. Vgl. Puntscher-Riekmann 1996, 317.

21 Scharpf 1985, 349; vgl. Wessels 1996, 63.

22 Vgl. Peters 1992, 80f. Im übrigen scheint sie im Laufe der politischen Geschichte der Menschheit vorzugsweise dort zum Einsatz zu gelangen, wo Herrschaftsräume be-

Eine weitere Bedingung dieses Instruments ist die Ambivalenz der Akteure gegenüber dem Telos der Integration. Einheitsstiftende Verträge wollen stets den unerträglichen Zustand des Krieges beenden oder einen solchen künftig verhindern, aber sie lassen weitgehend offen, was nun im Detail geschehen soll.[23] Die Formeln vom „immer engeren Zusammenschluß" im EWGV (1957) und von der „immer engeren Union" im Unionsvertrag (1992) sind beispielhaft für diese Offenheit, ihr Komparativ zielt auf einen evolutionären Prozeß, ohne das Endziel zu präjudizieren. Der Begriff der Evolution ist durchaus im systemtheoretischen Sinne als Steigerung von Möglichkeiten gedacht: Was aber nun und auf welche Weise im einzelnen gesteigert werden soll, ist nur durch die tägliche experimentelle Praxis beantwortbar.[24] Man darf sich jedoch die Machtsteigerung der europäischen Organe keinesfalls als eine Kurve linearer Fortschritte vorstellen. Zwar ist die Bilanz nach einem halben Jahrhundert europäischer Integration eindeutig positiv, aber auf dem Weg dahin gab es ebensoviele Rück- wie Fortschritte. Die Rückschritte sind jedoch bei näherer Betrachtung keine wirklichen Rückschritte, sondern eher Aufschübe von Projekten und als solche noch Teil der Integrationsstrategie. [25] Der Integrationsschub, den die Delors-Administration ab 1985 so eindrucksvoll in Gang setzte, beruhte in Wahrheit weniger auf neuen Initiativen, sondern vor allem auf Delors' Fähigkeit, unerledigte Projekte der Vergangenheit, wie die Währungsunion oder die Politische Union, die beide in den siebziger Jahren konzipiert worden waren, wieder und unter veränderten Bedingungen auf die Tagesordnung zu bringen[26] und auf die Einhaltung gegebener Versprechen zu insistieren.

sonders groß oder Herrschaftsverhältnisse besonders komplex sind. Vgl. Mann 1986, I, 25ff.

23 Die Kritik an der Vagheit der vertraglichen Bestimmungen zu den konkreten Materien der Politik sind ein Leitmotiv der Integrationsforschung. Vgl. Allen 1977, 92ff.

24 Widerstände gegen bestimmte Normen sind oft das Resultat eines expliziten oder impliziten Willens, supranationalen Institutionen nur geringe Macht zuzugestehen: So schrieben manche Mitgliedstaaten dem EuGH anfänglich eine eher untergeordnete Rolle zu und waren dann von dessen Tätigkeit überrascht. Man beachte in diesem auch Zusammenhang die Widerstände der niederländischen und italienischen Regierungen gegen die Spruchpraxis in den Fällen van Gend &Loos und Costa/Enel. Vgl. Wechsler 1995, 108, Fn.312.

25 William Wallace beschrieb sie als „Walking Backwards Towards Unity": vgl. Wallace 1977, 301.

26 Vgl. Ross 1995, 30; Ludlow 1991, 112.

Im übrigen beruhte die Politik der Kommission von Anfang an auf einer Taktik des „postponing, but not cancelling."[27] Denn die Integrationspraxis ist abhängig von realen Möglichkeiten, die nicht voluntaristisch hergestellt werden können: 1954 gab es keine Möglichkeit für eine gemeinsame Verteidigung[28] und 1973 trotz der internationalen Währungsturbulenzen keine Möglichkeit für eine Währungsunion.[29] Jedoch werden auch in den Phasen stagnierender Großprojekte im mikrophysikalischen Bereich der Normensetzung sowohl in der Gesetzgebung wie in der Judikatur ununterbrochen kleine, aber wichtige Integrationsschritte gesetzt: „The machine grounds inexorably on."[30] Und jedes erreichte Ziel wird unwiderruflich zu einem Bestandteil des *acquis communautaire*.

Das Semper idem der Macht

Otto Hintze war der erste Staats- und Verfassungstheoretiker, der zu Beginn des 20. Jahrhunderts in einer vergleichenden Studie der Mikrophysik des „große(n) Verschmelzungs- und Zentralisierungsprozess(es)" moderner Staaten besondere Aufmerksamkeit schenkte und dabei auf die entscheidende Rolle des „Kommissarius" verwies:

> In diesem Kampfe um die Durchsetzung einer neuen Staatsordnung ist der Kommissarius das wirksamste Instrument der Staatsgewalt geworden: ohne ein jus quaesitum an seiner Stellung, ohne Verbindung mit den lokalen Mächten des Widerstandes, ohne die Fesseln verjährter Rechtsanschauungen und herkömmlicher Amtswaltung, nur ein Werkzeug des höheren Willens, der neuen Staatsidee, dem Fürsten unbedingt ergeben, von ihm bevollmächtigt und abhängig, nicht mehr ein officier, sondern nur ein fonctionnaire, stellt er einen neuen, dem Geiste der absolutistischen Staatsräson entsprechenden Typus des Staatsdieners dar, der zwar in dieser Schärfe und Einseitigkeit das alte Beamtentum nicht völlig verdrängt, aber doch durch die Verschmelzung mit ihm nach langem Kampfe einen tiefgreifende Veränderung in seinem Wesen hervorgebracht hat, die bis zur Gegenwart fortwirkt.[31]

In einer Reihe von Herrschaftsräumen in Europa wurde die alte, den neuen Anforderungen und Ansprüchen des Staates ungenügende Be-

[27] Coombes 1970, 182.

[28] Vgl. Aron 1956.

[29] Russell 1977, 69–90.

[30] Ludlow 1991, 109.

[31] Hintze 1910/1970, 273.

zirksverwaltung durch Instrumente modernisiert, die dem kommissarischen Prinzip gehorchen: durch die Friedensrichter in England, die kollegialischen Bezirksbehörden, Steuerräte und Landräte in Preußen, die „scharf-bürokratischen" Einzelbeamten wie Intendanten und Präfekten in Frankreich und Italien.[32] In den fünfziger Jahren betonen auch Deutsch et al.[33] in ihrem historischen Vergleich von „amalgamated political communities" den institutionellen Aspekt, doch spielt diese „außerordentliche und wurzellose"[34] Institution der kommissarischen Verwaltung, die jene Kommunikationsprozesse zwischen dem neuen und den alten Zentren organisiert, keine Rolle.

Kommissarische Verwaltung bezeichnet ein Instrument der Macht, das „quer" zu den alten Institutionen[35] im Auftrag eines neuen Zentrums die alte Ordnung allmählich verwandelt, indem es deren Träger in den Bann einer neuen Ordnung zieht. Dies ist kein magischer Vorgang, sondern eine leise Revolution durch besondere „bürokratische Verfahren". Das Instrument kann verschiedene Formen annehmen, je nachdem in welcher politischen Kultur, in welchem sozio-ökonomischen Kontext, in welchen Strukturen und in welcher Dynamik einer politischen Gemeinschaft es zum Einsatz gelangt, je nachdem welchen Zielen es dient und auf welche Legitimität es sich stützen kann. Aber um zu begreifen, wie es funktioniert müssen seine Funktionen studiert werden. Ich nenne diese mit Foucault die Praktiken der Macht.

Die Praktiken

Das Studium der Politik in ihren Praktiken beruht auf einem theoretischen Konzept, nach dem wir Realitäten am besten begreifen, wenn wir zu erkennen vermögen, was an bestimmten Zeitpunkten und Orten konkret *gemacht* wird.[36] Politische Integration erfolgt immer wieder und wesentlich durch die vier im folgenden dargestellten Praktiken, womit aber keineswegs eine taxative Aufzählung suggeriert wer-

32 Vgl. ebda., 272. Otto Hintze vernachlässigt den Fall Italien vollkommen. Tatsächlich erfolgt eine erste Modernisierung des Staates mehr als ein halbes Jahrhundert vor der Einigung, und zwar vor allem durch die Übertragung des französischen Musters auf die verschiedenen politischen Regionen, die Napoleon nach der Unterwerfung des Landes geschaffen hatte. Vgl. Meriggi 1994, 119–153.

33 Vgl. Deutsch et al. 1957, 54f.

34 Hintze 1910/1962, 273. Über die notwendige Unabhängigkeit der Europäischen Kommission vgl. Majone 1995, 152.

35 Vgl. Bach 1994.

36 Vgl. Veyne 1992 und Kapitel II.

den soll. Behauptet wird jedoch, daß diese Praktiken in allen von mir untersuchten Integrationsprojekten auftauchen und für eine erfolgreiche Vereinheitlichung essentiell sind. Sie bestimmen auch den europäischen Integrationsprozeß. Es sind dies die Praktiken des Wissens, des Korrigierens und Modernisierens, der unaufhaltsamen Überdehnung von Kompetenzen und der Fixierung des Bestandes, der Schaffung einer neuen Rechtsordnung durch das Überlagern und Verdrängen der alten. Unbehandelt bleibt dagegen die wichtige Praktik der kulturellen Integration und der symbolischen Identitätsstiftung, weil diese im europäischen Integrationsprojekt noch ganz am Anfang steht und ihre Wirkungen sich einer genauen Beurteilung entziehen.

Wissen sammeln und Wissen produzieren

Wer herrschen will, muß wissen. Herrschaft beruht wesentlich auf Kenntnissen der Verhältnisse der Beherrschten, ihrer Interessen und Tätigkeiten, ihrer Präferenzen und Sensibilitäten, und auf der Fähigkeit, Wissen zu produzieren und zu vermitteln, mithin eine „epistemische Gemeinschaft" zu begründen und zu erhalten.[37] Beides, Wissen sammeln und Wissen produzieren, muß in dem Sinne „Wahrheit" ergründen oder hervorbringen, als es Realitäten berühren muß. Realitätsferne – sei sie beabsichtigt oder unbeabsichtigt – hat Machtverlust zu ihrem Komplement. Wer Herrschaft auf Dauer ausüben will, muß Wirklichkeiten erkennen, um sie beeinflussen zu können. Da alle Wirklichkeit dynamisch ist, entsteht die Stabilität von Herrschaft aus dem erfolgreichen Management von Instabilitäten. Dies setzt wiederum einigermaßen richtige Diagnosen über die Gründe der Instabilitäten voraus. Wenn nun aber Herrschaft selbst Transformationsprozesse in Gang setzen möchte, so ist das Wissen als Kenntnis von den zu verwandelnden Strukturen und als Produktion neuer Episteme existenziell für den Erfolg dieses Unternehmens.

„Une des piéces essentielles de l'action de la Haute Autorité serait la somme des informations qu'elle aurait le pouvoir de receuillir et le devoir de publier", schrieb Jean Monnet über die Hohe Behörde der Europäischen Kohle- und Stahlgemeinschaft.[38] In der Europäischen Gemeinschaft war die Frage der Wissenssammlung von Anfang an bedeutsam und im Artikel 213 EWGV auch vertraglich geregelt. Trotzdem bleibt die Wissenssammlung der europäischen Kommission von

[37] Zur Frage der EU als „epistemic community" vgl. P. Haas 1992 und H. Wallace 1996, 22f.

[38] Monnet 1976, 477.

jenen Schwierigkeiten gekennzeichnet, die vor allem neuen Machtinstitutionen anhaften: denn deren Wissensanspruch ist immer nur partiell legitim. Die Wissensproduktion ist wiederum abhängig von der Fähigkeit, die intellektuellen Eliten der alten Ordnungen für das neue Unternehmen zu gewinnen.

Die Ritte der französischen Kommissare (*chevauchée des maîtres des requêtes*) dienen wesentlich der Erweiterung des königlichen Wissens in Sachen Finanz- und Justizverwaltung in der Provinz.[39] Die Intendanten als Kommissare des Königs, deren *commissio* die Durchsetzung des königlichen Rechts in der Provinz ist, übertragen diese speziellen und meist aus der Provinz stammenden Beamten, den *subdélegués*. Als Agenten des Intendanten sind diese unaufhörlich mit Recherchen über die lokalen Verhältnisse beschäftigt.[40] Dabei sehen sich diese Abgesandten der Intendanten immer wieder damit konfrontiert, daß ihnen Auskünfte verweigert oder ihre Informationsrechte in Frage gestellt werden. Da aber solche Verweigerungen niemals absolut sind, gelingt es den Kommissaren im allgemeinen doch, sich allmählich als Autorität zu etablieren: „Leurs fonctions apparaissent alors comme des fonctions de police et de contrôle administratif et financier: ils transmettent des ordres et en exécutent. Ils ‚informent' sur toutes choses, leur chef direct l'intendant."[41]

Surveiller, überwachen, ist ein Schlüsselwort in vielen königlichen Patenten, mit denen die Kommissare und ihre Kommissionen legitimiert werden. *S'enquerir, voir, découvrir, apprendre*: mit diesen Worten beschreibt Richelieu die Aufgaben der Intendanten in seinem Politischen Testament. Ohne Wissen über die Verhältnisse ist weder ihre Korrektur noch ihre Neuordnung möglich.Die Historiker Fischer und Lundgreen beschreiben diese Tätigkeit so:

> The regular correspondence between Colbert (as comptroller-general, the head of the financial administration) and his *intendants* shows how the decisions were taken: (1) instructions or circular letters of the comptroller-general requested investigation and report on a given issue from the *intendants*; (2) the *intendants* investigated and submitted a report or survey; (3) the reports were studied by the subcommittees and bureaus of the councils; (4) a draft (of an ordinance to be issued or of a policy to be followed) was

39 Marion 1968, 293.

40 Fréville 1953, I, 180f.

41 ebda., 181.

> submitted to the councils of state for decision; (5) the outcome decided upon was communicated to the provincial *intendants* for execution.[42]

Überwacht wird alles von der Justiz bis zur Straßenverwaltung, denn alle Bereiche des staatlichen Lebens sollen zentralisiert und modernisiert werden.[43] Ein bemerkenswertes Analogon zur heutigen Überwachung der nationalen Verschuldungspolitik im Hinblick auf die Währungsunion finden wir in der Kontrolle der Kreditaufnahmen der französischen Gemeinden durch die Intendanten Colberts: „S'agissant des consulats municipaux, ces hôtels de ville des gros villages et cités de Languedoc, Colbert les fait surveiller de près par l'indendance: ils ne peuvent plus comme autrefois s'endetter à tort ou à travers."[44]

Korrigieren und Modernisieren

Das Projekt der Moderne als Modernisierung der Ökonomie ist im europäischen Westen in der Mitte des 15. Jahrhunderts anzusetzen, erfährt im letzten Drittel des 16. einen ersten Höhepunkt und danach eine längere Krise, die je nach Staat bis zur Mitte des 17. reicht.[45] Aber die Entwicklung, deren Beschreibung in der Wirtschaftsgeschichte oft bemerkenswert jener der Realität des 20. Jahrhunderts ähnelt, findet nicht in allen westeuropäischen Ländern mit der gleichen modernisierenden Intensität statt. So ist auch die französische Handelswelt zum Beispiel nicht in der Lage, zunächst mit den italienischen und deutschen Handelshäusern und später mit den holländischen und englischen Schritt zu halten. Überall jedoch verlaufen die Entwicklungen außerordentlich langsam und keineswegs dauerhaft. Technische Innovationen – von der Landwirtschaft über das Transport- bis zum Finanzwesen – benötigen oft ein ganzes Jahrhundert, um sich durchzusetzen. Transport und Kommunikation sind damals wie heute Angelpunkte der Ökonomie, mithin des Reichtums nicht nur einzelner Wirtschaftsakteure, sondern des gesamten Staates. Mitte des 17. Jahrhunderts scheitert die Etablierung eines funktionierenden nationalen Marktes in Frankreich vor allem an den Mängeln der Transportwege und ihrer Verwaltung: „La route n'est pas administrée; elle demeure soumise aux pouvoirs locaux, dont la bonne volonté est faible, dont les

42 Fischer/Lundgreen 1975, 501; Hervorheb. i. Orig.

43 Vgl. Marion 1968, 294 und Chaunu 1993, 204.

44 Le Roy Ladurie 1991, 238. Vgl. auch Smedley-Weill 1997, 219ff.

45 Gascon 1993, I, 321f.

ressources sont médiocres."[46] Diese Mängel verhindern die Schaffung eines Binnenmarktes und fördern die Trennung einer Myriade von lokalen Märkten, sie erschweren die Freizügigkeit agrarischer Produkte, bremsen die industrielle Innovation, während Preise und Löhne höchst unterschiedliche Niveaus aufweisen. All das ändert sich allmählich nach 1660, und zwar durch die Intervention des Staates, der mit der Modernisierung der Kommunikationswege ein eigenes zentralistisches Interesse verfolgt. Aus der Dialektik von wirtschaftlichen und politischen Interessen entsteht Colberts „nationale Kommunikationspolitik", der Plan zum Ausbau der Land- und Wasserwege, der „route royale" und der großen Häfen. Für dieses Projekt waren die kommissarischen Verwaltungsstrukturen essentiell.[47] Der Intendant der Bretagne Pomeru schafft nicht nur neue Verkehrverbindungen in der Provinz und zwischen dieser und dem Zentrum, er überwacht auch die Postmeister und die Sicherheit auf den Straßen: „L'autorité centrale innervait ainsi peu à peu la province."[48] Im Bereich der Industrie werden die Intendanten zu „excellents promoteurs du progrès industriels", unterstützt von neuen Institutionen wie den Manufaktur-Inspektoren.

Jedoch Colberts große Modernisierungsprojekt bleibt bruchstückhaft. Erst Mitte des 18. Jahrhunderts gelingen Maßnahmen wie die Trennung der technischen von den Finanzdiensten (1743), die Einrichtung einer Ingenieurschule (1747), die Etablierung einer einheitlichen Verwaltung, „d'un corps hiérarchisé", „de cadres de valeurs, animés d'un esprit uniforme". Danach können sich allerdings nur mehr wenige Provinzen und keineswegs auf Dauer dieser Vereinheitlichung entziehen.[49]

Modernisieren heißt auch stets verbessern in einem „moralischen" Sinne: über Mißbräuche und Willkür der königlichen Verwaltung zu berichten war die erste Aufgabe der französischen und preußischen Kommissare.[50] Sie abzustellen, die zweite. Denn Mißbräuche und Willkür der königlichen Bürokratie förderten und legitimierten den Widerstand der Peripherie gegen die Zentralisierung oder – und das wog vor allem in Kriegszeiten weit schwerer – minderten die Steuereinnahmen des Zentrums bzw. dessen Fähigkeit, neue Steuern

46 Léon/Carrière 1993, II, 166.

47 ebda., 167.

48 Fréville 1953, I, 63. Diesen Prozeß der „Innervation" beschreibt John Brewer für England unter dem Titel „The Sinews of Power" (1989).

49 ebda., 169.

50 Siehe oben.

durchzusetzen.[51] Die Verhinderung von Willkür und die Entlastung der Bevölkerung von lokalen Steuern bzw. die gerechtere Verteilung von Steuern geht einher mit Versuchen, auch moderne rechtsstaatliche Prinzipien durchzusetzen.[52]

Dabei ging die Modernisierung meist mit der Beseitigung alter Rechte einher. So bedeutete die königliche „Steuerrevolution" mitten im dreißigjährigen Krieg sowohl größere Gleichheit als auch den Octroi von Edikten, deren Bestätigung durch die Parlamente das Zentrum nicht mehr einholte. Auch das Beschwerderecht der *Trésoriers de France* gegen neue Maßnahmen fiel nach und nach dem Regime der Kommissare zum Opfer. Dabei hatte das Zentrum durch das System der Steuerpacht und des Ämterkaufs viele der Probleme – von der Ungleichheit bis zur Ineffizienz – selbst geschaffen, die es nun mit großem Aufwand und gegen die alten Amtsinhaber lösen mußte. Aber es konnte diese nicht einfach absetzen, ja nicht einmal umgehen, denn es brauchte sie sowohl im Hinblick auf ihr Wissen als auch zur Durchsetzung der Korrekturen.

Bis zu seiner „endgültigen" Form durchläuft der Staat also Prozesse der Korrektur der lokalen Strukturen und Institutionen, die den neuen Anforderungen von Staatlichkeit nicht mehr genügen. Pierre Chaunu spricht von der „méthode correctionelle"[53], die das Handeln der französischen Intendanten prägt. Auch die Aufträge der preussischen Steuerräte stehen im Zeichen der Modernisierung und gehen weit über das reine Steuerwesen hinaus, wie eine Verordnung zur Beschreibung ihrer Funktionen aus dem Jahre 1684 zeigt: sie entscheiden über Ansprüche und Beschwerden, die nicht in die Kompetenz der regulären Gerichte fallen; sie kontrollieren Lebensmittelpreise, Gewichte und Maße, überprüfen Steuersätze, intervenieren in lokalen Konflikten, erheben und berichten über Betrug und Unregelmäßigkeiten aller Art. Aber neben diesen eher polizeilichen Aufgaben werden noch andere genannt, die man als „wohlfahrtsstaatliche" bezeichnen könnte: Der Steuerrat „had to look after the welfare of the cities and to safeguard their well being, e.g., building of houses, security against fire, regulation of streets and rivers. He was even in charge of promoting commerce and the trades, e.g., by opening new markets."[54] Überall ist er mit Problemen der Ineffizienz und der Verteidigung älterer Interessen und Rechte kon-

51 Vgl. Mousnier 1958, 330.

52 Vgl. Bonney 1997, 204f., vgl. Fréville 1953, I, 59ff.

53 Chaunu 1993, I, 203ff.

54 Fischer/Lundgreen 1975, 513.

frontiert, die – so sieht es jedenfalls das Zentrum – aus der Unfähigkeit resultieren, die Vorteile der Modernisierung zu erkennen. Was die Steuerräte und Intendanten durchsetzen sollten, war jedoch nicht nur ein neues Regelsystem, sondern ein neues Verständnis von Professionalität und Rationalität. Daher auch die Verwissenschaftlichung der neuen Bürokratie, die Errichtung neuer Ausbildungsinstitutionen, die Alphabetisierungsprojekte und die „Erfindung" des Schulwesens.[55]

Die Europäische Gemeinschaft ist von Anfang an zweifaches Modernisierungsprojekt. Einmal zum Wiederaufbau der durch den Krieg zerstörten oder zumindest beeinträchtigten Ökonomien in den Nationalstaaten, zum anderen zur Orientierung dieser Ökonomien auf den regionalen und globalen Markt hin. Die EGKS und die EWG zielen auf die Herstellung des Gemeinsamen Marktes, die EWG wird sich schon in den frühen sechziger Jahren zum alleinigen Verhandlungspartner in der Kennedy-Runde der GATT-Verhandlungen entwickeln.[56] Die Wiedereinführung von Marktmechanismen in die vormaligen Kriegswirtschaften und die Liberalisierung der Handelsbeziehungen zwischen den sechs Gründungsmitgliedern der beiden Gemeinschaften sind Teil einer Modernisierung, die makro- und mikroökonomische Restrukturierungsprozesse einleitet.[57] Die Forcierung des Wettbewerbs gehört zu den eindrucksvollsten Leistungen der Hohen Behörde der EGKS und der Europäischen Kommission. Modernisierung ist dabei auch stets ein Synonym für wissenschaftlich-technische Innovation und ökonomisches Wachstum[58].

Kompetenzen überdehnen und Bestand sichern

Alle neue Herrschaft ist von Unsicherheit geprägt. Dies gilt für ihren Status wie für ihre Praktiken. Daher ist eine der wichtigsten Praktiken die beständige, aber vorsichtige Überdehnung ihrer Kompetenzen und in der Folge die Sicherung des erreichten Machtbestandes. *Acquis communautaire* ist zu einem heiligen Begriff der europäischen Rechtsordnung geworden. Als in der Regierungskonferenz 1996 die Rede von einer flexiblen Integration und den Handlungsmöglichkeiten eines avantgardistischen Kerns in bestimmten Politikbereichen war, wurde die Unantastbarkeit der Institutionen und des Rechtskorpus zu einer

55 Vgl. Ariès 1988.

56 Siehe unten.

57 Vgl. Spierenburg/Poidevin 1993, 116–131.

58 Vgl. Europäische Kommission 1994.

häufig wiederholten Formel.[59] Denn Bestand und Überdehnung stehen in einem direkt proportionalen Verhältnis: je größer der erste, umso plausibler die zweite. Allerdings bleibt die Überdehnung immer ein experimenteller Vorgang, ein je neues Wagnis, über dessen Ausgang man oft nur spekulieren kann.

Überdehnung von Kompetenzen ist im Ancien Régime eine Strategie in der Transformation der lokalen Ordnungen. Aus der finanzpolitischen Kompetenz, die die alte Bürokratie der *Trésoriers de France* nach und nach an die Intendanten abgeben muß, entwickeln diese eine weitreichende ökonomische und soziale Funktion. Die Überdehnung entsteht nicht aus den schriftlichen Aufträgen des *Conseil du Roi*, sondern aus einer Praxis, in der die Intendanten „dépassèrent leurs commissions, s'occupérent eux-mêmes de tous les impôts, en passent par dessus les officiers ..."[60] Überdehnung heißt also Ausweitung der Befugnisse *und* Transzendierung der lokalen Behörden, mit denen man vorgeblich kooperieren will. Sie ist eine Strategie, die großes Geschick erfordert im Aufspüren von Punkten, an denen sie aussichtsreich eingesetzt werden kann. Das bedeutet zugleich die Fähigkeit, sich bei großen Widerständen zurückzuziehen und Hindernisse zu umgehen. Eine erfolgreiche Überdehnung von Kompetenzen entsteht selten durch reinen Druck. Das Tauziehen zwischen lokalen Steuereinhebern und Intendanten um die Kontrolle der Finanzen in der Bretagne des frühen 18. Jahrhunderts zeugt von der Notwendigkeit, flexibel zu agieren, aber auch von der Fähigkeit, Krisensituationen, die aus Spaltungen der Gegnerschaft entstehen, zu nutzen, um die Macht des Zentrums ein wenig zu erweitern.[61] Interessant ist, daß die Intendanten wie die heutigen Kommissare von der Macht des Agenda-Setting profitieren[62] und Probleme durch „package deals" zu lösen versuchen.

Überdehnung der Kompetenzen und Sicherung des Bestandes gehört zu den eindrucksvollsten Praktiken der Europäischen Kommission und des EuGH. Heute, nach einem halben Jahrhundert Integrati-

59 Vgl. Bericht der Reflexionsgruppe 1995, Kommissionsbericht zur Regierungskonferenz 1995, 128. Der neu eingefügte Titel VII EUV in der Fassung des Vertrages von Amsterdam über eine verstärkte Zusammenarbeit nennt in Artikel 43, Absatz 1, Buchstabe e die Wahrung des Besitzstandes der Gemeinschaft, d.h. der „nach Maßgabe der sonstigen Bestimmungen der genannten Verträge getroffenen Maßnahmen", als Bedingung für eine verstärkte Zusammenarbeit.

60 Mousnier 1958, 343.

61 Vgl. Fréville 1953, I, 187ff und 193ff.

62 Vgl. Peters 1994, 141–159.

onsarbeit, ist das Ansehen des Europäischen Gerichtshofes groß, und der Kommission sind zur Durchsetzung des Wettbewerbsrechtes, dessen oberste Kontrollbehörde sie ist, wirksame finanzielle Sanktionsmittel in die Hand gegeben worden.[63] Bis dahin war es jedoch ein weiter und keineswegs gerader Weg, der von Kommission und EuGH mit einer gemischten Strategie aus Geduld und Dreistigkeit beschritten wurde. Roy Jenkins Tagebucheintragung aus dem Jahre 1977 ist nicht nur ein Beleg für den Willen der Kommission zur Leadership, sondern auch einer für die Praktik des Breschenschlagens, die Jean Monnet in seinen Memoiren als Integrationsstrategie beherzigte:

> I did a general summing up, of which the main import was that as the harsh reality was that none of the three main governments, France, Germany or Britain, was prepared to support a major Commission initiative, we, combined with trying to get certain urgent, practical things through, had to be prepared to go against them and *to blaze a trail to a greater extent than we had done previously, however much this offended people, and that the obvious direction of this was towards monetary union* .[64]

Eine wirkungsvolle Bresche schlug die Kommission mit dem Instrument des Wettbewerbsrechtes, dessen Kontrolle der Hohen Behörde mit dem Vertrag zur Gemeinschaft von Kohle und Stahl 1951[65] und der Kommission in den Römischen Verträgen von 1957 zugestanden wird. Aber am Anfang der europäischen Wettbewerbspolitik ahnen wohl nur wenige, welches Machtpotential und welche Zentralisierungsdynamik damit begründet werden.[66]

Jean Monnets Strategie ist aufgegangen: Die Wettbewerbspolitik war vor dem Hintergrund der Wiedererrichtung europäischer Märkte wohl ein idealer Punkt, an dem in den Schutzwall der nationalen Souveränität eine breite und nicht mehr zu schließende Bresche geschlagen werden konnte. Das Projekt des Gemeinsamen und danach des Binnenmarktes mußte in diesem Kontext geradezu zwangsläufig zu einem fruchtbaren Boden für die Entfaltung dieses Instruments werden, denn in der Wettbewerbspolitik ließen sich verschiedene Interessen mit neuen Ordnungsvorstellungen verknüpfen: die Durchsetzung des liberalen

63 Vgl. Allen 1996, 168.

64 Jenkins 1989, 135; vgl. Ludlow 1991, 96 und 1982, 43ff.; Hervorheb. v. S.P.R.

65 Vgl. Spierenburg/Poidevin 1993, 117ff.

66 Ähnliches gilt für die Vorabentscheidungsverfahren des EuGH über die Kompatibilität von EU- und nationalem Recht (Art.177, EWGV, siehe Abschnitt *Recht überlagern und verdrängen*).

Marktprinzips mit den Interessen der Kommission an der Ausdehnung ihrer Macht, nationalstaatliche Strategien der Modernisierung mit den supranationalen Vorstellungen eines „europäischen Interesses". Im Labor der supranationalen Institutionen wurde die Wettbewerbspolitik zu einem beständigen, manchmal unbeabsichtigten Experiment, das die Integration unaufhaltsam vorantrieb. In diesen Laborversuchen wurde eine wichtige kommissarische Machtstrategie entwickelt, das Schaffen von Unsicherheit:

> From the Commission's perspective the great advantage of this merger regime, using Article 85, was the *uncertainty* that it generated. This served to put pressure on the doubting member states to settle for a better worked-out and potentially more limited merger regulation. By a combination of luck and skill the Commission had managed to create a problem which the Council felt could be eased only by passing the legislation it had previously refused to consider.[67]

Aus der Unsicherheit entsteht wie immer Druck zur Reform, und diese führt in der Regel zu einem Machtgewinn jener Instanz, die Unsicherheit erzeugt hat. Was die Kommission kann, ist jedoch stets auch abhängig von den anderen Institutionen der Union: vom Willen des Rates, aber auch von der Spruchpraxis des EuGH. Cleverness und Geduld sind für den EuGH-Richter Mancini Schlüsselvokabel in der Beschreibung der Praxis des Gerichts, die er als „courteously didactic method" zur Disziplinierung der nationalen Richter bezeichnet. Das Ergebnis ist beeindruckend: Die Entscheidungen des Gerichtshofes haben heute nicht nur bindenden Charakter, sie sind in der Rechtslehre als eine Grundlage des europäischen Verfassungsprozesses anerkannt.[68] Burley und Mattli beschreiben den EuGH als „an unsung hero" der Integration, dem es gelungen ist, die Römer Verträge in eine Verfassung zu verwandeln.[69] Ihre Darstellung der Judikatur des EuGH ist eine höchst anschauliche Geschichte der Praktik des „Überdehnens und Bestandsicherns":

67 Allen 1996, 171. Vgl. auch Schmidt 1997, 7: „Especially whenever member states face a high level of uncertainty with regard to particular issues, the Commission may exploit this situation, allowing it to launch policy programmes successfully. The single-market initiative is the most important example for this." Vgl. ebda., 14 über die Drohung der Kommission, gegen nationale Widerstände in der Durchsetzung der Freizügigkeit des Güterkraftverkehrs, den EuGH anzurufen.

68 Vgl. Mancini 1991, 177.

69 Vgl. Burley/Mattli 1993, 41.

> By 1965, a citizen of a community country could ask a national court to invalidate any provision of domestic law found to conflict with certain directly applicable provisions of the treaty. By 1975, a citizen of an EC country could seek the invalidation of a national law found to conflict with self-executing provisions of community secundary legislation, the „directives" to national governments passed by the EC Council of Ministers. And by 1990, community citizens could ask their national courts to interpret national legislation consistently with community legislation in the face of undue delay in passing directives on the part of national legislatures.[70]

Wie kam es zu dieser erstaunlichen Ausweitung supranationaler Macht? Eine Erklärung liegt wohl in der Auslegung des Art. 177 EWGV, der das Vorabentscheidungsverfahren regelt und auf dessen Grundlage die Disziplinierung der nationalen Gerichte betrieben werden konnte. Jedoch war diese Disziplinierung nicht einfach das Ergebnis einer automatischen Akzeptanz und Praxis der nationalen Gerichte niederer Ordnung, sondern jene eines beständigen Hofierens ihrer Richter, die der EuGH seit Jahrzehnten zu Seminaren, Abendessen, Besuchsreisen an verschiedene Orte der Gemeinschaft einlädt. Rasmussen beschreibt dies als „generous information campaign"[71].

Recht überlagern und verdrängen

Im Jahre 1971 statuierte der EuGH im Fall Lütticke, daß „seit dem Inkrafttreten des Gemeinsamen Marktes die deutschen Gerichte auch solche Rechtsvorschriften anwenden (müssen), die zwar einer eigenständigen außerstaatlichen Hoheitsgewalt zuzurechnen sind, aber dennoch aufgrund ihrer Auslegung durch den Europäischen Gerichtshof im innerstaatlichen Raum unmittelbare Wirkung entfalten und *entgegenstehendes nationales Recht überlagern und verdrängen*: denn nur so können die den Bürgern des Gemeinsamen Marktes eingeräumten subjektiven Rechte verwirklicht werden."[72] Überlagerung und Verdrängung sind anschauliche Kernbegriffe jener komplexen Mikrophysik des europäischen Verwandlungsprozesses, der hier nicht in legalistischen, sondern in machttheoretischen Kategorien beschrieben wird.

In Versuchen der konstitutionellen Neuordnung hat das Recht zwei, ebenfalls komplementäre Aspekte: es ist Objekt und zugleich Instrument der Transformation. Auch die europäische Neuordnung begann als rechtsetzende Praxis: „Law was then regarded as the central

70 ebda., 42.

71 Vgl. Rasmussen 1986, 247.

72 Hummer et al., 1994, 97, Rdn. 88, Hervorheb. v. S.P.R.

agent of integration".[73] Die Funktion des Rechts als vorrangiges Integrationsobjekt und -instrument ist auch im europäischen Einigungsprojekt unbestritten. Das gilt nicht nur in einem funktionalistischen, sondern auch in einem normativen Sinne.[74] Doch ist dies keine Spezialität der Europäischen Gemeinschaft, sondern Merkmal aller Integrationsprojekte, die oft emphatische Betonung der Bedeutung des Rechts im europäischen hat jedoch auch programmatischen Charakter: „Sollte man das Wesen der Europäischen Gemeinschaft in einem einzigen Begriff zusammenfassen, so wäre wohl keiner treffender als der der Rechtsgemeinschaft."[75] Die Meilensteine der europäischen Rechtsprechung bestehen nicht nur in der Auslegung einfacher Gesetze, sondern in veritablen Konstitutionsakten. „If one were asked to synthesize the direction in which the case law produced in Luxemburg has moved since 1957, one would have to say that it coincides with the making of a constitution for Europe", schreibt der EuGH-Richter Federico Mancini zu Beginn der neunziger Jahre[76].

Damit komme ich zu einem zentralen Punkt der neuzeitlichen politischen Geschichte: zur Macht der Juristen in Neuordnungsprozessen. Dieses Phänomen ist nicht nur eine auffallende Erscheinung in demokratischen Rechtsstaaten, wie Löwenstein behauptet[77], sondern auch wesentliches Merkmal der europäischen Reichsgründungen und Staatswerdungen seit dem Mittelalter. Der Romanist Paul Koschaker hat dies in seinem Buch „Europa und das Römische Recht" detailreich berschrieben. Die Politik der deutschen Kaiser, die seit dem 11. Jahrhundert ihr Reich als Nachfolge des *imperium romanum* zu konstruieren versuchten, gründete sich auch auf die Hilfe der Glossatoren des *Corpus iuris*, auf jene Juristen, die in Bologna an der Auslegung und Systematisierung des Justinianischen Kodex und der Digesten arbeiteten. Die Glossatoren wurden zu den „natürlichen Bundesgenossen" vor allem der staufischen Kaiser, weil für jene das römische Recht nie aufgehört hatte, „Repräsentant der Universalität des Imperiums" zu sein[78]: „Die Legisten – sie fallen auf Jahrhunderte mit den Juristen überhaupt zusammen – waren die Anhänger des Reichs und der

73 Dehousse/Weiler 1990, 243.

74 Vgl. Joerges 1996, 106f.

75 Den Begriff hatte Walter Hallstein im Jahre 1962 geprägt. Vgl. Grunwald 1991, 15; vgl. auch Di Bucci/Di Bucci 1991, 146.

76 Mancini 1991, 177.

77 Vgl. Löwenstein 1959, 243.

78 Vgl. Koschaker 1966, 70f.

Reichsidee, weil das römische Recht als kaiserliches Recht Reichsrecht war."[79] Die Kaiser erhofften von den Legisten Unterstützung im Kampf gegen das Papsttum, in dem sie ihr Reichskonzept von der päpstlichen Investitur lösen und auf das Erbe des römischen Reichs und des autoritativen *Corpus iuris* gründen wollten. Daher stattete Friedrich I. Bologna mit Privilegien aus und schickte den Glossatoren seine Gesetze, damit sie diese in den *Corpus iuris* aufnahmen.[80]

Wie sehr der Kampf um die Macht immer auch ein Kampf um das Recht ist, zeigte sich gerade dann, als die Reichsidee an Kraft verlor wie in Frankreich, wo als erstes die Lehre des römischen Rechts verboten wurde.[81] Die Strategie der französischen Könige erscheint umso plausibler, je mehr die kaiserlichen Legisten sich bemühten, durch allerlei Konstruktionen eine Zugehörigkeit Frankreichs zum römischen Reich zu begründen. Es lohnt sich, einen kurzen Blick auf diese Strategien zu werfen, um die Dialektik von Politik und Recht zu veranschaulichen. Manche Legisten konstruierten die Reichszugehörigkeit durch eine Unterscheidung von *factum* und *ius* und erklärten, daß bestimmte Länder zwar nicht de facto, wohl aber de iure zum Reich gehörten. Der berühmte Legist Bartolus wiederum vereinfachte die Sache, indem er den Spieß umdrehte: Nicht die Zugehörigkeit eines Staates zum römischen Reich führe zur Geltung des römischen Rechts, sondern die Geltung des römischen Rechts in einem Staat bedeute umgekehrt, daß der Kaiser als *dominus omnium* anerkannt würde.[82] Dabei war die Haltung der französischen Könige durchaus widersprüchlich: Erstens galt das Verbot der römischen Rechtslehre nur in Paris (es wurde formell erst 1679 aufgehoben) und zweitens bedienten sich die Könige just der Legisten, um ihre Souveränitätsansprüche rechtlich zu fundieren. Die hierfür erfundene Formel lautete: *rex Franciae est imperator in regno suo*.[83] Damit hatte man den König zu einem wenn auch nur partikulären Kaiser gemacht und Ansprüche der „römischen" Kaiser zumindest juristisch abgewehrt.[84]

Dagegen beabsichtigte Heinrich VIII. von England, durch die exklusive Anwendung des römischen Rechts seine Zentralisierungspolitik auf eine neue autoritative Grundlage zu stellen. Ohne Erfolg. Dabei

79 ebda., 72.

80 Vgl. ebda., 73.

81 Vgl. ebda., 76.

82 Vgl. ebda., 75 und Fn. 3.

83 Vgl. ebda., 77.

84 ebda., 76 und 221ff

scheiterte die Einführung des römischen Rechts im 16. Jahrhundert nicht an einer englischen Abneigung gegen das fremde Recht oder die Romidee, sondern an einem mächtigen Juristenstand, der seit rund drei Jahrhunderten an der Festigung seiner Organisation und des *common law* als Juristenrecht gearbeitet hatte. Die Übernahme des römischen Rechts hätte den Austausch des herrschenden Juristenrechts gegen ein anderes bedeutet.[85] Dabei war der Angriff des römischen Rechts auf die englische Tradition nicht nur gefährlich geworden, weil er das Siegel der königlichen Autorität trug, sondern auch weil der König eine Reihe von Innovationen im Bereich der Gerichtsbarkeit und der Rechtsschulen schuf.[86] Jedoch nützte all dies nichts, denn in Wahrheit konnte das neue Recht nur durch die Tore der Praxis eindringen und diese waren durch den englischen Juristenstand gut bewacht.

Die Beschäftigung mit dem Juristenrecht im Mittelalter und der frühen Neuzeit ist vor allem deshalb interessant, weil es damals wie heute um die Schaffung einer neuen Rechtsordnung durch das Werk von Juristen ging, die weniger Rechtstheoretiker als Lehrer, Gutachter, Advokaten und Richter waren. Die neuen Rechtsordnungen entstanden nicht einfach durch kaiserliche, königliche oder päpstliche Dekrete, sie waren Ergebnisse einer langwierigen Praxis der Juristen, die sich auch permanent mit den älteren Rechtsordnungen auseinandersetzen mußten. Bedeutsam ist außerdem, daß Juristenrecht dort relevant ist, wo die Politik nach Zentralisierung strebt. Denn, so schreibt Koschaker über die von ihm untersuchten Epochen, „Juristenrecht drängt nach Zentralismus. Juristen, die an der Rechtserzeugung mitwirken, trifft man daher an derjenigen Stelle, wo sich das politische Machtzentrum des betreffenden Gemeinwesens befindet."[87]

Die Suche nach dem Ausweg: Chancen einer Demokratisierung der Europäischen Union

Aus der kommissarischen Verwaltung und ihren Praktiken, so lautete meine These, ist die Europäischen Union entstanden. Dieses Machtdispositiv – das sollten die historischen Vergleiche belegen – ist das Erbe einer prädemokratischen Vergangenheit. Sein erfolgreicher Einsatz im heutigen Europa hat das institutionelle Arrangement der nationalstaatlichen Demokratien allmählich, aber grundlegend verändert. Unüber-

85 Vgl. ebda., 214f.

86 Vgl. ebda., 217f.

87 ebda., 178.

sehbar sind die Bürokratisierung der europäischen Politik[88], die Erosion der Legitimitätsketten, die Verdrängung des Parlamentarismus. Dem Demokratieverlust auf nationaler Ebene ist kaum ein Demokratiegewinn auf europäischer Ebene gefolgt. Denn bei allem Machtzuwachs des Europäischen Parlaments bleiben als logische Konsequenz des kommissarischen Bauprinzips die supranationale und die nationalen Exekutiven die Transformationsgewinner. Wie kann unter diesen Bedingungen eine Renaissance der Demokratie in Europa gelingen?

Diese Frage hat ihre normative Voraussetzung in der Anerkennung von Demokratie als die modernen und heterogenen Gesellschaften angemessenste Form von Herrschaft. Pluralität und Polyarchie sind komplementäre Begriffe. Pluralität ist eine Bedingung für die Erneuerungsfähigkeit heutiger Gesellschaften, deren Funktionieren von sich beständig modernisierenden Produktions- und Konsumptionsformen abzuhängen scheint. Dies führt notwendigerweise zu Instabilitäten des sozialen Gefüges und seiner politischen Organisation. Die Herstellung von Stabilität ohne Repression der Pluralität bedarf des Konsenses über die Formen des Ausgleichs zwischen verschiedenen Interessen, Anschauungen oder Lebensweisen. Dies ist, wie gerade die europäische Erfahrung der letzten Jahrhunderte und auf dramatische Weise jene des zwanzigsten zeigen, in einer Polyarchie besser und dauerhafter gewährleistet als in anderen Herrschaftsmodellen. Das 20. Jahrhundert ist das Zeitalter und Europa der Ort der politischen Extreme gewesen. Das politisch Extreme mit all seiner zerstörerischen Kraft ist nur vermeidbar, wenn den Institutionen einer Gemeinschaft Korrekturmöglichkeiten inhärent sind, wenn Macht durch Gegenmacht balanciert wird. Die ist die Idee und die Leistung von Demokratie und Republik.

Doch bleiben Demokratie und Republik ein Phantasma, wenn sie nicht auf ein konkretes Interesse treffen. Die Wiederaufnahme des demokratisch-republikanischen Fadens im 18. Jahrhundert geschah durch eine definierbare, ökonomisch starke Interessengruppe: den Dritten Stand. Das Bürgertum erstritt sich den liberal-demokratischen Verfassungsstaat und verband ihn mit der Idee der Nation. Es liegt auf der Hand, daß dieser Prozeß nicht einfach wiederholbar ist. Wir leben heute in Massengesellschaften mit diffusen Klassengrenzen zwischen einer sehr breiten Mittelschicht und einer kleinen Ober- und einer

88 Der Trend zur Bürokratisierung ist kein Privileg der Europapolitik, sondern auch ein nationalstaatliches Phänomen. Jedoch eröffnet das „konstitutionelle“ Arkanum der europäischen Politik der Bürokratisierung weit größere Spielräume, als dies im nationalen Kontext möglich wäre (vgl. Bach 1997).

wachsenden Unterschicht. Massengesellschaften sind Konglomerate vereinzelter Individuen, die potentiell ständig bedroht sind, im Produktionsprozeß überflüssig zu werden, und die dieser Bedrohung auf individuelle Weise zu entkommen versuchen. Sie bilden keine „Klasse" mit klar konturierten Interessen und Zielen, die für eine Große Erzählung taugten.

Den demokratisch-republikanischen Faden in der Europäischen Union aufzunehmen, heißt die Verfassungsfrage zu stellen. Erschien diese Frage noch vor kurzem das etwas altmodische Hobby von Einzelkämpfern in Politik und Wissenschaft, so werden heute die Stimmen immer zahlreicher, die nach einer europäischen Verfassung rufen. Doch eine Verfassung für Europa, die den existierenden Verträgen überlegen wäre, hat besondere Voraussetzungen. Festzuhalten ist zunächst, daß ein Octroi einer auch noch so perfekten Verfassung die Demokratie in Europa nicht fördern würde. Demokratie setzt den Willen eines Demos voraus, sich eine solche Verfassung zu geben. Die nationalen Demoi, die bestenfalls im Augenblick der Europawahlen zu *einem* Demos verschmelzen und dann wieder zerfallen, artikulieren ihr Unbehagen auf dramatische Weise dort, wo man sie nach ihrer Meinung fragt wie zum Beispiel in den Plebisziten zu den Verträgen. Da ihnen andere Partizipationsverfahren nicht zur Verfügung stehen, geraten diese Plebiszite immer wieder zum Ventil für Skepsis und Frustration. Negative Voten und Skepsis moralisch als anti-europäisch zu klassifizieren, zeugt von einem Mangel an nüchterner Analyse. Europäertum kann nicht verordnet, wohl aber durch geeignete Beteiligungsverfahren konstruiert werden.

Wenn das europäische Integrationsprojekt durch seine Demokratisierung auch für eine weitere Vertiefung stabilisiert werden sollen, dann bedarf dies einer breiten öffentlichen Debatte mit all ihren Unwägbarkeiten. Daraus könnte nicht nur jene stets vermißte europäische Öffentlichkeit entstehen, sondern auch eine europäische Identität gestiftet werden, die nicht auf Beschwörungen der Schicksalgemeinschaft oder neuer Kriegsgefahren, sondern auf einem breiten Konsens über das institutionelle Arrangement und die Form der Herrschaftsausübung in Europa, beruht.

Eine solche Debatte entsteht nicht von selbst. Sie bedarf der Träger und *Agenten*, und sie bedarf eines Initialaktes durch die europäischen Eliten. Es ist zweifelhaft, ob die Institution der Regierungskonferenz dazu in der Lage sein wird. Zu fragen ist, ob die Parteien diese Funktion gemeinsam mit anderen *pouvoirs intermédiaires* erfüllen könnten. Von emimenter Bedeutung wären die Medien. Initialakt könnte die allgemeine Volkswahl einer verfassungsgebenden Versammlung sein, in die Kandidaten aufgrund ihrer konstitutionellen Vorschläge gewählt werden. Diese Versammlung wäre dann berechtigt, die neue Verfassung zu beraten und mit einfacher Mehrheit anzunehmen. Der daraus hervorgegangene Entwurf müßte in allen nationalen und subnationalen Parlamenten diskutiert und ebenfalls mit einfacher Mehrheit angenommen werden. Abschließend sollten die Souveräne selbst befragt werden. Daraus könnte nicht nur ein maximal legitimiertes Institutionengefüge für die Union entstehen, sondern die Demoi als deren Souveräne inthronisiert werden. Der leere Thron wäre wieder besetzt und die kommissarische Verwaltung Europas könnte in eine normale Bürokratie verwandelt werden.

Literaturverzeichnis

Allen, David, 1977, Policing or Policy-Making? Competition Policy in the European Communities, in: Helen Wallace, William Wallace and Carole Webb (eds.), Policy-Making in the European Communities, London-New York-Sydney-Toronto: John Wiley & Sons, 91–112.

Allen, David, 1996, Competition Policy, in: Helen Wallace/William Wallace (eds.), Policy Making in the European Union, Oxford: Oxford University Press, 157–183.

Ariès, Philippe, 1988, Geschichte der Kindheit, München.

Aron, Raymond, 1956, Esquisse historique d'une grande querelle idéologique, in: R.Aron/D.Lerner (sous la direction de), La querelle de la C.E.D. Essais d'analyse sociologique, Paris: Presses de la fondation nationale des sciences politiques, 1–19.

Bach, Maurizio, 1992, Eine leise Revolution durch Verwaltungsverfahren. Bürokratische Organisationsprozesse in der Europäischen Gemeinschaft, in: Zeitschrift für Soziologie, 21, 1, 16–30.

Bach, Maurizio, 1994, Transnationale Integration und institutionelle Differenzierung: Tendenzen der europäischen Staatswerdung, in: Volker Eichener/Helmut Voelzkow (Hg.), Europäische Integration und verbandliche Interessenvermittlung, Marburg, 109–130.

Bieber, Roland, 1995, in: Claus-Dieter Ehlermann/Roland Bieber (Hg.), Handbuch des Europäischen Rechts; Loseblatt, Stand: 333. Ergänzungslieferung, August 1995, Baden-Baden.

Bonney, Richard, 1997, Les intendants de Louis XIII et Louis XIV: Agents de la réforme fiscale?, in: Ministére de l'économie et des finances (ed.), L'administration des finances sous l'Ancien Régime. Colloque tenu á Bercy les 22 et 23 février 1996, Paris: Imprimerie nationale, 197–218.

Brewer, John, 1989, The Sinews of Power. War, money and the English state, 1688–1783, London-Boston-Sydney-Wellington: Unwin Hyman.

Burckhardt, Jacob, 1978, Weltgeschichtliche Betrachtungen, Stuttgart.

Burley, Anne-Marie/Walter Mattli, 1993, Europe Before the Court: A Political Theory of Legal Integration, in: International Organization 47/1, 41–76.

Chaunu, Pierre, 1993, L'Etat, in: Fernand Braudel/Ernest Labrousse (eds.), Histoire économique et sociale de la France, Vol. I, 1450–1660, L'Etat et la ville. Paysannerie et croissance, Paris: Quadrige/PUF, 9–228.

Coombes, David, 1970, Politics and Bureaucracy in the European Community. A Portrait of the Commission of the E.E.C, London: Allen and Unwin.

Dehousse, Renaud/Weiler, Joseph H.H., 1990, The legal dimension, in: William Wallace (ed.), The Dynamics of European Integration, London-New York: Pinter Publishers, 242–260.

Deutsch, Karl W. et al., 1957, Political Community and the North Atlantic Area. International Organization in the Light of Historical Experience, Princeton N.J.: Princeton University Press.

Deutsch, Karl W. et al., 1957, Political Community and the North Atlantic Area. International Organization in the Light of Historical Experience, Princeton N.J.: Princeton University Press.

Di Bucci, Vittorio/Di Bucci, Michaela, 1991, Der Gerichtshof und das Rechtsschutzsystem der Europäischen Gemeinschaften, in: Moritz Röttinger/Claudia Weyringer (Hg.), Handbuch der europäischen Integration. Strategie – Struktur – Politik im EG-Binnenmarkt, Wien, 144–206.

Duroselle, Jean-Baptiste, 1965, L'idée d'Europe dans l'histoire, Paris: Deno'l.

Elias, Norbert, 1936/1982, Über den Prozeß der Zivilisation. Soziogenetische und psychogenetische Untersuchungen, Bd.II, Wandlungen der Gesellschaft. Entwurf zu einer Theorie der Zivilisation, Frankfurt am Main.

Europäische Kommission, 1994, Wachstum, Wettbewerbsfähigkeit, Beschäftigung. Herausforderungen der Gegenwart und Wege ins 21. Jahrhundert. Weißbuch, Brüssel-Luxemburg: Amt für Veröffentlichungen der Europäischen Gemeinschaften.

Europäische Kommission, 1995, Regierungskonferenz 1996. Bericht der Kommission an die Reflexionsgruppe, Brüssel-Luxemburg.

Fischer, Wolfram/Lundgreen Peter, 1975, The Recruitment and Training of Administrative and Technical Personnel, in: Charles Tilly (ed.), The Formation of National States in Western Europe, Princeton, N.J.: Princeton University Press, 456–561.

Foucault, Michel, 1978, Dispositive der Macht, Berlin/West.

Fréville, Henri, 1953, L'intendance de Bretagne (1689–1790). Essai sur l'histoire d'une intendance en Pays d'Etats au XVIIIe siècle, 3 vol., Rennes: Plihon.

Gascon, Richard, 1993, La France du mouvement: Les commerces et les villes, in: Fernand Braudel/Ernest Labrousse (eds), Histoire économique et sociale de la France, Vol.I, 1450–1660, L'Etat et la ville. Paysannerie et croissance, Paris: Quadrige/PUF, 231–479.

Gerbet, Pierre, 1983, La Construction de l'Europe, Paris: Imprimerie nationale.

Grunwald, Jürgen, 1991, Die EG als Rechtsgemeinschaft, in: Moritz Röttinger/Claudia.Weyringer (Hg.), Handbuch der europäischen Integration. Strategie – Struktur – Politik im EG-Binnenmarkt, Wien, 15–42.

Haas, Peter M., 1992, Introduction: Epistemic Communities and International Policy Coordination, in: International Organization, 46/1, 1–35.

Heller, Hermann, 1934/1983, Staatslehre, in den Bearbeitung v. G.Niemeyer, 6. rev. Aufl., Tübingen.

Hintze, Otto, 1901/1970, Der österreichische und preußische Beamtenstaat im 17. und 18. Jahrhunderts. Eine vergleichende Betrachtung, in: Otto Hintze, Staat und Verfassung. Gesammelte Abhandlungen zur allgemeinen Verfassungsgeschichte, hg.v. G. Oestreich, 3. durchges. u. erw. Aufl., Göttingen, 321–358.

Hintze, Otto, 1910/1970, Der Commissarius und seine Bedeutung in der allgemeinen Verfassungsgeschichte, in: Otto Hintze, Staat und Verfassung. Gesammelte Abhandlungen zur allgemeinen Verfassungsgeschichte, hg.v. G.Oestreich, 3. durchges. u. erw. Aufl., Göttingen, 242–274.

Hummer, Waldemar/Simma, Bruno/Vedder, Christoph/Emmert, Frank, 1994, Europarecht in Fällen, 2. Aufl., Baden-Baden.

Jenkins, Roy, 1989, European Diary, 1977–81, London: Collins.

Joerges, Christian, 1996, Taking the Law Seriously: On Political Science and the Role of Law in the Process of European Integration, in: European Law Journal, Vol.2, No.2, 105–135.

Koschaker, Paul, 1966, Europa und das römische Recht, 4. unveränderte Aufl., München-Berlin.

Le Roy Ladurie, Emmanuel, 1991, L'Ancien Régime I (1610–1715), Paris: Hachette.

Léon, Pierre/Carrière, Charles, 1993, L'appel des marchés, in: Fernand Braudel/Ernest Labrousse (eds.), Histoire économique et sociale de la France, Vol. II: 1660–1789, Des derniers temps de l'âge seigneurial aux préludes de l'âge industriel, Paris: Quadrige/PUF, 161–215.

Löwenstein, Karl, 1959, Verfassungslehre, Tübingen.

Ludlow, Peter, 1991, The European Commission, in: Robert O. Keohane/Stanley Hoffmann (eds.), The New European Community. Decisionmaking and Institutional Change, Boulder-San Francisco-Oxford: Westview Press, 85–132.

Majone, Giandomenico, 1994, The Rise of the Regulatory State. In: West European Politics, Vol.17, No. 3, 1–41.

Mancini, Federico G., 1991, The Making of a Constitution for Europe, in: Robert O. Keohane/Stanley Hoffmann (eds.), The New European Community. Decisionmaking and Institutional Change, Boulder-San Francisco-Oxford: Westview Press, 177–194.

Mann, Michael, 1986, The Sources of Social Power, Vol.I: A history of Power from the Beginning to A.D. 1760, Cambridge MA: Cambridge University Press.

Marion, Marcel, 1923/1968, Dictionnaire des Institutions de la France aux XVIIe et XVIIIe siècles, Paris (Repr. New York).

Mentler, Michael, 1996, Der Ausschuß der Ständigen Vertreter bei den Europäischen Gemeinschaften, Baden-Baden.

Meriggi, Marco, 1994, Società, istituzioni e ceti dirigenti, in: Giovanni Sabbatucci/Vittorio Vidotto (a cura di), Storia d'Italia, Vol. 1: Le Premesse dell'Unità, Roma-Bari: Laterza, 118–228.

Monnet, Jean, 1976, Mémoires, Paris: Fayard.

Mousnier, Roland, 1958, Etat et commissaire: Recherche sur la création des intendants des provinces (1634–1648), in: Richard Dietrich/Gerhard Oestreich (Hg.), Forschungen zu Staat und Verfassung, Festgabe für Fritz Hartung, Berlin.

Nugent, Neill, 1994, The Government and Politics of the European Union, 3rd revised edition, London: Macmillan.

Peters, Guy B., 1992, Bureaucratic Politics and the Institutions of the European Community, in: A.M.Sbragia, Euro-Politics. Institutions and Policy-making in the „New" European Community, Washington D.C.: The Brookings Institution, 75–122.

Peters, Guy B., 1994, Equilibria and Disequilibria in Agenda Setting in the European Union, in: Joachim Jens Hesse/Theo A.J. Toonen (eds.), The European Yearbook of Comparative Government and Public Administration, Vol. 1, Baden-Baden-Boulder: Nomos-Westview Press, 141–159.

Puntscher-Riekmann, 1998, Die kommissarische Neurodnung Europas. Das Dispositiv der Integration, Wien-New York.

Puntscher-Riekmann, Sonja, 1996, Politische Theorie und Praxis europäischer Integrations-/Desintegrations-Szenarien, in: Sylvia Pintarits, Macht, Demokratie und Regionen in Europa. Analysen und Szenarien der Integration und Desintegration, Marburg, 289–332.

Rasmussen, Hjalte, 1986, On Law and Policy in the European Court of Justice: A Comperative Study in Judicial Policymaking, Dortrecht: M. Nijhoff.

Reflection Group's Report, 1995, SN 520/95 (REFLEX 21).

Ross, George, 1995, Jacques Delors and European Integration, Cambridge: Polity Press.

Russell, Robert W., 1977, Snakes and Sheiks: Managing Europe's Money, in: Helen Wallace, William Wallace and Carole Webb (eds.), Policy-Making in the European Communities, London-New York-Sydney-Toronto, 69–90.

Scharpf, Fritz W., 1985, Die Politikverflechtungsfalle. Europäische Integration und deutscher Föderalismus im Vergleich, in: Politische Vierteljahreszeitschrift, Vol. 26, No. 4, 323–56.

Schweitzer, Michael/ Hummer, Waldemar, 1993, Europarecht. Das Recht der Europäischen Gemeinschaften (EGKS, EWG, EAG) – Mit Schwerpunkt EWG, 4.überarb.u.erw.Aufl., Neuwied-Kriftel-Berlin.

Smedley-Weill, Anette, 1997, Les intendants de province sous Louis XIV: Leur compétence, autorité et practiques dans les finances des généralités, in: Ministére de l'économie et des finances (ed.), L'administration des finances sous l'Ancien Régime. Colloque tenu á Bercy les 22 et 23 février 1996, Paris, 219–230.

Spierenburg, Dirk/Poidevin, Raymond, 1993, Histoire de la Haute Autorité de la Communauté Européenne du Charbon et de l'Acier. Une expérience supranationale, Bruxelles: Bruylant.

Veyne, Paul, 1992, Foucault: Die Revolutionierung der Geschichte, Frankfurt am Main.

Wallace, Helen, 1996, Politics and Policy in the EU: The Challenge of Governance, in: Helen Wallace/William Wallace (eds.), Policy Making in the European Union, Oxford: Oxford University Press, 3–36.

Wallace, William /Smith, Julie, 1995, Democracy or Technocracy. European Integration and the Problem of Popular Consent, in: Hayward, Jack (ed.), The Crisis of Representation in Europe, West European Politics, Vol. 18, No. 3: Special Issue, 137–157.

Wallace, William, 1977, Walking Backwards Towards Unity, in: Helen Wallace/William Wallace/Carole Webb (eds.), Policy-Making in the European Communities, London-New York-Sydney-Toronto: John Wiley & Sons, 301–323.

Wechsler, Benedikt, 1995, Der Europäische Gerichtshof in der EG-Verfassungswerdung, Baden-Baden.

Wechsler, Benedikt, 1995, Der Europäische Gerichtshof in der EG-Verfassungswerdung, Baden-Baden.

Weiler, Joseph H.H., 1991, The Transformation of Europe, in: The Yale Law Journal, Vol. 100, 2403–2483.

Wessels, Wolfgang, 1996, Verwaltung im EG-Mehrebenensystem: Auf dem Weg zur Megabürokratie?, in: Markus Jachtenfuchs/Beate Kohler-Koch (Hg.), Europäische Integration, Opladen, 165–192.

LUTZ SCHRADER

Die Osterweiterung der Europäischen Union als Aufgabe der Politik

„Die Krise trifft einige hundert Millionen Menschen, die gehofft haben, leben zu können ‚wie im Westen'. Letzteres gelingt wenigen Neureichen, vielen gewendeten Bürokraten und gewählten Etablierten ohne Bodenhaftung. Der Masse gelingt das nicht. Junge Demokratien können daran sterben – an dem Markt, dem einige Ideologen die Eigenschaft zusprechen, Demokratie zu stiften."[1]

In der wissenschaftlichen Debatte und Literatur über die Osterweiterung der Europäischen Union herrscht die wirtschaftliche Perspektive vor. Das ist nur folgerichtig, wird doch die fünfte und bislang größte Erweiterungsrunde der EU auch in der Politik der Kommission und der Mitgliedsstaaten in erster Linie als wirtschaftliche Aufgabe wahrgenommen. Die Gründe dafür liegen nahe. Die Europäische Union ist nach wie vor in erster Linie ein wirtschaftlicher Zusammenschluß. Und was noch schwerer wiegt: In Zeiten des neoliberalen *pensée unique* werden gesellschaftliche Prozesse und Zusammenhänge zuallererst in ihrer wirtschaftlichen Dimension wahrgenommen. Anliegen des vorliegenden Aufsatzes ist es, die genuin politische Dimension der EU-Osterweiterung in den Blick zu nehmen. Die EU-Osterweiterung als politische Aufgabe zu verstehen, bedeutet nicht nur, ihre einseitig auf die westeuropäischen Interessen ausgerichteten Orientierung, ihre wirtschaftliche Engführung und technokratische Steuerung zu korrigieren, sondern vor allem den Prozeß stärker nach den ihm innewohnenden politischen Eigengesetzlichkeiten kreativ zu gestalten. *Politisch* meint in diesem Zusammenhang nicht sosehr den Entscheidungsprozeß und die über diesen vermittelte autoritative Zuweisung von Werten in einer Gesellschaft als vielmehr und vor allem den Prozeß demokratischer Aushandlung und Willensbildung in einem von vorpolitischen,

1 Grobe, Karl, Rolle rückwärts, Frankfurter Rundschau, 7.8.1998, S. 3.

historischen und politischen Prägungen definierten öffentlichen Raum. In drei Schritten werden (1) der bisherige Stand des Erweiterungskurses kritisch bilanziert, (2) politische Ursachen für Fehlentwicklungen herausgearbeitet und (3) Denkanstöße für eine Neuorientierung der Erweiterungspolitik formuliert.

Stand und Probleme des Erweiterungsprozesses

Die assoziierten Staaten Mittelosteuropas und die Osterweiterung

In der Öffentlichkeit und in der einschlägigen wissenschaftlichen Literatur wird der Beitritt von zehn mittel- und osteuropäischen Staaten zur Europäischen Union überwiegend als ein für diese Länder unbestreitbar vorteilhafter Schritt dargestellt und diskutiert. Da ist meist vom Stabilitätsanker EU die Rede. Die westeuropäischen demokratischen Sozialstaaten gelten weithin als das Vorbild für den Transformationsprozeß. Folgerichtig haben die einheimischen proeuropäisch orientierten Eliten eine möglichst baldige EU-Mitgliedschaft ihrer Länder zu einem zentralen Zielpunkt ihrer politischen Programme erhoben. Durch diese Orientierung erhält ihr sozial hart gefederter Modernisierungskurs zusätzliche Legitimation und eine für breite Bevölkerungskreise mobilisierende Perspektive.[2] Die Mehrzahl der Befürworter der Osterweiterung erhofft sich von einem EU-Beitritt eine Verbesserung der wirtschaftlichen Lage und einen höheren Lebensstandard. Die Erweiterungsperspektive besitzt also aus Sicht der Führungskräfte und der Bevölkerungen eine nicht zu unterschätzende Entlastungsfunktion. Vielleicht gerade deshalb birgt dieses Vorgehen eine Reihe handfester Risiken, die verständlicherweise in den Sonntags- und Wahlreden zur Osterweiterung verschwiegen werden, aber auch – was schwerer wiegt – aus der wissenschaftlichen Debatte weitgehend ausgeblendet sind. Wie integrations- und mobilisierungsfähig wird sich in den mittelosteuropäischen Ländern der Erweiterungsdiskurs erweisen, wenn sich der Beitritt im Vergleich zur ursprünglich anvisierten Jahrtausendwen-

2 Der Anteil der Befürworter eines EU-Beitritts liegt im Durchschnitt bei 40 Prozent. Der Prozentsatz der Gegner liegt bei rd. zehn. In der folgenden Aufstellung steht die erste Zahl für die Befürworter und die zweite für die Ablehnenden: Rumänien 80:2, Polen 70:7, Bulgarien 49:4, Ungarn und Slowenien 47:15, Slowakei 46:9, Tschechien 43:11, Litauen 35:6, Lettland 34:13 und Estland 29:17 (Eurobarometer-Sonderumfrage „Mittel- und Osteuropa“ Nr. 7, Das Parlament, 1.8.1997).

de um Jahre verschieben wird, wenn sich die wirtschaftlichen und sozialen Perspektiven des Transformationsprozeß verdunkeln oder/und wenn sich die wirtschaftlichen, sozialen und kulturellen Kosten des Beitritts als weitaus höher als erwartet erweisen sollten? Hier liegen Gefährdungen für ein politisches Jahrhundertprojekt, vor denen die Verantwortlichen offenbar lieber die Augen verschließen, als sich den Herausforderungen der Osterweiterung als einer hochgradig komplexen *politischen* Aufgabe zu stellen.

Um eine längst fällige wissenschaftliche Beschäftigung mit der riskanten Seite der Osterweiterung zu provozieren, sollen in einem zugegebenermaßen holzschnittartigen Überblick bereits heute absehbare, weil z.T. schon antizipierte Wirkungen der EU-Osterweiterung bilanziert werden. Wegen ihrer prognostischen Ausrichtung und der völlig unbefriedigenden Datenlage kann dies nur eine vorläufige Bilanz sein. Aus heutiger Sicht haben die assoziierten Länder bei Fortsetzung des bisher eingeschlagenen Transformations- und Erweiterungskurses im wesentlichen nachstehend aufgeführte nachteilige Konsequenzen zu gewärtigen[3]:

1. Dauerhafte wirtschaftliche Peripherisierung

Im Jahre 1995 betrug das durchschnittliche Pro-Kopf-Einkommen der zehn Europavertragsstaaten gerade 30 Prozent des EU-Durchschnitts (von 17,7 Prozent für Litauen bis 50,5 Prozent für Slovenien (Begg 1997: 196). Wollten die assoziierten Staaten Mittel- und Osteuropas bis zum Jahr 2001 einen Durchschnitt von 50 Prozent des Pro-Kopf-Einkommens der EU-Mitgliedsstaaten erwirtschaften (der Stand Portugals zum Zeitpunkt des Beitritts), müßten sie eine jährliche Wachstumsrate von etwa 11 Prozent über dem EU-Durchschnitt erreichen. Eine derartige Zielstellung ist völlig unrealistisch. Seriöse Schätzungen in den betroffenen Staaten gehen im Durchschnitt von einer jährlichen Wachstumsrate von maximal fünf Prozent aus. Mit diesem Tempo würden diese Länder bis zum Jahr 2005 lediglich 40 Prozent erreichen (DGB, 1996: 8). Aus dem quantitativen und qualitativen wirtschaftlichen Entwicklungsgefälle resultieren zwangsläufig asymmetrische Beziehungen der wirtschaftlichen Arbeitsteilung zum Nachteil der ohne-

3 Zu den negativen Konsequenzen der EU-Osterweiterung gibt es noch kaum Forschungen, geschweige denn eine systematische empirische Datenbasis. Die verwendeten Fakten und Trends stammen im wesentlichen aus der Transformationsforschung, die gerade auch für die sozialen, kulturellen und psychosozialen Aspekte der Umbruchsprozesse eine deutlich größere Sensibilität unter Beweis stellt.

hin schon unter einem gewaltigen Anpassungsdruck stehenden Transformationsökonomien.[4] Diese Asymmetrien manifestieren sich in allen Bereichen des wirtschaftlichen Beziehungen. Die Folgen für die mittelosteuropäischen Volkswirtschaften können an dieser Stelle nur knapp aufgelistet werden[5]: (1) die Umverteilung von wirtschaftlichen Ressourcen/Gewinnen zugunsten der westeuropäischen Ökonomien durch die eindeutig zu ihrem Vorteil zu Buche schlagenden *terms of trade* mit der Folge der Indienstnahme der mittel- und osteuropäischen Wirtschaften als verlängerte Werkbank und wirtschaftliches Hinterland, (2) die dramatische Veränderung der Eigentumsverhältnisse durch das auf die unterfinanzierten östlichen Märkte strömende westliche Kapital mit der Konsequenz der Marginalisierung traditioneller einheimischer Produkte und Marken, (3) die Überfremdung und Zerstörung der spezifischen und nach der Wende neu gewachsenen landwirtschaftlichen Strukturen mit negativen Folgewirkungen für die soziale Lage der Landbevölkerung, die Umwelt und die Qualität der agrarischen Produktion (Marks/Techen, 1997; Tangermann, 1997) sowie (4) die Übertragung des im Westen/Westeuropa z.Zt. dominierenden neoliberalen Wirtschaftskurses auf ungefestigte Übergangssituationen mit den bereits zu beobachtenden negativen Auswirkungen für die staatliche Steuerungsfähigkeit und die soziale Sicherheit. Nicht unerwähnt bleiben darf die durch die meist überstürzte wirtschaftliche Transition sowie die Offenheit der Waren- und Finanzmärkte begünstigte Ausbreitung mafiöser Praktiken gerade auch in der wirtschaftlichen Sphäre.

2. Soziale Fragmentierung und Marginalisierung

Die vorrangig von ökonomischen Zwängen und Interessen motivierte Osterweiterung muß insbesondere von den Bevölkerungen der bei-

4 Bereits in den Assoziierungsverträgen („Europaverträge") haben die MOEL den EU-Mitgliedsstaaten ohne substantielle Gegenleistung den Zugang zu ihren Märkten, Unternehmen und Banken eingeräumt. Dazu gehört auch die Einführung des Freihandels für Industrieprodukte. Beschränkungen bestehen allein für Zweige, in denen die EU Konkurrenznachteile für ihre Unternehmen befürchtet (Stahl, Textil, Landwirtschaft). Doch selbst bei landwirtschaftlichen Produkten exportiert die EU heute mehr in die MOEL als umgekehrt. Der Anteil landwirtschaftlicher Produkte an den EU-Importen war in den 90er Jahren sogar rückläufig (Inotai, 1998: 17/18, 42/44, 200).

5 Eine detaillierte Auseinandersetzung mit den wirtschaftlichen Problemen und Konsequenzen der EU-Osterweiterung findet sich im Beitrag von Patricia Bauer in diesem Band.

trittswilligen Staaten mit exorbitanten sozialen Kosten bezahlt werden. Die beschleunigte wirtschaftliche Anpassung und Modernisierung verstärkt die durch die wirtschaftliche Transformation bewirkten sozialen Verwerfungen und vertieft die Spaltung der Gesellschaften in Wendegewinner und -verlierer. Die Einkommensschere zwischen einer kleinen Oberschicht und einer immer größer werdenden Gruppe, die am Rande des Existenzminimums oder schlicht in Armut lebt, öffnet sich von Jahr zu Jahr weiter. Zu den Verlierern zählen hauptsächlich Bewohner von durch den wirtschaftlichen Umbruch besonders betroffenen Krisenregionen, Frauen, Familien mit einem Einkommen, Rentner, Jugendliche sowie Angehörige ethnischer Minderheiten. Die erwartbaren sozialen Folgen der Osterweiterung können mit vier Stichwörtern zusammengefaßt werden: niedrige Löhne, hohe Arbeitslosigkeit, überforderte soziale Sicherungssysteme und grassierende Armut[6]: (1) Infolge der neoliberalen angebotsorientierten Wirtschaftspolitik werden die Löhne weiter unter erheblichem Druck bleiben. Niedrige Löhne sind ein wesentliches Moment für die Konkurrenzfähigkeit einheimischer Produkte auf dem westeuropäischen Markt. Nicht zuletzt werden aus den Sozialabgaben der lohnabhängig Beschäftigten in hohem Maße die sozialen Sicherungssysteme finanziert, auf deren Unterstützung große Gruppen der Bevölkerung (z.Zt. zwischen 30 bis 50 Prozent) dauerhaft angewiesen sein werden. In den letzten Jahren kam es in den meisten Reformländern zu z.T. einschneidenden Reallohnsenkungen. (2) Die Arbeitslosigkeit, die in der eher makroökonomisch geprägten Übergangs- und Konsolidierungsphase insgesamt noch in mit Westeuropa vergleichbaren Dimensionen gehalten werden konnte (bei einer hohen Dunkelziffer im Durchschnitt zwischen 5 und 20 Prozent), wird mit dem Eintritt in die mikroökonomische Transformationsphase und einer vollständigen Öffnung der Volkswirtschaften gegenüber dem westeuropäischen Markt nach aller Voraussicht weiter steigen und sich für lange Zeit auf einem hohen Niveau einpegeln. Die bevorstehende Zuspitzung der Situation auf dem Arbeitsmarkt ist bereits an der wachsenden Frauen- und Jugendarbeitslosigkeit ablesbar. Eine Folge der hohen Arbeitslosigkeit ist die Ausweitung der Schattenwirtschaft mit all ihren negativen Begleiterscheinungen (Steuerausfall, unlauterer Wettbewerb, Lohn- und Sozialdumping, kriminelle Praktiken usw.). (3) Die hohe Arbeitslosigkeit führt zu einer wachsenden Belastung und

6 Die nachstehend zusammengefaßten Trends wurden im wesentlichen aus zwei Arbeitspapieren des DGB zur Osterweiterung der EU aus den Jahren 1996 und 1998 entnommen (DGB 1996 und DGB 1998).

abnehmenden Leistungsfähigkeit der sozialen Sicherungssysteme, die z.T. bereits heute vor dem Ruin stehen. Angesichts der geringen Lohnniveaus reichen die nur ein Bruchteil der Durchschnittslöhne ausmachenden Sozialleistungen (Arbeitslosenunterstützung, Sozialhilfe) und Renten oft nicht aus, einen auch nur an den bescheidensten Ansprüchen ausgerichteten Lebensunterhalt zu bestreiten. Das Ergebnis ist eine dramatische Verarmung breiter Bevölkerungsschichten. (4) Ein besonderes soziales Problem resultiert aus dem für die Mehrzahl der mittel- und osteuropäischen Staaten charakteristischen Entwicklungsgefälle zwischen Stadt und Land. Bereits durch Nahrungsmittelimporte aus Westeuropa und den Rückgang der Massenkaufkraft ist die Landwirtschaft unter einen massiven Anpassungsdruck geraten, der sich im Zuge der Liberalisierung der Agrarmärkte und der Einbeziehung der Landwirtschaften der Beitrittsländer in die Gemeinsame Agrarpolitik weiter verstärken wird.[7]

3. Kulturelle und psychosoziale Entwurzelung

Die durch die historisch beispiellosen Umbruchs- und Transformationsprozesse bereits hochgradig unter Streß stehenden mittel- und osteuropäischen Gesellschaften (Geier, 1995) werden durch die in Aussicht gestellte EU-Mitgliedschaft einem zusätzlichen Anpassungsdruck ausgesetzt. In der Folge erhöht sich das Gewicht exogener Faktoren für den inneren Umbau noch weiter: „Westlicherseits projizierte Zielvorstellungen, die Ausstrahlungskraft des uneinholbar scheinenden abendländischen Erfolgsmodells, die aus materieller wie konzeptioneller Hilfe erwachsenden Erwartungen“ schlagen unmittelbar auf die aus der Balance geratenen sozialen Beziehungen, ideologischen Orientierungsmuster und kulturellen Identitäten durch (Crome, 1994: 41). Mit großer Wahrscheinlichkeit werden anomische Entwicklungen durch die sozialen Verwerfungen und den bruchartigen Mentalitäts- und Wertewandel einen weiteren Schub erhalten. Damit einhergehend manifestieren sich auf der individuellen Ebene „Phänomene wie Zukunftsangst, Hinwendung zu Irrationalismus und Obskurantismus, zu Sekten und Scharlatanen, Aggressionsbereitschaft, Fremdenangst oder -haß, Antisemitismus“ (Geier, 1995: 25). Neben empirisch kaum quantifizierbaren psychischen Folgen schlagen sich die politischen, wirtschaftlichen und sozialen Veränderungen in einem dramatischen Rück-

7 In Polen arbeitet z.B. ein Viertel der Erwerbsbevölkerung in der Landwirtschaft, die lediglich 6 Prozent des BIP erwirtschaftet (DGB, 1996: 14).

gang der Geburtenraten, einer erhöhten Selbstmordrate und einer allgemeinen Verringerung der Lebenserwartung[8] nieder (ebd.). Auf soziopolitischer Ebene weckt die ungeordnet erscheinende Realität bei vielen Menschen Sehnsüchte nach einfachen Erklärungsmustern; sie werden anfällig für die Propagierung von Feindbildern und die (Re-)Aktivierung von Sündenbock-Mechanismen. Es entsteht ein gefährlicher Humus für die Betonung und politische Instrumentalisierung sozialer, ethnischer, religiöser Unterschiede und mithin für die Verbreitung extremer nationalistischer und fundamentalistischer Ideologien. Einen anderen Scheinausweg bietet die Flucht in (neo-)kommunistische Nostalgien.

4. Politische Polarisierung und wachsende Politikverdrossenheit

In dem Maße, wie die Gesellschaften auf wirtschaftlichem, sozialem und kulturellem Gebiet einer Zerreißprobe ausgesetzt werden, wird sich ein für die Entwicklung von Demokratie und Rechtsstaatlichkeit unverzichtbarer Grundkonsens in den mittel- und osteuropäischen Gesellschaften nur schwerlich etablieren können bzw. immer wieder in Frage gestellt werden. Extremistische Parteien und Gruppierungen finden günstige Entfaltungsbedingungen. Mit zunehmender Polarisierung zwischen den politischen Lagern und der Radikalisierung der Auseinandersetzung schwinden die Chancen für die Ausprägung einer homogenen demokratischen politischen Kultur. Dies bleibt nicht ohne Folgen für die Spielräume proeuropäischer Eliten in diesen Ländern. Die in den assoziierten Staaten existierende „mehr oder weniger stark ausgeprägte Konfliktlinie zwischen liberalwestlichen, europaorientierten politischen Akteuren und solchen politischen Kräften, die einen eigenen, nationalen Weg einschlagen wollen" (v. Bresca/Brusis, 1998: 74) erhält infolge ökonomischer Verteilungskämpfe, sozialer Spannungen und ideologischer Lagerbildungen in der Tendenz eine die Gesellschaft spaltende Aufladung. Während sich die „Gewinner" von Transformation und Osterweiterung mit dem Leitbild einer „Rückkehr nach Europa" mehr oder weniger stark identifizieren können, empfinden ins soziale Abseits gedrängte Gruppen dagegen die europäische Integration eher als Bedrohung und schenken europaskeptisch/antieuropäisch gefärbten Argumenten und Einflüsterungen Gehör. Es erhöht sich das Risiko, daß das sich in den Reformstaaten mittlerweile ausbreitende

[8] Gesundheit nach der Wende. Krankenversorgung in ehemals sozialistischen Ländern, in: WZB-Mitteilungen 78, Dezember 1997.

Mißtrauen gegenüber den politischen Eliten, die um sich greifende Politikverdrossenheit und der enttäuschte Rückzug in das Privatleben eine zusätzliche antieuropäische Tönung erhalten. In der Perspektive der Osterweiterung entsteht somit die Gefahr, daß in den Staaten Mittel- und Osteuropas genau das Gegenteil dessen eintritt, was angestrebt wird, also nicht die Herausbildung und Konsolidierung von Demokratie und Rechtsstaatlichkeit, sondern deren Fehlentwicklung und Destabilisierung.

Wie die Bilanz ausweist, werden die hochgradige Außenabhängigkeit der wirtschaftlichen Modernisierung, die Brüchigkeit der sozialen Textur, die Fülle sozio- und psychopathogener Verwerfungen und die Zerbrechlichkeit der innenpolitischen Stabilität der assoziierten Länder durch den anvisierten Beitritt zur EU in der Tendenz nicht gemildert, geschweige denn (nachhaltig und strukturell) überwunden, sondern eher noch verstärkt. Dieser Befund vermittelt einen anschaulichen Begriff von der Diskrepanz zwischen dem mit der Osterweiterung verfolgten politischen Ziel, Frieden und Stabilität nach Mittel- und Osteuropa zu exportieren, und den realen Destabilisierungsrisiken angesichts der offenbar überschätzten Anpassungsfähigkeit der Transformationsökonomien und -gesellschaften. Von einer grundsätzlicheren Warte aus betrachtet, wird die Fragwürdigkeit der gegenwärtigen Integrations- und Erweiterungsstrategie deutlich, die auf eine einseitige Übertragung westeuropäischer Politik- und Institutionenmuster auf einen wirtschaftlich, sozial und kulturell andersartigen Kontext ausgerichtet ist, und dabei zu verdrängen scheint, daß sich diese Muster bereits in Westeuropa in zunehmendem Maße als wirtschafts- wie gesellschaftspolitisch dysfunktional erwiesen haben.

Die EU-Mitgliedsstaaten und die Osterweiterung

Was die Haltung der EU-Mitgliedsstaaten und der Brüsseler Administration zur Osterweiterung angeht, scheint den westeuropäischen Staatslenkern und wirtschaftlichen Eliten die Dimension dieses Unternehmens nicht wirklich bewußt zu sein. Es wäre völlig verfehlt, die Osterweiterung als bloße Fortschreibung der bisherigen, im großen und ganzen erfolgreich verlaufenen vier Erweiterungsrunden anzusehen. War die schrittweise „Arrondierung“ der Gemeinschaft/Union durch west- und nordeuropäische Staaten gleichsam ein natürlicher, ein folgerichtiger Prozeß und die Aufnahme Griechenlands angesichts seiner geostrategischen Lage hauptsächlich den Zwängen der Ost-West-Konfrontation geschuldet, ist die Europäische Union nun drauf und dran, in eine völlig neue Dimension vorzustoßen und sich die Verantwortung für den gesamten östlichen Teilkontinent mit allen seinen Problemen aufzuladen. Und dies geschieht zudem in einem Moment, da sie selbst unter starkem weltwirtschaftlichem Anpassungsdruck steht und in eine längere, in ihren Konsequenzen nicht vorhersehbare Phase innerer Anpassungen und Reformen (Wirtschafts- und Währungsunion, institutioneller Umbau, Gemeinsame Außen- und Sicherheitspolitik, Innen- und Rechtspolitik usw.) eingetreten ist.

Im folgenden sollen nur die wichtigsten Herausforderungen und Risiken der Osterweiterung für die Europäische Union, ihre Mitgliedsstaaten, Institutionen und Politiken skizziert werden. Dies geschieht vor dem Hintergrund der Festlegungen des Problem- und Vorschlagspakets der Kommission („Agenda 2000") und der Vereinbarungen des Amsterdamer Vertrages. Mit beiden Dokumenten verfolgt die EU das Ziel, die Voraussetzungen für ein effektives Regieren in einem Westeuropa zwischen Vertiefung und Erweiterung zu schaffen, die sich überdies im Innern mit einem zunehmenden Akzeptanzverlust konfrontiert sieht. Sowohl die „Agenda 2000", die noch der Zustimmung durch die Mitgliedsstaaten harrt, als auch der im Mai 1997 unterzeichnete Amsterdamer Vertrag haben fast einhellig enttäuscht. Mehr als „Stückwerk" und „Jonglieren mit dem Status quo" ist nicht herausgekommen (Weidenfeld, 1997: 21). Durch die „Agenda 2000" und den Amsterdamer Vertrag wurden die drängenden Probleme der EU kaum zutreffend formuliert, tragfähige Lösungsansätze blieben im Dickicht der Partikularinteressen der Mitgliedsstaaten stecken. Sollten grundsätzliche Nachbesserungen ausbleiben, geht die europäische Integration unsicheren Zeiten entgegen. Die absehbaren Trends, Probleme und Risiken werden nachstehend zusammengefaßt:

1. Überdehnung der wirtschaftlichen und finanziellen Ressourcen

Noch bevor die wirtschaftliche Angleichung innerhalb der Europäischen Union geleistet ist, klopft eine Gruppe von Staaten an ihre Tür, die durchgängig für lange Zeit auf umfangreiche Transferleistungen der reicheren und reichen EU-Mitglieder angewiesen sein wird. Die erforderlichen finanziellen Mittel für eine ähnlich kohärente und entschlossene Kampagne wie die des Marshall-Plans sind heute in der Europäischen Union politisch nicht mobilisierbar. West- und Osteuropa bilden keine „Schicksals- und Solidargemeinschaft".[9] Um die erforderlichen Mittel dennoch freizumachen, ist eine einschneidende Reform der Gemeinsamen Agrarpolitik[10] sowie der Regional- und Strukturpolitik unvermeidlich, für die gegenwärtig 80 Prozent des EU-Haushaltes ausgegeben werden. Alternativen zur Reform wären entweder eine politisch nicht durchsetzbare Aufstockung des EU-Haushaltes, eine abgestufte, „zweitklassige Behandlung" der neuen Mitglieder oder gar eine Verschiebung der Erweiterung (Baldwin, 1997: 85). Es bleibt also nur, die Ausgaben für zwei extrem machtvolle Interessengruppen innerhalb der EU zu kürzen: für die Landwirte und für die – am EU-Durchschnitt gemessen – armen Regionen. Um diese Pläne zu verhindern, sind „Koalitionen der Landwirte und armen Regionen versucht, ihr Veto solange gegen die Osterweiterung einzulegen, bis die MOEL viel reicher und weniger landwirtschaftlich geworden sind" (ebd.: 83).

Angesichts der Widerstände aus den besonders betroffenen Mitgliedsstaaten konnten sich die Regierungen der Mitgliedsländer bislang nicht über die in der „Agenda 2000" formulierten Vorschläge zur Neuorientierung der europäischen Agrar- und Strukturpolitik einigen. In bezug auf die gemeinsame Strukturpolitik, zielen die Empfehlungen der Europäischen Kommission auf eine stärkere Konzentration der Finanzmittel auf die wirklich bedürftigen Regionen[11]. Durch eine solche Umverteilung von EU-Mitteln zugunsten der mittelosteuropäischen Beitrittskandidaten würde der Anteil der von der Regionalförderung innerhalb der EU (15) profitierenden Bevölkerung drastisch von über der Hälfte auf ca. ein Viertel schrumpfen (Weise, 1997: 178). Die Reformvorschläge der EU-Kommission zur gemeinsamen europäischen Agrarpolitik beschränken sich dagegen auf den weiteren Abbau der

9 Im Frühjahr 1996 sprachen sich gerade 13 Prozent der Befragten in den 15 EU-Ländern für eine Osterweiterung aus; 1989 waren es noch 74 Prozent (Eurobarometer Nr. 32, 1989 und Nr. 45, 1996).

10 Allein die Erweiterung um die vier Gründungsstaaten der Visegrad-Gruppe würde die landwirtschaftlich genutzte Fläche der EU um 40 Prozent und die Zahl der Landwirte um 60 Prozent erhöhen (Baldwin, 1997: 85)..

11 Die Mittelzuflüsse an die CEFTA-Staaten würden nach einer Absenkung der derzeit geltenden Strukturfondsregeln mit dem Verweis auf die im Vergleich zu den westeuropäischen Empfängerländern bzw. -regionen deutlich geringeren Absorptionsfähigkeit ihrer Ökonomien bei 3 Prozent des BIP zu Kaufkraftparitäten liegen (im Unterschied zu ca. 7 Prozent nach den z.Zt. gültigen Regeln). Die Transferleistungen würden danach im Jahr 2000 bei ca. 15 Mrd. ECU liegen und bis 2010 auf gut 20 Mrd. ECU steigen. Damit würde zugleich sichergestellt, daß sich die Mittelzuflüsse an die assoziierten Staaten „am Ausmaß der Transfers an die wichtigsten Empfänger in der Europäischen Union (15) orientieren" (Weise, 1997: 178).

Stützpreise für Agrarprodukte und die Umstellung auf direkte Einkommenshilfen für Landwirte, was mit der Renationalisierung dieses Bereichs der EU-Agrarpolitik verbunden wäre (ebd.: 177). Das Prinzip der hohen Subventionierung des Agrarmarktes würde indes nicht angetastet. Europa bliebe von einem wirklichen Agrarbinnenmarkt noch weit entfernt. Eine einschneidende Senkung der Agrarausgaben, die über die Hälfte des gesamten Haushaltes ausmachen, sieht das Konzept der Kommission nicht vor (Weidenfeld, 1997: 22). Dies wiegt um so schwerer, als die Übertragung der unreformierten Gemeinsamen Agrarpolitik auf die fünf CEFTA-Staaten jährliche Aufwendungen von über 8 Mrd. ECU erfordern würde.[12] Anstatt die Reformen im Innern der Union zügig voranzutreiben und so gegenüber den östlichen Beitrittskandidaten Bereitschaft zur Solidarität zu signalisieren, ist obendrein zwischen den EU-Staaten ein Streit über die Höhe und Verteilung der Beitragszahlungen ausgebrochen. Während Nettozahler wie die Bundesrepublik ihre Beiträge reduzieren wollen, wehren sich Nettoempfänger wie Spanien und Portugal gegen jegliche Schlechterstellung. Dies zeigt, wie kurz die Finanzdecke der EU und ihrer Mitgliedsstaaten im Ergebnis der hausgemachten Steuer- und Haushaltskrise(n) in den Mitgliedsstaaten und auf EU-Ebene geworden ist. Innerhalb der EU (15) eine Umverteilung zu bewerkstelligen und zugleich ausreichend Mittel für die Osterweiterung aufzubringen, ist ein Kunststück, das erst noch zustande gebracht werden muß. Inwieweit dies gelingt, wird in hohem Maße über die Gestaltungsspielräume der Osterweiterung entscheiden.

2. Zunehmende Gefährdung der inneren Kohäsion der Union

Zum ersten Mal wird der Beitritt weiterer Staaten zur Europäischen Union zu einer wirklichen Belastungsprobe, weil die ökonomischen und sozialen Eingangsbedingungen der Beitrittskandidaten noch nie so stark vom EU-Standard abgewichen sind (DGB 1996: 10). Zusätzliche Komplikationen ergeben sich aus den beträchtlichen und vielfach unterschätzten Unterschieden zwischen den mittel- und osteuropäischen Beitrittskandidaten selbst (Inotai 1998: 21). Die assoziierten Länder sind nicht nur „so arm, so bevölkerungsreich und so agrarisch“ (Baldwin 1997: 73), sondern vor allem einer anderen Geschichte, anderen

12 Zu diesem Ergebnis kommen Szenarienrechnungen des Deutschen Instituts für Wirtschaftsforschung auf der Grundlage der Preise von 1992. Der Agrarhaushalt für die Europäische Union (15) stiege dann von unter 40 auf ca. 49 Mrd. ECU im Jahr 2010 (Weise, 1997: 177).

Traditionen und anderen Kulturen als die westeuropäischen Staaten zugehörig. Mit den kulturellen Unterschieden zwischen West- und Osteuropa gelangt eine Aufgabe in den Erweiterungsprozeß, für deren Bewältigung die EU noch kaum über Erfahrungen und Instrumentarien verfügt. Die kulturelle und zivilisatorische Differenz Mittel- und Osteuropas ist die am meisten unterschätzte Dimension der Osterweiterung. In der Perspektive der Erweiterung darf es nicht primär darum gehen, die „kulturelle Paßfähigkeit" der assoziierten Staaten zu erhöhen. Es muß vor allem nach Mitteln und Wegen Ausschau gehalten werden, die es erlauben, einen wirtschaftlich, sozial und kulturell derart heterogenen Integrationsverband zusammen und in Gang zu halten.

Wie schwer sich die EU damit tut, zeigen die gegenwärtigen Schwierigkeiten der Mitgliedsstaaten, sich auf eine Reform der Haushalts-, Agrar-, Regional- und Strukturpolitik zu einigen. Noch völlig im Dunkeln liegt, wie unter den Bedingungen eines einheitlichen Währungsraums eine wirksame Kohäsionspolitik praktiziert werden kann. Fest steht, daß die erweiterte EU in weitaus stärkerem Maße als gegenwärtig ein Raum unterschiedlicher Integrationsdichten und -geschwindigkeiten sein wird. Mit dem Konzept der „differenzierten Integration" des Amsterdamer Vertrages wurde ein wichtiger Schritt getan, um der deutlich verstärkten Heterogenität europapolitischer Interessen und Konzepte innerhalb der EU (15) Rechnung zu tragen. Zugleich wurde mit Blick auf die bevorstehende Erweiterung eine entscheidende Weichenstellung vorgenommen. Ausgehend von dem im sog. Flexibilitätsartikel fixierten Verfahren der „engeren Zusammenarbeit"[13] wird „die Differenzierung der Integration das entscheidende Handlungsprinzip für die Zukunft einer erweiterten Union" (Weidenfeld 1997: 20). Nichtsdestotrotz sind die getroffenen Vorkehrung noch völlig unzureichend und das nicht nur, weil sich die Anwendung des Flexibilitätsprinzips auf konkrete Politikfelder beschränkt und an die einstimmig zu treffende Entscheidung aller Mitgliedsstaaten gebunden bleibt. Schwerer wiegt, daß die Mehrheit der Mitgliedsstaaten offenbar an der Fiktion eines irgendwie gearteten EU-europäischen Staatengebildes festhält.

[13] Die entsprechenden Regeln sind in Generalklauseln gefaßt, die als neuer Titel in die „Gemeinsamen Bestimmungen" des EU-V aufgenommen wurden. Sie wurden in Art. 5a des EG-V für die erste Säule und Art. K.12 für die dritte Säule präzisiert (Wessels, 1997: 129).

3. Weiterer Rückgang der politisch-administrativen Steuerungsfähigkeit

Mit der Zunahme ihrer territorialen Ausdehnung und der Schwächung ihrer inneren Kohäsion „überschreitet die Europäische Union mit der Osterweiterung mehrfach die kritischen Grenzen ihrer Handlungsfähigkeit und Regierbarkeit" (Giering, 1997: 58). Die institutionelle Logik der ursprünglich für sechs Mitglieder konzipierten Gemeinschaft wird unweigerlich ihren Dienst versagen, sollte sie auf eine bald mehr als zwanzig Staaten umfassende Union übertragen werden. Die weitgehende Beibehaltung des Institutionengefüges der Römischen Verträge hätte einschneidende Konsequenzen nicht nur für die Regierbarkeit der Union, sondern auch für die Verteilung der politisch-institutionellen Kräfteverhältnisse zwischen den Mitgliedsstaaten. Die Folge wäre (1) eine weitere personelle Aufblähung und Bürokratisierung der bereits jetzt schon an der Grenze ihrer Handlungs- und Entscheidungsfähigkeit angelangten EU-Institutionen; (2) eine zusätzliche Verschiebung der Stimmengewichtung zu Lasten der großen Mitgliedsstaaten und ihrer „Gestaltungsmehrheit"[14]; (3) die Überschreitung der vom Amsterdamer Vertrag festgelegten Obergrenze der Abgeordneten des Europäischen Parlaments von 700 Sitzen sowie (4) die weitere Erhöhung des „Blockadepotentials" einzelner Staaten und Staatengruppen innerhalb des Ministerrates (ebd.: 58/59).

Ungeachtet der Dringlichkeit von Reformen konnten sich die EU-Staaten im Amsterdamer Vertrag lediglich auf Einzelschritte verständigen[15]; eine kohärente, zielführende Reform kam wegen der weit auseinanderliegenden Interessen und Zielvorstellungen nicht zustande. Das Ergebnis: In ihrem gegenwärtigen Zustand sind die Institutionen

14 Nach der Erweiterung um die vorgeschlagenen sechs Kandidaten – Estland, Polen, Slowenien, Tschechien, Ungarn und Zypern – würden Deutschland, Frankreich, Großbritannien und Italien zusammen über rd. 59 Prozent der EU-Bevölkerung stellen, aber nur noch über 35 Prozent der Stimmen im Rat verfügen, die fünf kleinen Beitrittsstaaten – ohne Polen – mit 5,9 Prozent der EU-Bevölkerung dagegen über 15,9 Prozent der Stimmen. Zudem würden sowohl die „Kernländer" (Deutschland, Frankreich, Benelux) als auch die drei großen westeuropäischen Länder (Deutschland, Frankreich, Großbritannien) mit 32 bzw. 30 Stimmen in einer EU-21 ihre Sperrminorität von dann mindestens 33 Stimmen verlieren (Giering, 1997: 59).

15 „Die Beschränkung auf 20 Kommissare löst nicht das Problem ihrer Auswahl bei mehr als 20 Mitgliedsstaaten. Die Anpassung der Stimmgewichtung im Rat an das Verhältnis von kleinen zu großen Mitgliedsstaaten wurde verschoben, bereitet so also nicht die Erweiterung vor. Die Rechte des Europäischen Parlaments wurden zwar gestärkt, jedoch nur in unzureichender Weise" (Weidenfeld, 1997: 20).

nicht erweiterungsfähig. Der Hauptgrund liegt darin, daß jede Neugewichtung der Stimmen im Ministerrat oder jede Veränderung von Struktur und Zusammensetzung der Kommission „an den Grundfesten der Machtverteilung in der EU rührt“ (Giering, 1997: 61). Dies gilt sowohl für das Verhältnis zwischen großen und kleinen Mitgliedsstaaten[16], zwischen dem Westen und Süden und dem Norden und Osten der EU als auch zwischen den Kern- und Neumitgliedern. Den EU-Staaten, allen voran den großen, ist es nicht gelungen, im Interesse der Reform eine *win-win*-Perspektive oder zumindest eine Paketlösung auszuarbeiten. Hier macht sich besonders schmerzlich das Fehlen eines gemeinsamen, von allen Mitgliedsstaaten getragenen Leitbildes bemerkbar (Giering, 1997: 56/57). Zudem zeigt sich, daß die Osterweiterung, anders als Binnenmarkt und Wirtschafts- und Währungsunion, nicht wirklich als ausreichend integrierendes politisches Ziel für die laufende „Reformrunde“ taugt. Die anstehenden redistributiven Entscheidungen und die damit verbundenen Verteilungskämpfe innerhalb der Union und zugunsten der Beitrittskandidaten verlangen aber gerade nach einem konsensfähigen und mobilisierenden Leitbild.

4. Vergrößerung der Legitimationslücke und des Demokratiedefizits

Mit der Osterweiterung wird sich das Problem unzureichender demokratischer Legitimation von Institutionen und Entscheidungen auf der Unionsebene weiter zuspitzen, ehe noch im Rahmen der EU (15) ernst zu nehmende Lösungen gefunden werden konnten. In einem geographisch erweiterten und kulturell zusätzlich differenzierten Integrationsraums sind Willensbildung, Verantwortung und Zurechnung von allgemeinverbindlichen Entscheidungen kaum noch nach dem Muster des klassischen Demokratieverständnisses durchsetzbar. Angesichts eines immer schwerer zu überschauenden Institutionengefüges und einer hoch komplexen Akteurskonstellation werden demokratische Strukturen und Prozedere zunehmend durch nationale und gemeinschaftliche Exekutivorgane und lobbyistische Verhandlungssysteme unterlaufen (Jachtenfuchs/Kohler-Koch 1996: 542). Die strukturellen Barrieren (kein europäischer Demos, keine europäische Öffentlichkeit und EU-übergreifende Identität, völlig unzureichende soziale, wirt-

16 Beim jetzigen Stand ist in der Perspektive der Erweiterung kaum mit einer Stärkung der Positionen der großen Mitgliedsstaaten zu rechnen. Vielmehr wird die mehrheitliche Aufnahme kleiner Staaten die Position der kleineren „alten“ und „neuen“ Mitglieder festigen (Giering 1997: 61).

schaftliche und kulturelle Homogenität[17], nur embryonale intermediäre Strukturen wie europäische Medien, Parteien, Gewerkschaften, Verbände und Bürgerbewegungen), an denen die Übertragung des nationalstaatlich erprobten demokratischen Gefüges auf die EU-Ebene bislang gescheitert sind (Höreth 1998: 81–83), werden mit der Osterweiterung endgültig unüberwindlich. Die halbherzige Strategie der Parlamentarisierung der Union im Wege einer dem Integrationstempo ständig nachhinkenden Kompetenzausstattung des Europäischen Parlaments ist an ihre Grenzen geraten.

In den Verhandlungen zum Amsterdamer Vertrag ist kein Rezept zur Überwindung des Demokratiedefizits der Union gefunden worden. Zwar hat das Europäische Parlament durch den Vertrag eine weitere Aufwertung erfahren.[18] „Ein Voll-Parlament ist das EP jedoch noch lange nicht, da es in den wichtigsten Politikbereichen nicht als Co-Legislative agieren darf und der Ministerrat in seiner Doppelfunktion als Exekutive und Legislative der EU der parlamentarischen Kontrolle auf europäischer Ebene weitgehend entzogen bleibt“ (Höreth 1998: 79). Die institutionelle Schieflage zugunsten des Europäischen Rats und des Ministerrats hat sich eher noch ausgeprägt.[19] Gerade in sensiblen Bereichen wie der Gemeinsamen Außen- und Sicherheitspolitik und der Gemeinsamen Innen- und Justizpolitik (Asyl-, Außengrenzkontroll-, Einwanderungs- und Ziviljustizpolitik) ist ein Trend hin zur Zentralisierung der Entscheidungen im engen und opaken Zirkel des Ministerrates unübersehbar. Augenscheinlich löst der Verlust an Steuerungsfähigkeit vor dem Hintergrund eines überkommenen staatszentrierten Verständnisses in den Führungsetagen der EU und ihrer Mitgliedsstaaten verstärkt zentralisierende und technokratische Reflexe aus. Gleichwohl berechtigt kaum etwas zu der Annahme, daß sich eine aus zwanzig und mehr Mitgliedsstaaten bestehende Union problemloser auf den Grundsatz von Mehrheitsentscheidungen einigen

17 Voraussetzung jeder demokratischen Herrschaft ist daher ein gewisses Maß an sozialer Homogenität, die im Gegensatz zu 'Identität' lediglich eine gewisse Gleichartigkeit, Gleichgerichtetheit und Vereinbarkeit von Überzeugungen und Institutionen bezeichnet (Höreth 1998: 81/82; Kluth 1995: 49).

18 Sein Recht auf Mitentscheidung (neben, zutreffender: nach dem Europäischen Rat und dem Ministerrat) wurde auf 25 Politikfelder, d.h. auf ca. drei Viertel Materien der EU-Gesetzgebung, ausgedehnt.

19 „Der Europäische Rat ist als nicht unmittelbar sanktionsfähiges Gebilde in seiner quasi-legislativen Funktion deutlich gestärkt worden. Wesentliche, im neuen Vertrag geschaffene Interventionsbereiche entziehen sich der parlamentarischen Kontrolle sowohl auf nationaler wie auf europäischer Ebene“ (Maurer 1997: 440).

werde als die EU (15). Hier droht eine institutionelle Sackgasse. Der Modus der notdürftig mit parlamentarischer Legitimation bemäntelten zentralisierten Steuerung wird sich in der Perspektive der Osterweiterung als dysfunktional erweisen. Was die Union braucht, ist ein Demokratieverständnis, das das Subsidiaritätsprinzip endlich ernst nimmt und zur Richtschnur des institutionellen Umbaus macht.

5. Verlust an außen- und sicherheitspolitischer Handlungsfähigkeit

Mit der Osterweiterung werden sich der zunehmende, Ressourcen bindende innere Problemdruck und die erhöhte Heterogenität der Mitgliedsstaaten auch nachteilig auf die internationale Handlungs- und Problemlösungskompetenz auswirken. „In einer erweiterten Union werden sich regionalspezifische Interessen verstärkt ausdifferenzieren, und die Herstellung von Konsens wird unter zwanzig oder gar siebenundzwanzig Mitgliedsstaaten der Quadratur des Kreises nahekommen" (Jopp 1996: 58). Die Rahmen- und Erfolgsbedingungen für eine Gemeinsame Außen- und Sicherheitspolitik (GASP) werden sich erheblich verändern. Dies wiegt in einer Zeit besonders schwer, da namentlich die großen Mitgliedsstaaten nach Möglichkeiten suchen, die Union zu einem effizienteren Ordnungs- und Handlungsrahmen zu formen, um für die Herausforderungen der Globalisierung und der instabilen Sicherheitslage in Mittelosteuropa und Nordafrika gewappnet zu sein. Mehr noch: Aller Voraussicht nach werden im Zuge der Osterweiterung die zentralen Schwächen der GASP eine weitere Zuspitzung erfahren. Mit den sich auffächernden Interessenlagen wird der politische Wille der Mitgliedsstaaten, außen- und sicherheitspolitisch gemeinsam zu handeln, weiter abnehmen. Parallel dazu wird sich die Unterschiedlichkeit nationaler Perzeptionen erhöhen und eine präzise Definition gemeinsamer vitaler Interessen mehr und mehr zu einem aussichtslosen Unterfangen. Die Verständigung auf problemadäquate Mechanismen der Entscheidungsfindung wird zusätzlich erschwert. Die Defizite in der Vertretung der Union nach außen (häufig wechselnde Präsidentschaft, unzureichend Nutzung des Potentials der Kommission) werden bei zwanzig und mehr Mitgliedern noch zunehmen. Angesichts eines fehlenden Konsens' und knapperer Ressourcen sind angemessene Verfahren der Finanzierung gemeinsamer Aktionen weniger denn je in Sicht. Schließlich verhindern Meinungs- und Interessenunterschiede, die Möglichkeiten der Zusammenarbeit mit der WEU voll auszuschöpfen (Jopp 1996: 47/48).

Diese Analyse wird durch die die GASP betreffenden Vereinbarungen des Amsterdamer Vertrages bestätigt. Auch hier hat es die EU lediglich zu einigen wenigen Korrekturen an den offenkundig unzulänglichen Strukturen und Prozeduren gebracht. Die Union erhält mit der Bestallung eines außenpolitischen Repräsentanten ein außenpolitisches „Gesicht", die Troika wird umgebildet und ein Planungszentrum eingerichtet. Alle strategischen Entscheidungen müssen jedoch auch weiterhin einstimmig getroffen werden. Um bei Gemeinsamen Aktionen auszuscheren, können einzelne Mitgliedsstaaten künftig sogar „nationale Interessen" geltend machen. „Damit besteht für den gesamten Bereich der GASP de facto ein Vetorecht" (Weidenfeld, 1997: 20). Zwar stellt Weidenfeld fest, daß bei einer solchen Beschlußlage „Europa auf absehbare Zeit keine effektive und glaubwürdige Außenpolitik betreiben" könne, er kommt aber nicht auf die Idee, den Kern des GASP-Konzepts selbst in Frage zu stellen. Vielleicht ist ja eine gemeinsame Außen- und Sicherheitspolitik nach dem Vorbild eines handlungsfähigen Bundesstaats wie den USA aufgrund der Heterogenität der EU eine unerreichbare Fata Morgana. Auch scheint unbedingt eine säuberliche Trennung von innovativer außenpolitischer Interessenaggregation und traditioneller militärischer Sicherheitspolitik angebracht. Will die Union mit der Aufnahme der assoziierten Staaten aus Mittel- und Osteuropa nicht gleichzeitig ihren Traum von der Verwandlung in einen handlungsfähigen internationalen Akteur zu Grabe tragen, muß sie über ein grundlegend neues Herangehen an diese Zielstellung nachdenken. In Anbetracht des Fehlens einer starken europäischen Stimme in den Weltangelegenheiten sind schnelle und tragfähige Lösungen angeraten.

6. Gefährdung erster Ansätze einer gemeinsamen EU-europäischen Identität:

In dem Maße, wie sich die EU von einem wirtschaftlichen Integrationsverband zu einer politischen Gemeinschaft wandelt, mutet sie sich einen immer schwerer zu bewältigenden Spagat zu: Einerseits greift sie mehr und mehr in Verteilungsprozesse und soziokulturell aufgeladene Aufgabenfelder der Nationalstaaten und Regionen ein und ist deshalb auf eine eigene identitäre Dimension als Grundlage einer eigenständigen Legitimationsbasis angewiesen. Andererseits verschlechtern sich aber von Erweiterungsrunde zu Erweiterungsrunde die Voraussetzungen dafür, eine solche glaubwürdige EU-europäische Identität zu entfalten. Ursachen dafür sind vor allem die immer größer werdende Distanz zwischen EU-Institutionen und Bürgern sowie die zunehmend disparaten Kulturen[20] und Interessen der Mitgliedsstaaten (Lepsius 1997: 951; Höreth 1998: 84). Mit der Osterweiterung werden die bisher vorherrschenden „karolingischen" Traditionsbezüge und neue Ansätze gemeinsamer EU-europäischer Identität deutlich an Präge- und Integrationskraft verlieren. Die affektive Bindung der Westeuropäer an die soziale Bezugseinheit EU wird einer erheblichen Belastungsprobe ausgesetzt. Es zeichnet sich bereits ab, daß bei den Bürgern die Regionen wieder stärker ins Bewußtsein rücken. Gleichzeitig wächst die Neigung, Eingriffe der höheren Ebene „potentiell als Fremdbestimmung" wahrzunehmen (Höreth 1997: 84). Der Akzeptanzzuwachs der regionalen zu Lasten der Unionsebene vergrößert noch das Dilemma der EU, denn je weniger sich die EU-Bürger mit der Union identifizieren, desto geringer sind die Chancen für die Stärkung ihrer Legitimation und die Auffüllung des Demokratiedefizits. Auch schwindet mit abnehmendem „Fundus an Gemeinsamkeiten" die Bereitschaft, über engere Loyalitätsgrenzen (subnationale Region, Nationalstaat) hinaus Solidarität zu üben (Pfetsch 1998: 8/9). Dies werden möglicherweise bald die mittelosteuropäischen Staaten zu spüren bekommen.

Der Amsterdamer Vertrag wird der Stellenwert des Identitätsproblems für die Zukunft der Union nicht gerecht. Er ist selbst Beleg dafür, daß die Mitgliedsstaaten sich nicht auf einen Konsens über eine ausreichend integrationsfähige, strategisch schlüssige „normative und verhaltensstrukturierende Ordnungsvorstellung" einigen können. Ohne ein solches „Bezugsobjekt" ist die Ausbildung einer europäischen Identität schlechterdings weder denkbar noch möglich (Lepsius, 1997: 948). Auch hier macht sich also das Fehlen eines gemeinsamen, von allen Mitgliedsstaaten getragenen Leitbildes bemerkbar. Ein tiefer Riß verläuft zwischen den Anhängern des Konzepts eines Bundesstaats auf der einen Seite und eines Integrationsverbands von Nationalstaaten auf der anderen Seite. Das im Amsterdamer Vertrag formulierte Ziel des schrittweisen Aufbaus „eines Raums der Freiheit, der Sicherheit und des Rechts" soll möglicherweise eine ähnlich weitreichende programmatische Vision wie der Binnenmarkt und die Wirtschafts- und Währungsunion entfalten (Wessels 1997: 121). Wie diese neue, deutlich politischere Dimension schließlich ausgefüllt werden wird, bleibt freilich abzuwarten. Die Propagierung von Zeitgeist-Werten wie Sicherheit, Bürgernähe und Beschäftigung ersetzt jedenfalls noch keine differen-

[20] Mit dem Abschluß der ersten Runde der Osterweiterung wird allein die Zahl der offiziellen EU-Sprachen fast um die Hälfte zunehmen (von 11 auf 16).

zierte Identitätspolitik. Das gilt insbesondere in der Perspektive der Osterweiterung.

Resümierend ist festzustellen, daß die Europäische Union entgegen der zweckoptimistischen Erklärung des Schlußkommuniqués von Amsterdam, wonach der „Weg frei für die Einleitung des Erweiterungsprozesses“ sei, in ihrer derzeitigen Verfassung (und zwar im doppelten Sinne des Wortes) noch keineswegs osterweiterungsfähig ist. Die EU steckt in einem Dilemma: Einerseits steht mit Blick auf die Osterweiterung eine grundlegende Veränderung der bisherigen integrationspolitischen Spielregeln auf der Tagesordnung und andererseits ist der von der Osterweiterung ausgehende Handlungsdruck aber nicht stark genug, um bestehende Interessenunterschiede zu amalgamieren. Wenn es den EU-Staaten nicht gelingt, sich von ihrer Politik des Durchwurstelns zu lösen, stellt sich in der Tat erstmals die Frage nach den Grenzen der Integration und der Erweiterungsfähigkeit. Ab wann gibt es ein Zuviel an Heterogenität, welche nicht mehr nach der überkommenen Integrationslogik im Sinne von produktiven Ergebnissen zu managen ist? Die Folge wäre die schleichend Durchsetzung eines Integrationsmodells unterschiedlicher Geschwindigkeiten und variabler Geometrien, die Rückkehr in vielen Bereichen zur Kooperation im klassischen Sinne und konsequenterweise das Entstehen von Mitgliedschaften erster und zweiter Klasse. Mit der Einführung der Flexibilitätsklausel ist bereits auf lange Sicht der Einstieg in eine Differenzierung, auch in den verschiedenen Politikbereichen, vorbereitet worden (Piepenschneider 1997). Das Risiko tragen in jedem Fall die mittelosteuropäischen Kandidatenländer, die immense Anstrengungen auf sich nehmen, um die Bedingungen für den Beitritt zu erfüllen. Dabei haben sie keinerlei ernst zu nehmenden Einfluß darauf, wann sie aufgenommen, welchen Status sie erhalten und welcher Art von Integrationsverband sie schlußendlich beitreten werden.

Angesichts der bereits absehbaren Zuspitzung der Transformationskrise in den assoziierten Staaten auf der einen Seite und der realen Überforderung der westeuropäischen Integration auf der anderen Seite erscheint der gegenwärtig eingeschlagene Erweiterungskurs kontraproduktiv, dysfunktional und riskant, mit einem Wort: irrational. Wohlgemerkt, irrational sind nicht die mit dem Erweiterungsprozeß verbundenen Absichten und Ziele der europäischen Agenda (zur Erinnerung: Wiederherstellung der Einheit Europas unter demokratischem Vorzeichen, Unterstützung der mittelosteuropäischen Transformation, Schaffung einer gesamteuropäischen Friedens- und Sicherheitsarchitektur, Behauptung und Reform des europäischen Gesellschaftsmodells usw.), sondern vielmehr die Verknüpfung dieser Zielstellungen mit einer einseitig westeuropazentrierten, wirtschaftlich hyperthrophierten und technokratisch gesteuerten Strategie der EU-Osterweiterung. Spätestens an dieser Stelle drängt sich die Frage auf, warum fünfzehn west- und zehn mittelosteuropäische Staaten diesen Kurs unterstützen, ja gemeinsam konzipiert und vereinbart haben. Das ist die Frage nach der politischen Dimension der EU-Osterweiterung. Eine Antwort soll in der zweiten Hälfte dieses Beitrages versucht werden.

Die politische Dimension der Osterweiterung

Motive für die Politik der Osterweiterung der Europäischen Union

Auf der Suche nach der Rationalität der Erweiterungspolitik liegt es nahe, sich zunächst eingehender mit den Motiven der EU-Mitgliedsstaaten und der Beitrittsanwärter zu befassen. Beiden muß unterstellt werden, eine in den Prämissen und Konsequenzen gleichermaßen verantwortungsbewußt konzipierte Strategie zu verfolgen. Die Strategie der Osterweiterung entsprang nicht voluntaristischen Kabinettsentscheidungen und/oder der Kungelei realitätsferner diplomatischer Eliten, sondern ist das Ergebnis komplexer politischer Aushandlungs- und Entscheidungsprozesse. Ihre inhaltliche Substanz und ihr konzeptioneller Zuschnitt widerspiegeln jeweils einen bestimmten Konsens innerhalb der öffentlichen/veröffentlichten Meinung der EU-Staaten und der assoziierten Länder. Voraussetzung dafür, daß sich sowohl die westeuropäischen als auch die mittelosteuropäischen Staaten auf die derzeit verfolgte Strategie der Osterweiterung verständigen konnten, ist die Akzeptanz dieser Strategie in ihren jeweiligen Bevölkerungen. Das ist das allein gültige Kriterium für ihre politische Durchsetzbarkeit. Die politischen Führungen der westeuropäischen Staaten sind sich darüber im klaren, daß in ihrer Öffentlichkeit nur dann Zustimmung für die Osterweiterung zu erreichen sein wird, wenn diese sich in die Logik der bisherigen Integration einfügt und dem Steuerzahler keine zusätzlichen Belastungen aufbürdet. Die gegenwärtig tonangebenden modernisierungswilligen, liberalen und westorientierten Eliten in den mittel- und osteuropäischen Staaten setzen auf die zugleich mobilisierende und integrierende Kraft des Leitbildes „Europa“, um für den entbehrungsreichen Transformations- und Modernisierungskurs in ihren Bevölkerungen Akzeptanz zu schaffen[21] (v. Bresca/Brusis 1998: 74–76). „Der Slogan 'Rückkehr nach Europa' wurde unmittelbar nach 1989 zum Kern der kulturellen und offiziellen politischen Orientierung der mitteleuropäischen Gesellschaften" (Buchowski, 1997: 28). Der Strategie und Politik der Osterweiterung liegt also eine genuin politische Logik zugrunde. Sie ist eine Balance zwischen dem Maß des den westeuropäischen Gesellschaften Zumutbaren einerseits und dem Übermaß an Hoffnungen der mittelosteuropäischen Gesellschaften andererseits. Sie versucht, für die Westeuropäer den Schrecken der Öffnung der Europäischen Union nach Osten zu minimieren und dennoch für die Mittel- und Osteuropäer die Verheißung der „Rückkehr nach Europa" einzulösen. Doch was auf den ersten Blick wie eine schlüssige, ja alternativlose politische Orientierung und Strategie aussieht, hat seine nicht minder politischen Tücken. Dies verdeutlicht schon ein Vergleich der Ziele und Motive, die die west- und mittelosteuropäische Staaten mit der Osterweiterung verknüpfen.

Der gemeinsame Nenner der Erweiterungspolitik der *EU-Staaten* ist die Orientierung auf ein Mehr an Macht und Handlungsfähigkeit ohne Verlust an Sicherheit und Identität. Im einzelnen lassen sich folgende Motive ausmachen:

(1) Nutzung und Bewahrung der weitgehenden Definitionsmacht der westeuropäischen Staaten, um den Prozeß der europäischen Einigung im Hinblick auf seine Inhalte, sein *timing* und seine Finalität möglichst weitgehend bestimmen und zu jedem Zeitpunkt hinreichend kontrollieren zu können,

(2) Schaffung eines ordnungspolitischen und institutionellen Rahmens für die Einbeziehung der mittel- und osteuropäischen Staaten in den Weltmarkt, die Förderung der Expansion des westeuropäischen Kapitals in Richtung Mittel- und Osteuropas sowie für die Verbesserung der wirtschaftlichen Wettbewerbsposition des (west-)europäischen Pols innerhalb der globalen Triade.

(3) Festigung und Ausweitung der euro-atlantischen Friedens- und Werteordnung auf Mittel- und Osteuropa durch die Übertragung des westlichen politischen, wirtschaftlichen und sozialen Systems

[21] Dabei wecken sie hohe Erwartungen an die 'Rückkehr nach Europa'. Über 40 Prozent der Bürger in den zehn assoziierten Ländern glauben, daß die Zukunft ihres Landes in der EU liegt. Die Mehrheit verspricht sich von einem EU-Beitritt eine deutliche Verbesserung ihrer Lage (European Commission: Central and Eastern Eurobarometer, No. 7, März 1997, S. 21).

(westliche Demokratie, funktionierende Marktwirtschaft und *acquis communautaire*).

(4) Bindung der mittel- und osteuropäischen Staaten an Westeuropa (und den euro-atlantischen Raum) mit dem Ziel der Schaffung eines geopolitisch weitgehend befriedeten Mittelosteuropas, der Neutralisierung machtpolitisch relevanter „nicht-europäischer" Einflüsse sowie der Stärkung des weltpolitischen Gewichts (West-) Europas.

Was die Politik der *mittel- und osteuropäischen Beitrittskandidaten* (genauer: der modernisierungswilligen, westeuropaorientierten politischen und wirtschaftlichen Eliten) angeht, so sind alle ihre Teilziele und dafür vorgesehenen Mittel und Wege mehr oder weniger auf ein einziges Ziel zugeschnitten – auf die Überwindung der Folgen der System- und Umbruchskrise und die möglichst schnelle Erreichung des westeuropäischen Wirtschafts- und Wohlstandsniveaus:

(1) Abstützung und Legitimierung des inneren Modernisierungs- und Reformkurses durch die Ausrichtung am westlich-westeuropäischen Modell und die Integration in die westeuropäische Stabilitäts- und Wohlstandszone.

(2) Beschleunigung und Vertiefung des Transformationsprozesses durch den Zugang zum westeuropäischen Markt und die Öffnung der mittelosteuropäischen Wirtschaften für westeuropäische Waren, Technologie, *Know how* und Kapital.

(3) Sicherheits- und identitätspolitische Unterfütterung der wirtschaftlichen und gesellschaftlichen Modernisierungs- und Reformpolitik durch den Anschluß an die euro-atlantische Sicherheits- und Wertegemeinschaft.

(4) Abgrenzung von den durch Rußland bzw. die Türkei dominierten geopolitischen Räumen in Ost- und Südosteuropa und Aufwertung der einzelnen mittelosteuropäischen Länder innerhalb ihres jeweiligen regionalen Kontextes.

Die Ziele und Motive beider Seiten sind wie in einem Gospelgesang aufeinander bezogen. Auffällig ist dabei die tiefe Asymmetrie, die eindeutige Subjekt-Objekt-Relation zugunsten des hegemonialen EU-Pols. Hier bestätigt sich die bereits weiter oben getroffene Diagnose: Für die Westeuropäer steht es außer Frage, daß sich die Mittel- und Osteuropäer auf die EU zubewegen und den *acquis communautaire* übernehmen. Die mittel- und osteuropäischen EU-Aspiranten ihrerseits akzeptieren die von der Europäischen Union und offenbar auch von der Macht des Faktischen vorgegebene Richtung der europäischen Entwicklung. Ihr Los und ihre Bestimmung – so scheint es – besteht einzig und allein darin, sich auf eine schwierige und entbehrungsreiche Aufholjagd einzustellen. Und um so bereit- und lernwilliger sie dem Rat und dem Beispiel der westeuropäischen Partner folgen, desto sicherer können sie auf deren Beistand und Unterstützung bauen. Den gelehrigsten und erfolgreichsten unter ihnen winkt als Belohnung die Aufnahme (Offe 1998: 103).

Diese Asymmetrie zieht sich durch alle Ebenen des politischen Konstrukts der Osterweiterung. Sie prägt die Identität der Akteure, die Tendenz des *institution building* sowie den Zuschnitt der Leitbilder und Inhalte. Wie sich zeigt, sind die in den Gesamtprozeß eingeschriebenen Fehlprogrammierungen genuin politischer Natur und somit hausgemacht. Hier liegen die eigentlichen Ursachen für die o.g. Probleme und Aporien der Osterweiterungspolitik. Die tiefen Asymmetrien auf der Akteurs-, der institutionellen und der politisch-inhaltlichen Ebene zwischen der EU und den mittelosteuropäischen Beitrittskandidaten werden im Kontext des derzeitigen Erweiterungskurses schwerlich produktiv zu bearbeiten und einer schrittweisen Einebnung zuzuführen sein. Vielmehr drohen auf beiden Seiten zusätzliche Risse, Verwerfungen und Frustrationen. Es reicht nicht aus, eine mehrheitsfähige Politik zu kreieren, wenn diese lediglich kurz- und mittelfristigen Opportunitätserwägungen folgt. Eine gestaltende Politik muß sich vielmehr im Interesse der von ihren Entscheidungen betroffenen Bürger und Gruppen an den Kriterien der Nachhaltigkeit orientieren und auf dieser Grundlage für Wählermehrheiten werben. Im folgenden werden zunächst die *politischen* Asymmetrien des Erweiterungsprozesses analytisch ausgeleuchtet, um sodann Überlegungen für ihre produktive Bearbeitung im Rahmen einer reformierten EU anzustellen.

Asymmetrien auf der Akteursebene

Die Selbst- und Fremddefinition von Akteuren beeinflußt in hohem Maße die Bedingungen und Aussichten ihres Handelns in einem bestimmten politischen Raum. Über die Definition, Aushandlung und Zuweisung von Identitäten werden Macht- und Herrschaftsbeziehungen vermittelt und strukturiert. In diesem Modus sozialer Platzzuweisung wird über Vorherrschaft und Unterordnung, kulturelle Zentralität und Marginalität sowie über Akzeptanz und Legitimität entschieden. Dabei werden in aller Regel die Schwächeren durch die Stärkeren klassifiziert, und die Stärkeren beziehen einen Teil ihrer Identität aus dem Status der Überlegenheit. Bezogen auf den Prozeß der EU-Osterweiterung liegt es auf der Hand, daß das Zentrum Westeuropa die Peripherie Mittel- und Osteuropa definiert, diszipliniert und ordnet (Buchowski 1998: 26 u. 28). Sich das Positivimage des Westens nach dem Zusammenbruch des realen Sozialismus zunutze machend, stilisierte die große Mehrheit der reformbereiten, politisch liberalen Eliten in den mittel- und osteuropäischen Ländern Westeuropa zur „Bezugsgesellschaft", d.h. zum normsetzenden Modell der Nachahmung (Hettlage 1997: 16). Mit diesem Versuch, sich zur eigenen Entlastung und im Interesse der identitären und legitimatorischen Abstützung des Reformkurses „mit anderen, positiv eingeschätzten Gruppen oder Mächten zu verbinden" (ebd.: 20), manövrieren sich die Reformeliten des Ostens in die Rolle des Juniorpartners und Zöglings ihrer westeuropäischen Mentoren, von deren Anerkennung ihre Identität und Legitimität, ihre Selbst- und Fremdachtung nun weitgehend abhängt. Auch die bewußt geschaffene „charismatische Illusion" (Bourdieu) der Aufhol- und Nachahmbarkeit des westlichen Modells und das auf die Konstruktions- und Bewegungsdaten der westeuropäischen Gesellschaft und Integration abgestellte Orientierungswissen unterstreichen die Asymmetrie des Verhältnisses: Um die Diskurshegemonie und damit die politische Herrschaft im eigenen Land zu gewinnen bzw. zu behaupten, nehmen die westorientierten Reformparteien in ihrem Außenverhältnis aus freien Stücken die Hegemonie der EU-Staaten in Kauf.[22]

In diesem Kontext wird eine umfassende Umdeutung der kollektiven Identitäten und der sie konstituierenden semiotischen Codes und Diskurse über Werte, Normen und Symbole betrieben (Hettlage 1997: 10). Dies geschieht auf den drei wesentlichen Ebenen der Akkumulation identitätsbegründenden Kapitals: Geschichte und Territorium, Herrschaft und Wohlstand sowie Gesellschaft und Kultur. Auch hier wirkt die West-Ost-Asymmetrie als das bestimmende Muster. Beim Aufbau des „territorialbestimmten Sozialgebildes" EU (20 plus x) wird

22 „In der Wirtschaft wurden liberale Sparreformen eingeführt. (...) Die Reformen wurden durch westliche Experten vorangetrieben und legitimiert. Den Osteuropäern wurde beigebracht, wie Wirtschaftsunternehmen nach industriellen Normen (...) zu führen seien, wie eine Zivilgesellschaft aufzubauen sei, wie Forschung zu betreiben sei, wie eine Armee zu organisieren sei. In diesem großartigen Rekonstruktions-Design werden die lokalen Traditionen oftmals völlig vernachlässigt. Der multidimensionale Sieg des Westens über den Osten macht sichtbar, welche Art von Macht und Dominanz an der Schaffung der neuen Ordnung mitwirkt. Das ist eine Einbahnstraße" (Buchowski 1997: 28).

ein hochgradig von den westeuropäischen Standards bestimmter „Orientierungsgehalt für alle Handlungen, die sich auf diesen Kontext beziehen (Erziehungswesen, Rechtssystem, Wirtschaftssystem, politische Strukturen usw." (ebd.: 12) transportiert. Der attraktive wirtschaftliche und Lebensstandard sowie die vergleichsweise große Verwaltungseffizienz und hoch entwickelte demokratische Kultur tragen dazu bei, den Raum Westeuropa „sakral" auszuzeichnen, und begründen seine „vitale und institutionelle Bindungsqualität" (ebd.: 15). Unter diesem Eindruck stehend, sind die die Erweiterung betreibenden Reformkräfte bemüht, die Zugehörigkeit ihres Landes zu diesem Raum als gleichsam naturgegeben darzustellen. Unter Verweis auf eigene historisch-kulturelle Traditionsbezüge (lateinisch-römischer Ursprung, westlich-christliche Religion, Zugehörigkeit zum Habsburger Reich usw.) wie auch unter Abgrenzung von Rußland und vom orthodoxen Europa (Buchowski 1997: 29–32) betreiben sie die Mythisierung des west-, mittel- und südosteuropäischen Raumes („Abendland", „Mitteleuropa", „Habsburger Monarchie" usw.). Dem aktiven Identitätsmanagement der westeuropäischen Staaten, das bewußt auf die Sicherung ihrer Hegemonie innerhalb des Erweiterungsprozesses und auf die Neutralisierung nationalistisch-regionalistisch-ethnischer Identitätspotentiale ausgerichtet ist, steht seitens der mittelosteuropäischen Staaten somit ein ausgesprochen reaktives Handlungsmuster gegenüber.

Im Innern der Kandidatenländer bestehende „Hierarchien, Schichtungen, Interessenspaltungen werden aus Gründen der *Mobilisierung* und erfolgreichen Außendarstellung häufig ausgeblendet und unterdrückt" (Hettlage 1997: 18). Neben der offenkundig gestörten „Wir-Ich-Balance" (Elias) birgt dieses Vorgehen zudem das Risiko der Stigmatisierung und Exklusion der wirtschaftlichen und kulturellen Wende- und Erweiterungsverlierer (Arbeitslose, Arme, Minderheiten usw.). Diese *„out-groups"* könnten „sich veranlaßt fühlen, auf eine Differenzierungsstrategie zu setzen. Sie werden auf Vielheit, Konflikt, regionale Sonderentwicklung, Ethnizität, Regionalität und Multikulturalität drängen" (Hettlage 1997: 20). Das heißt auf Elemente der sozialen und kulturellen Identität, die erfahrungsgemäß eine besondere Beharrungskraft besitzen. Doch auch über den Kreis der Transformations- und voraussichtlichen Erweiterungsverlierer hinaus wird in den assoziierten Staaten das Gefühl beinahe ungeteilten Enthusiasmus zunehmend von Skepsis und Ablehnung angesichts des Übergewichts des Westens abgelöst, das als Kolonialisierung, als Bedrohung für lokale Wirtschaftsinteressen und die nationale, religiöse und kulturelle Identität wahrgenommen wird (Buchowski 1997: 28/29). Angesichts der skizzierten strukturellen Asymmetrien und des defizitären Identitäts- und Kulturzusammenhangs der Europäischen Union stellt sich die Frage, „ob diese größeren, auf Wohlfahrtsmerkmalen basierenden, kollektiven Identitäten nicht zwangsläufig erneut in ethnische Separationen münden, wenn sie nicht Konstruktionsmerkmale ausformen, die auch generalisierbare Kulturkapitalien aufweisen. Ohne einen größeren Kulturzusammenhang lassen sich Herrschaftsgebilde und Rechtsgemeinschaften vielleicht kurzzeitig konstruieren, aber nicht dauerhaft erhalten. (...) Europas künftige Krisen sind auf diesem Pfad vorgezeichnet“ (Hettlage 1997: 15). Will die (erweiterte) EU sich diese Krisen ersparen, muß sie für den Erweiterungsprozeß ein Identitätsmanagement ersinnen, das den mittelosteuropäischen Staaten genügend Raum für die Entfaltung einer eigenständigen, sozial ausgewogenen nationalen Identität läßt.

Asymmetrien auf der institutionellen Ebene

Auf der institutionellen Ebene findet das ungleiche Kräfteverhältnis zwischen den EU-Mitgliedsstaaten und assoziierten mittelosteuropäischen Staaten seine wohl extremste Ausprägung. Während erstere das Institutionengefüge der Europäischen Union und ihre Zugänge uneingeschränkt kontrollieren, sind letztere alternativlos auf die Einübung der Voraussetzungen für den Erwerb der Zugangsberechtigung verwiesen. Durch die Kanalisierung der europäischen Einigungsbemühungen innerhalb des institutionellen Rahmens der Europäischen Union werden deren Leitidee[23] und Organisationsprinzip gegen jegliche konkurrierende Sinnsetzungen und Ordnungsentwürfe abgeschirmt. „Diese merkwürdige und folgenreiche Transformation kontingenter Strukturierungen in ‘notwendige’ Ordnungen ist das entscheidende Merkmal des Institutionellen; dazu gehört – wie Arnold Gehlen betonte – der Anspruch auf ‘Einwandsimmunität’ (...)“ (Rehberg 1995: 182). Bezogen auf die assoziierten Staaten – ihre Eliten und Bevölkerungen – werden die Institutionen der Europäischen Union als politisch-kulturelle Vermittlungsinstanz zwischen der von ihr dominierten Sinn- und Identitätsproduktion und der jeweiligen „Sozialstruktur“ tätig. Identitätsmanagement und *institution building* gehen im Rahmen der

[23] Eine Leitidee ist eine Synthese von Widersprüchlichem. Ihre Wirkung bezieht sie daraus, daß sie die Mehrzahl der in ihr spannungsreich verarbeiteten und der mit ihr konkurrierenden Sinnsetzungen und Ordnungsentwürfe zu einem vermeintlich konsistenten Ganzen integriert (Rehberg 1995: 182).

Osterweiterungsstrategie Hand in Hand. Die Vermittlungsinstanz EU wirkt, indem sie wie jede Institution Geltung und Gefolgschaft beansprucht, in den mittelosteuropäischen Gesellschaften in starkem Maße handlungsleitend und motivbildend (ebd.: 183/84). Der Anspruch auf Geltung und Legitimität wird über das Sichtbar- und Verbindlichmachen der Beitrittsbedingungen des Kopenhagener Gipfels und des *acquis communautaire* unterstrichen und vermittelt. Im Interesse der Durchsetzung dieser Prinzipien setzt die Europäische Union bewußt auf die Ausstrahlung dieser Vorgaben auf die Eliten und Meinungsführer der assoziierten Länder, d.h. „auf jene, die sich zur Nachfolge, zur Unterwerfung, zur Einordnung, zur Delegation ihrer Kompetenzen und Wünsche bereitfinden sollen“ (ebd.: 184). Die Europäische Union verhält sich wie jede Institution (d.h. institutionensoziologisch völlig rational), wenn sie von den Beitrittskandidaten die Einhaltung und Nachahmung der ihre Leitidee und ihr Ordnungsprinzip repräsentierenden Beitrittsbedingungen einfordert (ebd.: 185).

Es nimmt deshalb auch nicht Wunder, daß sich die Mehrheit der Mitglieder der Union in Verkennung der osteuropäischen Realitäten und Herausforderungen auf eine möglichst lange Verteidigung des institutionellen *Status quo* verlegt hat und es vorzieht, die Augen vor den anstehenden einschneidenden Veränderungen zu verschließen (v. Bresca/Brusis 1998: 78). Die derzeitige institutionelle „Reform“ wird einzig an westeuropäischen Interessen und Rationalitätskriterien ausgerichtet. Insbesondere die gerade in der Bundesrepublik verbreitete Forderung nach Einführung von Mehrheitsbeschlüssen im Ministerrat steht eher für die Tradition europäischer Arkan- und Kabinettspolitik als für eine zeitgemäße Reform der Willensbildungs- und Entscheidungsprozesse innerhalb der Europäischen Union. Der allgemeine Befund der Institutionenlehre in bezug auf langfristige Entwicklungstrends, wonach „die Ausgliederung eines nicht-öffentlichen Bereichs von materialer Politik, der durch strategischen Machtgebrauch dominiert wird“ zu beobachten ist, wird durch die Praxis der EU-Entscheidungszentren (Europäischer Rat und Ministerrat) anschaulich bestätigt. Die Realität steht in scharfem Kontrast zum lautstarken Lamentieren der Verantwortlichen über das Demokratiedefizit der EU-Institutionen und das Fehlen einer europäischen Öffentlichkeit. Im institutionellen Alltag der EU wird Öffentlichkeit gewöhnlich auf die Ebene schaupolitisch organisierter Legitimationsbeschaffung reduziert.

Die Frage ist nur, ob sich die Europäischen Union angesichts der strukturellen Defizite ihres institutionellen Arrangements und der bestehenden West-Ost-Asymmetrien als Steuerungsrahmen für die Bewältigung der europäischen Einigung im Wege der Ostausdehnung ihrer Institutionen eignet. Spätestens das Beispiel der Osterweiterung zeigt: Die überkommenen und erprobten Mechanismen greifen nicht mehr ausreichend. Das liegt zuallererst an den in die EU-Institutionen gleichsam eingebauten Grenzen intra-institutioneller Reform und Anpassung. Hinzu kommt, daß das hohe Tempo und das immense Anspruchsniveau der seitens der assoziierten Staaten zu erbringenden strukturellen Vorleistungen auch in bezug auf die EU-Osterweiterung einen überwiegend elitengesteuerten und instrumentellen Modus der Übernahme westlicher Institutionen erzwingen. Dies wird sich unweigerlich nachteilig auf die Akzeptanz und die Stabilität des Gesamtprozesses auswirken: „Institutionen haben nicht schon deswegen Bestand, weil sie gut funktionieren; erst die verbreitet geteilte Überzeugung, daß es sich um die 'richtigen', für sich genommen gerechten und wünschenswerten Institutionen handelt, befestigt sie so weit, daß sie selbst noch in Phasen weniger eindeutiger Funktionsfähigkeit Loyalität und Unterstützung finden“ (Offe 1998: 103 u. 105). Was also not tut, ist die Ausgewichtung des institutionellen Arrangements der Osterweiterung. Da bekanntermaßen die Form der Funktion folgt und nicht umgekehrt, bedarf der Annäherungsprozeß der mittelosteuropäischen Staaten an die EU eines eigenen und vor allem eines selbstbestimmten institutionellen Rahmens.

Asymmetrien auf der politisch-inhaltlichen Ebene

Politik ist nicht das Ergebnis apriorischer Setzungen. Willensbildung und Entscheidung finden vielmehr in einem je konkreten, symbolisch aufgeladenen öffentlichen Raum statt. Politische Inhalte (Programme, Leitbilder usw.) können nur dann Zustimmung und Geltung beanspruchen, wenn sie eine kollektiv spezifische Koordination von Erfahrung (Traditionen, kulturelle Prägungen usw.) und aktuellem Verhalten einer Mehrheit der Angehörigen einer bestimmten Gruppe herzustellen vermögen. Leitbilder oder Mythen, über die es gelingt, soziale Energie zu binden und zu kanalisieren sowie einheitliches Handeln sozialer Kollektive auf ein Ziel zu richten (Afshar 1990: 227), sind Geschichten, in denen gleichsam der kulturelle Code, die psycho-sozialen Tiefenströmungen einer Gesellschaft eingeschrieben sind. Aktualisierend erzählt, werden diese Geschichten zu „Aktionsprogrammen“ von Gesellschaften (Frye 1982: 49). Die Erzähler sind in aller Regel Angehörige der politischen und intellektuellen Eliten, die „im Dienste des jeweiligen Mythos“ stehen, ihn konzeptuell verwalten und bearbeiten

„Der Mythos bildet in diesem Sinne einen Hohlkörper der Macht" (Afshar 1990: 228/234).

Bereits im Vorfeld der Osterweiterung tut sich eine politisch möglicherweise folgenschwere Diskrepanz zwischen der aus Westeuropa importierten Programmatik und den je konkreten historischen und kulturellen Prägungen „vor Ort" auf (Offe 1998: 102). Hier ist nicht nur die Illusion im Spiel, man könne naturgemäß hochkomplexe soziokulturelle Prozesse von außen steuern, ja über Beratungs- und Unterstützungsleistungen wie die Zusammenarbeit mit einheimischen Eliten gleichsam neu programmieren.[24] Noch folgenschwerer ist die offenkundige Unterschätzung des Beharrungsvermögens und der Strukturmächtigkeit lokaler, regionaler und nationaler Mythen. Wie ein Blick nach Westeuropa verrät, handelt es sich bei den Re-Nationalisierungs- und Re-Ethnisierungsprozessen beileibe nicht um eine allein auf Mittel- und Osteuropa beschränkte atavistische Verirrung. Natürlich gibt es in Mittelosteuropa auch Besonderheiten. So erklärt sich die hohe Wertigkeit des Nationalen u.a. daraus, daß die Völker ihre nationale Souveränität erst vor wenigen Jahren wiedergewonnen haben und das neu begonnene oder zum erstmals in Angriff genommene *nation building* „zeitlich parallel zur Integration in die Weltwirtschaft und zur Anpassung an die EU vollzogen werden muß" (Inotai 1998: 49/50). Dieser Umstand steigert nicht gerade die Bereitschaft, in der Perspektive des EU-Beitritts dem Transfer von Souveränitätsrechten zuzustimmen. Die Vorbehalte werden durch die wenig sensible Diskreditierung jeglicher nationalen Orientierung durch Vertreter von EU-Staaten und westeuropaorientierter Reformeliten zusätzlich angestachelt. Auf „Trotzreaktionen" stoßen ebenfalls Versuche, „ethnisch fragmentierte mittel- und osteuropäische 'Volksnationen' dem Muster westeuropäischer 'Staatsnationen' anzunähern" (Offe 1998: 111).

Anstatt nun das Nationale in ihre Identitätspolitik zu integrieren, treten die inneren und äußeren Anhänger einer „überzeugenden Politik der Europäisierung" (v. Bresca/Brusis 1998: 79) nicht selten mit national gesinnten Eliten in Konkurrenz um die Diskurshegemonie im öffentlichen Raum. Damit provozieren sie eine völlig unnötige Polarisierung und überlassen den Gegnern einer Demokratie und Marktwirtschaft verpflichteten europäischen Einigungspolitik wertvolles politisches Terrain. Sie riskieren damit, insbesondere für den Fall der Ver-

24 Wie bereits gezeigt wurde, sind die westeuropaorientierten Reformeliten im doppelten Sinne, im Hinblick auf ihre Identität und auf ihre institutionelle Einbindung, auf den europäischen Mythos („Rückkehr nach Europa") verpflichtet.

dunkelung der Beitrittsperspektive, ihre politische Selbstisolierung und die Erosion der europäischen Idee, die verglichen mit dem nationalen Mythos eine nur vergleichsweise fragile affektive Ladung und Strahlkraft – Hettlage nennt es „Gruppen-Charisma" (1997: 14) – besitzt. Wenn der Verlust der Europa-Idee an Akzeptanz und Integrationskraft immer sofort in die Stärkung nationaler/nationalistischer Strömungen umschlüge, hätte dies verheerende Folgen für die Realisierungschancen der Osterweiterung insgesamt. Hier wird allen europaskeptischen und reformfeindlichen Kräften nationalistischer, nationalromantischer, religiöser und tribalistischer Provenienz gratis und ohne Not ein ungemein mobilisierungsträchtiges ideologisches Thema überlassen (Offe 1998: 111). Ein erstes, beunruhigendes Abflachen der pro-europäischen Euphorie ist nicht zu übersehen (Buchowski 1997: 33–36). Gerade in dieser Situation sind die mit der EU liierten reformwilligen Eliten aber gerade darauf angewiesen, als glaubwürdige Verwalter des Gefühlshaushalts ihrer Bevölkerungen angesehen und akzeptiert zu werden.

Die Europäische Union hat sich bisher darauf beschränkt, in der kulturellen und identitären Dimension von Politik lediglich eine Funktion und ein Instrument erfolgreicher (technokratischer) Steuerung und Problembewältigung zu sehen. Das mangelnde Gespür für die Bedeutung dieses Kernbereichs des Politischen verrät viel über ihr politisches Selbstverständnis. Im Fahrwasser der neo-liberalen Wirtschaftsideologie verkommt Politik zu einem bloßen Adapter der Gesellschaften an je optimale Verwertungsbedingungen des Kapitals. Politik wird allein auf die Ebene der Entscheidung reduziert. Die demokratische Willensbildung wird mehr und mehr als zu langwierig und kostenaufwendig empfunden. Auch Politik gerät unter das Effizienzdiktat. Das politische System wird zunehmend in seinem Selbstverständnis, in seinen Zielvorstellungen und Regeln durch die Wirtschaft überblendet und domestiziert. Der öffentliche Raum, der von kaum noch kontrollierbaren Agenturen (Medien, Verbände usw.) strukturiert wird, gerät immer mehr zu einem Anhängsel der Exekutiven. Doch auch in dieser Hinsicht scheint mit der Osterweiterung das Ende der Fahnenstange erreicht. Nimmt die EU die besonderen kulturellen Prägungen in Mittel- und Osteuropa nicht ernst, wird sie in diesem Raum scheitern. Will sie die Herausforderung annehmen, muß sie die schwierige Konversion von einem wirtschaftlichen Integrationsverbund in eine wirklich demokratische politische Union meistern.[25]

Schlußfolgerungen und Denkanstöße

Die Europäische Union sieht sich nach dem Ende des Ost-West-Konflikts und mit dem Eintritt in das Stadium „positiver Integration" mit neuartigen Entwicklungsschwierigkeiten konfrontiert, für deren Bewältigung sie bislang – abgesehen von einem Platz greifenden inkrementalen Problembewältigungsmodus – so recht kein konsensfähiges Konzept zu haben scheint. In Anbetracht der heute bereits innerhalb der EU (15) bestehenden Steuerungs- und Legitimationsprobleme drängt sich zunehmend die Gewißheit auf, daß die Perspektive der (erweiterten) Union von 20 bis 25 Mitgliedern jenseits der überkommenen, einst für die Sechser-Gemeinschaft erdachten Integrationslogik zu suchen ist. Nach der schier unüberschaubaren Zahl von nacheinander realisierten Anbauten, ist die Zeit für den Entwurf einer neuen, zeitgemäßen Architektur gekommen. Auf der Tagesordnung steht ein Paradigmenwechsel hin zu einem gesamteuropäischen institutionellen und politischen Selbstverständnis und Design. Die Erfahrung zeigt jedoch, daß die EU diesen Wechsel nicht in einem Quantensprung bewältigen können wird. Das belegen nicht zuletzt auch die bescheidenen Fortschritte im Ergebnis des Amsterdamer Vertrages. Der Zustand der Union und die Langwierigkeit notwendiger Reformen lassen befürchten, daß die Beitrittskandidaten „ihre Hoffnungen wohl endgültig eher auf das Jahr 2005 plus x richten [werden] müssen als auf die ersten Jahre nach der Jahrtausendwende" (Weise, 1997: 179). Zunächst bedarf das „Stückwerk von Amsterdam" (Weidenfeld, 1997: 21) einer Komplettierung, mehr noch: Notwendig ist eine grundsätzliche integrationspolitische Neuorientierung. Dazu sollen im folgenden einige Denkanstöße gegeben werden.

Ein dezentrales Leitbild der europäischen Integration

Das sowohl in Westen wie auch im Osten des Kontinents strapazierte Europa-Leitbild hat in den vergangenen Jahren fast jegliche Kontur

25 Künftig wird es nicht mehr wie in den ersten Jahrzehnten der EG/EU möglich sein, die Gemeinschaftspolitik „durch die Isolierung ökonomischer Rationalitätskriterien aus den übrigen politischen, sozialen und kulturellen Zielvorstellungen" zu entlasten (Lepsius, 1997: 950/51).

verloren. Auch das mit ihm transportierte Ordnungsprinzip eines europäischen Bundesstaates erweist sich als zu vage, um politischem und gesellschaftlichem Handeln hinreichend differenziert als Richtwert dienen zu können. Es bedient in erster Linie diffuser Hoffnungen und Ängste, deren integrationsbegünstigende Wirkung sich bei krisenhafter Belastung jedoch sehr schnell in ihr Gegenteil verkehren könnte. Die Europäische Union steht spätestens mit ihrer Öffnung gegenüber den Staaten Mittel- und Osteuropa vor einem Paradigmenwechsel. Der westeuropäische Integrationsverband hat ein Entwicklungsstadium erreicht, in dem es im Interesse einer innovativen Neuorientierung angebracht erscheint, sich endgültig von der Finalität eines europäischen Bundesstaates zu verabschieden. Sowohl der materiale Fortgang der Integration als auch dessen Widerspiegelung in den Verträgen (z.B. die Prinzipien der Subsidiarität, Differenzierung, Flexibilität und Dezentralisierung) kündigen den Übergang in eine tiefgreifend veränderte Integrationslogik an. Die im Amsterdamer Vertrag vorgenommenen Ergänzungen zu den Verträgen von Rom und Maastricht sind nicht von vorübergehender Natur. Die vertraglichen Anpassungen, die den Integrationsraum für eine wachsende Vielfalt von Modi und Tempi weiten, werden sich als dauerhafte Weichenstellungen erweisen. Eine erneute Bündelung der derzeit in alle Richtungen auseinanderstrebenden Integrations- und Kooperationsstränge zu einem dann wohl möglich wieder homogeneren Gesamtgefüge nach Ablauf einer längeren Übergangsfrist wieder angestrebt werden soll, wird aller Voraussicht nach nicht zu realisieren sein, ja sich letztlich als kontraproduktiv und innovationshemmend erweisen.

Die Steuerfrauen und -männer der europäischen Einigung werden sich auf ein zugleich offenes, polyzentrisches und mehrebiges Institutionen-Design einstellen müssen, wenn ihnen an einer realistischen Politik mit Bodenhaftung gelegen ist. Die Fähigkeit der Europäischen Union ist herausgefordert, die eher noch größer werdende innere Vielfalt an kulturellen Dispositionen, Interessen und Entwicklungspfaden produktiv zu verarbeiten und in einer adäquaten Integrationslogik zusammenzuführen. Die Herausbildung netzwerkähnlich verknüpfter und einander überlappenden Politik- und Machtarenen mit mehreren, Gestaltungsspielraum beanspruchenden Integrationskernen läßt es als geraten erscheinen, von der kulturell tief verinnerlichten Mentalität der zentralen Steuerung Abschied zu nehmen. Dies kann offenbar nur in einem langwierigen Lernprozeß (*trial and error*) gelingen, in dem es immer wieder zu Rückfällen in alte Denk- und Handlungsmuster kommen wird. Die Abkehr von der Idee eines steuernden Zentrums innerhalb der Europäischen Union bedeutet zugleich, die nicht verstummen wollenden realitätsfernen Erwartungen im Hinblick auf die generelle Einführung von Mehrheitsbeschlüssen in den EU-Entscheidungsprozeß zu Grabe zu tragen. Denn Mehrheitsbeschlüsse sind nur dann akzeptabel und legitim, wenn zwischen den Gewaltunterworfenen eine hinreichende elementare Gemeinsamkeit besteht, die das Überstimmtwerden erträglich macht (Scharpf 1992: 296). Da auf lange Sicht im institutionellen *Patchwork* EU die Staaten die zentralen Angelpunkte der Willensbildungs- und Entscheidungsprozesse und mithin die „Herren der Verträge"[26] bleiben werden, sind diese darauf verwiesen, innovative Abstimmungsprozedere zu entwickeln, die bei zunehmender Heterogenität eine schnelle und tragfähige Konsensbildung zwischen den interessierten Akteuren erlauben.

In einem solchen entwicklungsoffenen Institutionengefüge wäre auch Platz für die Neumitglieder aus Mittel- und Osteuropa. Wie gezeigt wurde, verbietet sich eine technokratisch am Standard des *acquis communautaire* orientierte rückhalt- und abstrichlose Integration der assoziierten Länder in eine einseitig westlich dominierte EU. Unterpfand für ihre ebenso belastbare wie reformförderliche Einbindung in einen gemeinsamen Integrations- und Kooperationsverbund wäre vielmehr die feste und enge Verknüpfung zwischen einer konsequent reformierten EU-alt und einem an Dichte gewinnenden wirtschaftlichen, politischen und rechtlichen Zusammenschluß der mittelosteuropäischen Staaten. Eine derartige Tandem-Konstruktion eröffnete den Reformstaaten den nötigen Spielraum für die Entfaltung endogener Entwicklungspotentiale und die Ausprägung einer authentischeren Integrations- und Kooperationslogik. Zudem würde auf der Seite der assoziierten Staaten das erforderliche Maß an Gleichberechtigung und Selbstbewußtsein gesichert, ohne das erfahrungsgemäß ein produktiver gegenseitiger Lernprozeß nicht zustande kommen kann. Und nicht zu vergessen: Um so selbstverständlicher würden die gesamteuropäischen Bande.

Eine multiple EU-europäische Identität

Gelänge es den EU-Mitgliedsstaaten, sich auf ein solches polyzentrisches Mehrebenen-Europa mit variablen Integrationsgeschwindigkei-

[26] Urteil des Bundesverfassungsgerichts über die Verfassungsbeschwerden gegen den Vertrag von Maastricht, in: Entscheidungen des Bundesverfassungsgerichts, 89. Bd, Tübingen 1994.

ten und -geometrien als normatives und mobilierendes Leitbild zu verständigen, wäre der wichtigste Schritt hin zur Re-Konstruktion einer EU-europäischen Identität getan. Erste Ansätze der Vermittlung von nationaler, regionaler und EU-europäischer Identität haben – offenbar im Ergebnis eines langen Tauziehens – Eingang in den Amsterdamer Vertrag gefunden. Die Stärkung bzw. Behauptung der Interessen der Mitgliedsstaaten und Regionen gegenüber der Unionsebene wurde auf zwei Wegen erreicht: zum einen durch den Einbau vielfältiger „Transferbremsen" (z.B. punktueller Ausschluß der Harmonisierung nationaler Rechtsvorschriften und Regelungen sowie der Rechtsprechung des EGH, länderbezogene *opting out*-Klauseln) und zum anderen durch die Bekräftigung des Subsidiaritätsprinzips. Auf eine klarere Abgrenzung der Kompetenzen zwischen der regionalen, nationalstaatlichen und Unionsebenen konnten sich die Vertragspartner jedoch (noch?) nicht einigen (Wessels 1997: 125).

Mehr und mehr politisch Verantwortlichen scheint klar zu werden, daß eine technokratisch gesteuerte, demokratisch defizitäre und mit anderen Identitätskreisen (national, regional, lokal) konkurrierende Europäische Union naturgemäß auf letztlich unüberwindliche Schwierigkeiten trifft, eine akzeptable und affektiv positiv besetzte Identität auszuprägen. Mit einer Identitätspolitik, die die tatsächlichen Entwicklungen der (west-)europäischen Integration wach und kreativ zur Kenntnis nimmt, wüchsen dagegen die Chancen, Loyalität und Unterstützung der EU-Bürger für den Fortgang der Integration zu mobilisieren. Freilich müßte sich eine solche auf nachhaltige Identifikation bedachte Identitätspolitik in Bescheidenheit üben, denn „die Ausbildung einer spezifisch europäischen Identität (...) kann sich nur auf diejenigen Funktionszusammenhänge beziehen, die auf der europäischen Ebene gesteuert werden". Dazu gehört z.B. die Ausbildung einer für den europäischen Finanzausgleich, gerade auch in der Perspektive der Osterweiterung, erforderlichen „Solidaritätsidee" (Lepsius, 1997: 951/52). Zugleich hat sie sich jeglicher Homogenisierungsbestrebungen der gewachsenen Vielfalt europäischer Kulturen zum Zwecke ihrer Amalgamierung in einer „gemeinsamen" europäischen Identität zu enthalten. Auf europäischer Ebene „genügt eine Vermittlung der Wertbeziehungen, die auf der europäischen Ebene Rationalitätskriterien des Handelns bestimmen mit den primär nationalstaatlich geformten Ordnungen von Wirtschaft, Recht und politischer Willensbildung". Die Europäische Union wird nur dann ihre Steuerungsfähigkeit erhöhen können, wenn es ihr gelingt, „die Wertbeziehungen der 'vergemeinschafteten' Steuerungsfunktionen mit möglichst vielen europäischen Kulturen vermittlungsfähig" zu gestalten" (ebd.: 954).

EU-europäische Identität darf somit nicht als eine anderen Identitätskreisen hierarchisch übergeordnete Identitätsebene gedacht werden. „Das große Europa wird die Vitalität europäischer Nationen und die kreative Vielfalt seiner Kulturen bewahren – wenn es gelingt, die Prinzipien von Nation und Integration, die ethnischen, regionalen, nationalen und europäischen Bezüge der Menschen als komplementäre Schichten der Identität der Bürger Europas zu vermitteln" (Weidenfeld, 1997: 23/24). Dabei geht es nicht um einen Akt altruistischer Selbstbeschränkung, sondern darum, daß bislang allein die Staaten im Netz zunehmend unübersichtlicher Verflechtungsbeziehungen über die institutionellen Voraussetzungen für die normative Konstruktion von Verantwortlichkeiten, Haftungen und Sanktion verfügen, derer es bedarf, um erfolgreich die Ausbildung von Identitäten zu betreiben. „So bleibt auch der handlungsbeschränkte Nationalstaat der zentrale Ort für die soziale Konstruktion von Identifikationsobjekten und Solidaritätsnormen, über die kollektive Identitäten sich im Interessenkampf und im Diskurs über unterschiedliche Wertpräferenzen ausbilden können" (Lepsius, 1997: 952). Das politische Bauwerk EU kann zudem nur gelingen, wenn eine Vermittlung zwischen den verschiedenartigen, nicht „homogenisierbaren" Staatsverständnissen (von Föderalismus bis Zentralismus) zustande kommt. „Das Problem ist nicht die Vielfalt, sondern die Vermittlung von Identitäten" (ebd.: 954).

Bezogen auf die mittelosteuropäischen Beitrittskandidaten resultiert daraus die Aufgabe, eine Erweiterungspolitik zu entwerfen, die die Ungleichzeitigkeit zwischen West- und Osteuropa auf dem Gebiet des Staatsentwicklung (*nation building*) in Rechnung stellt und nach Vermittlungsmöglichkeiten zwischen Integrationsorientierung und „weichem Nationalismus" (Johan Galtung) Ausschau hält. Die mehrstufige Identität sollte nicht nur die Werte des europäisch-westlichen Liberalismus, sondern auch den „Gründungsmythos" der demokratischen Revolutionen der Jahre 1989/90 integrieren. Eine auf Vermittlung bedachte und konkurrierende Identitäten schonende Politik wäre auch besser geeignet, zwischen den verschiedenen Akteuren und Ebenen möglichst symmetrische Beziehungen sowie wechselseitige Lernprozesse zu befördern. Angesichts der sozioökonomischen Probleme und des Wohlstandsgefälles gegenüber Westeuropa würde zudem eine starke Identifikation der mittelosteuropäischen Bevölkerungen mit ihren politischen Gemeinwesen eine stabilisierende Wirkung entfalten. Schließlich könnte das Selbstverständnis der Bürger als selbstbestimmter Souverän und Angehöriger mehrerer, miteinander verein- und vermittelbarer Identitätskreise gestärkt und zugunsten demokratischer Partizipation produktiv gemacht werden.

Transnationale statt supranationale Demokratie

Der Amsterdamer Vertrag hat im Hinblick auf die Osterweiterung eine wichtige Neuerung gebracht. Mit der Einführung eines Verfahrens, das die Aussetzung der Rechte eines Mitgliedsstaates ermöglicht, schafft sich die Union ein Disziplinierungs- und Sanktionsinstrument für den Fall einer „schwerwiegenden und anhaltenden Verletzung (...) von Grundsätzen (der Freiheit, Demokratie, der Achtung der Menschenrechte und Grundfreiheiten sowie der Rechtsstaatlichkeit) durch einen Mitgliedstaat".[27] Mit dieser Vorkehrung wird fraglos eine Lücke im Vertragswerk geschlossen. Insgesamt wird der Amsterdamer Vertrag jedoch der Größe der demokratischen Herausforderung nicht gerecht. Das Fehlen eines Konsens' über das künftige Leitbild und institutionelle *Designs* blockiert auch längst fällige Fortschritte bei der Auffüllung des Demokratiedefizits. Zaghafte Anpassungen beschränken sich darauf, die bislang verfolgte Strategie zu optimieren, die auf eine möglichst weitgehende Übertragung des im nationalstaatlichen Rahmen erprobten parlamentarischen Institutionengefüges auf die europäische Ebene (allgemeine und direkte Wahlen, Europäisches Parlament usw.) zielt. Der eigentliche Grund für die Reformscheu besteht nun vielleicht gerade darin, daß das Potential der parlamentarischen Demokratie auf der EU-Ebene so gut wie ausgereizt ist, und die Mitgliedsstaaten aus Unsicherheit über mögliche Alternativen noch zögern, eine neue Reformrichtung einzuschlagen. Über lang oder kurz wird jedoch die Abkehr von der *finalité politique* des europäischen Bundesstaates und die Hinwendung zum Paradigma eines vernetzten Mehrebenensystems mit mehreren Integrationskernen und Entscheidungszentren neue demokratische Institutionen- und Prozeßmuster erzwingen.[28] Ihr gemein-

27 „Auf Vorschlag eines Drittels der Mitgliedstaaten oder der Kommission und nach Zustimmung des Europäischen Parlaments kann der Rat, der in der Zusammensetzung der Staats- und Regierungschefs tagt, einstimmig feststellen, daß eine schwerwiegende und anhaltende Verletzung von (...) Grundsätzen (der Freiheit, Demokratie, der Achtung der Menschenrechte und Grundfreiheiten sowie der Rechtsstaatlichkeit) durch einen Mitgliedstaat vorliegt" (Neuer Art. Fa (1) des EU-V).

28 „A resolution of the democratic deficiencies of the Union will depend, in part, on an acceptance of its polycentric decision-making structure as well as on an unterstan-

samer Fluchtpunkt ist die konsequente Umsetzung des Subsidiaritätsprinzips. Der Königsweg zu mehr Demokratie innerhalb der Europäischen Union führt über die konsequente Demokratisierung und Transnationalisierung der nach wie vor wichtigsten Akteure der Europapolitik – der Mitgliedsstaaten.

Der Nationalstaat bleibt auf lange Sicht der unverzichtbare *gate keeper* (David Easton) in einem sich zunehmend auffächernden System aus sich überlappenden lokalen, regionalen, nationalen und transnationalen Politikarenen. Jede dieser Arenen wird durch eine Bürgerschaft, eine Öffentlichkeit und eine gemeinsame Identität konstituiert. Innerhalb dieser Arenen entfaltet sich Politik, deren Aufgabe es ist, im Rahmen je adäquater demokratischer Regeln und Institutionen die öffentlichen Angelegenheiten zu regulieren, und wenn notwendig, eine die Grenzen des jeweiligen Gemeinwesens überschreitende Vermittlung mit anderen Politikarenen zu gewährleisten. In einem solchen vernetzten Mehrebenen-Modell liegt der Schlüssel für die Schleifung der strukturellen Barrieren, die bislang eine genuine Demokratisierung der Europäischen Union verhindert haben. Ebenso wie sich eine gemeinsame EU-europäische Identität einzig als Vermittlung nationaler, regionaler, lokaler und Identitäten denken läßt, können EU-europäischer Demos und Öffentlichkeit nur durch die Vermittlung und Aggregation einer Vielzahl von verschiedenen Wahl"völkern" und (nationalen, regionalen usw.) Öffentlichkeiten zustande kommen. Hier liegt für Medien, Parteien, Gewerkschaften usw. die eigentliche demokratische Herausforderung der europäischen Integration. Die *bottom up*-Demokratisierung, d.h. die demokratische Reform von Politik und Gesellschaft in einem aufsteigenden Prozeß von der lokalen bis zur Unionsebene könnte der EU-europäischen Integration für die Lösung der anstehenden gleichermaßen komplexen und differenzierten Aufgaben die erforderliche Legitimation und Handlungsfähigkeit verschaffen. Kern dieses vielgestaltigen Gebildes ist eine spannungsvolle Arbeitsteilung zwischen den Strukturen des dezentralisierten Staates und der Zivilgesellschaft. Die zivilgesellschaftlichen Akteure sind dabei in ihrem translokalen, transregionalen und transnationalen Handeln auf den politischen, rechtlichen und identitären Rahmen „ihrer" Staaten verwiesen. Auch für die EU gilt, daß eine Bürgergesellschaft jenseits souverän-verfaßter Staaten ein Unding darstellt (Kleger 1994: 307).

ding of the different modalities of democratic governance and their fit with the specificities of EU" (Weiler 1997: 284).

Ausschlaggebend für die Beitrittsentscheidung dürfte demnach allein die Reife der inneren demokratischen Verfassung der mittelosteuropäischen Staaten sein. Der Maßstab dafür wäre nicht die möglichst weitgehende Übernahme des westeuropäischen Modells, sondern die Entfaltung einer authentischen demokratischen Wirklichkeit in Übereinstimmung mit der Geschichte und der Kultur des jeweiligen Landes, der jeweiligen Region. Die Ausprägung einer ausbalancierten Identität, die die lokalen, regionalen und nationalen Gegebenheiten sowie die Öffnung gegenüber Europa einschließt, die Schaffung gleichermaßen selbstbestimmter wie effizienter Institutionen sowie die Verwirklichung einer primär auf endogene Entwicklungspotentiale setzenden Politik ist erst die Voraussetzung und Gewähr für eine sozial nachhaltige Tranformations- und Modernisierungsstrategie. Das Primat der Politik gegenüber der Ökonomie wäre auf diese Weise wiederherzustellen. Aus der Umsetzung eines so verstandenen demokratischen Paradigmenwechsels im erweiterten EU-Raum ergäbe sich mithin beinahe zwangsläufig eine grundsätzliche Offenheit der Union gegenüber ihrem internationalen Umfeld. Die Unvereinbarkeit von Vertiefung und Erweiterung würde sich in parallelen und eng vermittelten Vertiefungsprozessen mehrerer, ihrer jeweiligen Eigengesetzlichkeit verpflichteten Integrationskerne auflösen. Wenn eine authentische Demokratisierung das einzige Kriterium für einen Beitritt zum europäischen Integrationsraum darstellte, wären Diskussionen über mögliche Grenzen der Erweiterungsfähigkeit der EU gegenstandslos. Gegenstandslos würden damit auch in den mittel- und osteuropäischen Staaten durchaus vorhandene Ängste, den Beitritt nicht mehr zu schaffen, ehe sich die Tore für immer oder zumindest für eine lange Zeit schließen. Damit würde auch jeglichem die mittelosteuropäischen Länder einander entfremdenden Überbietungswettbewerb um den schnellstmöglichen Beitritt der Boden entzogen. In dieser Perspektive wäre die EU kein potentiell begrenzter Integrationsverband, der einer Weltmacht gleich internationale Handlungsfähigkeit anstrebt, sondern gleichsam der Prototyp für die künftige Gestaltung der inter-/transnationalen politischen und Wirtschaftsbeziehungen. Ihr Wirkprinzip wäre nicht die Projektion von Stabilität durch Macht, sondern die Kraft des eigenen Beispiels.

Literatur

Afshar, Farhad et al. (1990): Der Kampf mit dem Drachen. Anleitung zur Sozio-Logie, Stuttgart.

Baldwin, Richard E. (1997): Concept and Speed of an Eastern Enlargement, in: Siebert, Horst (Ed.): Quo Vadis Europe? Tübingen, S. 73–88.

Begg, Iain (1997): Interregional Transfers in a Widened Europe, in: Siebert, Horst (Ed.): Quo Vadis Europe? Tübingen, S. 189–203.

Bresca, Eric v./Brusis, Martin (1998): Gesellschaft und Kultur, in: Bertelsmann Stiftung; Forschungsgruppe Europa (Hrsg.): Kosten, Nutzen und Chancen der Osterweiterung für die Europäische Union, Güterloh, S. 69–79.

Buchowski, Michal (1997): Neue kollektive Identitäten in Mittel- und Osteuropa, in: WeltTrends, Nr. 15, Sommer, S. 25–37.

Frye, Northrop (1982) The Great Code. The Bible and Literature, London.

Glaeßner, Gert-Joachim (1994): Demokratie nach dem Ende des Kommunismus, in: WeltTrends, Nr. 3, 1. Jg., S. 9–28.

Crome, Erhard (1994): Woher und wohin? Zur Analyse der osteuropäischen Transition, in: WeltTrends, Nr. 3, 1. Jg., S. 29–42.

Geier, Wolfgang (1995): Indikatoren zur Analyse der Umbrüche im Osten Europas, in: Kultursoziologie, Nr. 1, 4. Jg., S. 5–28.

Giering, Claus (1998): Institutionelle Reformchancen, in: Bertelsmann Stiftung; Forschungsgruppe Europa (Hrsg.): Kosten, Nutzen und Chancen der Osterweiterung für die Europäische Union, Güterloh, S. 55–68.

Göhler, Gerhard (1995) Einleitung, in: Ders. (Hrsg.): Macht der Öffentlichkeit – Öffentlichkeit der Macht, Baden-Baden, S. 7–21.

Hettlage, Robert (1997): Identitätsmanagement. Soziale Konstruktionsvorgänge zwischen Rahmung und Brechung, in: WeltTrends, Nr. 15, Sommer, S. 7–23.

Inotai, András (1998): On the Way. Hungary and the European Union. Selected Studies, Budapest.

Inotai, András (1998a): Wirtschaft, in: Bertelsmann Stiftung; Forschungsgruppe Europa (Hrsg.): Kosten, Nutzen und Chancen der Osterweiterung für die Europäische Union, Güterloh, S. 13–39.

Jachtenfuchs, Markus/Kohler-Koch, Beate (1996): Regieren in der Europäischen Union. Fragestellungen für eine interdisziplinäre Europaforschung, in: PVS, Nr. 37, S. 537–556.

Jopp, Mathias (1996): Reformziel Stärkung der außen- und sicherheitspolitischen Handlungsfähigkeit der EU, in: Ders./Schmuck, Otto (Hrsg.): Die Reform der Europäischen Union. Analysen – Positionen – Dokumente zur Regierungskonferenz 1996/97, S. 41–58.

Höreth, Marcus (1998): Warum sich das Vereinte Europa mit der Demokratie schwer tut, in: Internationale Politik und Gesellschaft Nr. 1, S. 78–96.

Kleger, Heinz (1994): Reflexive Politikfähigkeit. Zur Verschränkung von Bürger- und Staatsgesellschaft, in: Gebhardt, Jürgen/Schmalz-Bruns, Rainer (Hrsg.): Demokratie, Verfassung und Nation. Die politische Integration moderner Gesellschaften, Baden-Baden, S. 301–319.

Kluth, Winfried (1995): Die demokratische Legitimation der Europäischen Union. Eine Analyse der These vom Demokratiedefizit der Europäischen Union aus gemeineuropäischer Verfassungsperspektive, Berlin.

Lepsius, M. Rainer (1997): Bildet sich eine kulturelle Identität in der Europäischen Union? In: Blätter für deutsche und internationale Politik, Nr. 8, S. 948–955.

Link, Werner (1997): Die europäische Neuordnung und das Machtgleichgewicht, in: Jäger, Thomas/Piepenschneider, Melanie (Hrsg.): Europa 2020. Szenarien politischer Entwicklung, Opladen 1997, S. 9–32.

Marks, Andrea/Techen, Silke (1997): EU-Osterweiterung: Agrarpolitik als Hindernis, in: Blätter für deutsche und internationale Politik, Nr. 9, S. 1134–1138.

Maurer, Andreas (1997): Demokratie in der Europäischen Union nach Amsterdam, in: Internationale Politik und Gesellschaft, Nr. 4, S. 425–442.

Offe, Claus (1998): Die politisch-kulturelle „Innenseite" der Konsolidierung. Eine Anmerkungen über Besonderheiten der postkommunistischen Transformation, in: Wagener, Hans-Jürgen/Fritz, Heiko (Hrsg.): Im Osten was Neues. Aspekte der EU-Osterweiterung, EINE Welt-Texte der Stiftung Entwicklung und Frieden, Bonn, S. 100–114.

Pfetsch, Frank R. (1998): Die Problematik der europäischen Identität, in: Aus Politik und Zeitgeschichte. Beilage zur Wochenzeitung Das Parlament, Nr. B 25–26, 12. Juni, S. 3–9.

Piepenschneider, Melanie (1997): Integration ungleicher Partner als Herausforderung. Die Tagesordnung ist schon randvoll, in: Das Parlament, 1. 8., S. 1 u. 2.

Rehberg, Karl-Siegbert (1995): Die „Öffentlichkeit" der Institutionen. Grundbegriffliche Überlegungen im Rahmen der Theorie und Analyse institutioneller Mechanismen, in: Göhler, Gerhard (Hrsg.): Macht der Öffentlichkeit – Öffentlichkeit der Macht, Baden-Baden, S. 181–211.

Scharpf, Fritz W. (1992): Europäisches Demokratiedefizit und deutscher Föderalismus, in: Staatswissenschaften und Staatspraxis, Nr. 3, S. 293–306.

Schmale, Wolfgang (1998): Europa ohne Mythos, in: Völker-Rasor, Anette/Ders. (Hrsg.): MythenMächte – Mythen als Argument, Berlin, S. 133–158.

Schrader, Lutz (1996): Die Europäische Union – „Völkerbund" oder „Universalmonarchie"? In: Crome, Erhard/Ders. (Hrsg.): Immanuel Kant und der internationale Frieden. Das Friedensproblem nach dem Ende des Ost-West-Konflikts, Potsdam, S. 81–124.

Tangermann, Stefan (1997): Reforming the CAP: A Prerequisite for Eastern Enlargement, in: Siebert, Horst (Ed.): Quo Vadis Europe? Tübingen, S. 151–179.

Weidenfeld, Werner (1997): Bilanz der Europäischen Integration 1996/97, in: Ders./Wessels, Werner (Hrsg.): Jahrbuch der Europäischen Integration 1996/97, Bonn, S. 13–26.

Weiler, Joseph H. (1997): Legitimacy and Democracy of Union Governance, in: Edwards, Geoffrey/Pijpers, Alfred (Eds): The Politics of European Treaty Reform. The 1996 Intergovernmental Conference and Beyond, London, pp. 249–287.

Weise, Christian (1997): Der EU-Beitritt ostmitteleuropäischer Staaten: Ökonomische Chancen und Reformbedarf für die EU, in: Integration Nr. 3, 20. Jg., S. 175–179.

Wessels, Wolfgang (1997): Der Amsterdamer Vertrag – Durch Stückwerkreformen zu einer effizienteren, erweiterten und föderalen Union? In: Integration Nr. 3, 20. Jg., S. 117–135.

DGB (1996): Arbeitspapier des DGB zur Osterweiterung der Europäischen Union, Düsseldorf, Juni.

DGB (1998): Arbeitspapier des DGB zur Osterweiterung der Europäischen Union. Fortschreibung des ersten DGB-Arbeitspapieres vom Juni 1996, Düsseldorf, Mai.

Patricia Bauer

Die Osterweiterung der EU – Weg ohne Alternative oder: gesamteuropäisches Mehrebenenregieren?

1. Zum Thema

Eine gesamteuropäische Friedensordnung wird derzeit nur unter den Vorzeichen der von NATO und EU vertretenen Beitrittsstrategien der osteuropäischen Transformationsstaaten reflektiert. Alternative friedenspolitische Entwürfe oder Beitrittsszenarien werden weder von der offiziellen Politik entwickelt noch in der breiteren europäischen Öffentlichkeit diskutiert.

In meinen nachfolgenden Überlegungen möchte ich eine Alternative zur existierenden Beitrittsstrategie der EU entwickeln. Dabei sollen die Bedenken gegenüber einem schnellen Beitritt, die vor allem aus dem Kreis der bisherigen Mitglieder der EU vorgetragen werden, ernst genommen werden. Gleichzeitig soll an der Kooperation des Westens mit den beitrittswilligen Staaten als wichtiges stabilisierende Signal Westeuropas an den Transformationsraum festgehalten werden. Schließlich kann ein alternativer Entwurf die bisher geschaffenen politischen Tatbestände nicht ignorieren; daher soll auch hier nicht vom langfristigen Ziel der Aufnahme der Transformationsstaaten in die EU abgegangen werden.

Der Beitrag wird sich deshalb folgenden Fragen widmen:

1. Weshalb ist der Beitritt der Transformationsstaaten zur EU mit solch großen Schwierigkeiten verbunden?
2. Welche Entwicklungsperspektive ergibt sich daraus für Gesamteuropa?
3. Wie könnte ein Alternativodell unter Berücksichtigung der osteuropäischen und westeuropäischen Interessen aussehen, das am Ziel einer gesamturopäischen Ordnung festhält?

Angenommen wird dabei, daß gesamteuropäische Stabilität am ehesten erreicht werden kann, wenn eine ständige und dauerhafte Anhebung des Wohltandsniveaus in den Transformationsstaaten gelingt. Diese ökonomische Unterfütterung ermöglicht die evolutive Entwicklung und Verfestigung demokratischer Strukturen in Osteuropa. Derartige Entwicklungen senken wiederum das Risiko des gewaltsamen Ausbruchs schwelender öknomischer, ethnischer und religiöser zumeist innerstaatlicher Konflikte.[1]

2. Schwierigkeiten mit der Osterweiterung der EU

Die Probleme, die die Osterweiterung aufwirft, sind durch zwei ineinander verwobene Hauptfaktoren gekennzeichnet: Erstens ist die EU mehr als eine internationale Organisation oder ein Regime. Sie ist ein politisches System, das hohe Standards aufstellt und derzeit in einer Reformphase begriffen ist. Zweitens sind die Beitrittskandidaten weit davon entfernt, die EU-Standards zu erfüllen und bedürfen deshalb groß angelegter Reform- und Unterstützungsmaßnahmen, um die Beitrittsoption zu realisieren.

Zum Zustand in der EU

Die Europäische Gemeinschaft ist nach dem Zweiten Weltkrieg aus der Idee des friedenssichernden Zusammenschlusses der westeuropäischen Staaten entstanden Heute ist die EU weitaus mehr als eine internationale Organsation, in der sich Staaten multilateral verständigen. Obwohl sie aber (noch?) kein Staat ist,[2] trifft die EU allgemein verbindliche Entscheidungen, indem sie Gesetze für eine Fülle von Politikbereichen erläßt. Der Maastrichter Vertrag, der seit 1993 in Kraft ist, hat die EU als eine Drei-Säulen-Konstruktion entworfen. Diese Säulen repräsentieren die unterschiedlichen Politikbereiche, für die die EU zuständig ist:

Während im Wirtschaftsbereich eine enge gemeinschaftliche Politik gemacht wird, strebt man im Bereich innerer Sicherheit die immer en-

1 Es muß jedoch bezweifelt werden, ob der Export des kapitalistischen Wirtschaftssystems, wie er von Barro (1994) empfohlen wird, für die Legitimation eines Transformationssystems und die Identitätsbildung der Bevölkerung von Vorteil ist oder ob eigene Wege langsamer Anpassung und der Aufrechterhaltung einer hohen Staatsquote zur nneren Verfriedlichung beitragen könnten.

2 Siehe zu dieser Diskussion: Jachtenfuchs/Kohler-Koch 1996.

gere Kooperation zwischen Regierungen an. Die Außen- und Sicherheitspolitik wird dagegen intergouvernemental betrieben und folgt, wie sich am Beispiel des Bosnien-Konflikts zeigen läßt, stark den nationalen Interessen. Alle Arten von Politiken haben den *acquis communautaire*, den gemeinschaftlichen Besitzstand an Rechtsregeln generiert, der ständig von den Organen der Gemeinschaft weiterentwickelt wird. Die Einführung des Euro ab 1999 wird einen erneuten Integrationsschub und damit auch verstärkte Verregelung, also eine Erweiterung und Verstärkung des *acquis* im Bereich der Wirtschafts- und Währungsunion (WWU) mit sich bringen. Gleichzeitig steht die Änderung und Abklärung der Politikschwerpunkte und Funktionsregeln der Gemeinschaft an: Die Hauptproblematik im Inneren der EU besteht momentan darin, daß Reformen der Organe und der kostenintensiven Politiken im Agrar- und Strukturbereich durchgeführt werden müssen.

Zum Zustand der Beitrittskandidaten

Die EU hat die Beitrittskandidaten mit einer Erweiterungsstrategie konfrontiert, die zwar einerseits voraussetzt, daß der acquis communautaire vollständig übernommen wird, während andererseits in den großen Transferpolitiken der Gemeinschaft (Agrar- und Strukturpolitik) keine Gleichbehandlung der beitretenden Staaten mit den jetzigen Mitgliedern erfolgen soll. Das bedeutet, daß wirtschaftlich relativ schwache Staaten große Anpassungskosten für den Beitritt aufwenden müssen, obwohl bisher unklar ist, ob und wie die zur Reform anstehenden Transferpolitiken in den Beitrittsstaaten zur Anwendung kommen werden.[3]

Das bedeutet: Die EU strukturiert die Beziehungen zu den Beitrittskandidaten einseitig vor, läßt diese wegen der anstehenden inneren Reformen gleichzeitig darüber im Unklaren, was sie nach der vollständigen Übernahme des acquis communautaire in der Gemeinschaft erwarten wird und ist darüber hinaus bestrebt, die Erweiterung kostenneutral zu gestalten.[4] Dies deutet nicht auf groß angelegte Hilfs- und Solidarmaßnahmen – etwa vergleichbar mit dem auf Ausgleich des Entwicklungsgefälles zielenden Köhäsionsfonds für westeuropäische

[3] Ausführlich zum Status der Transformationsökonomien und den Beitrittskosten: Bauer 1996; Bauer 1998a; Bauer 1998b.

[4] Festgehalten wure die Erweiterungsstrategie Agenda 2000. Vgl. dazu EU-Kommission 1997.

Mitgliedstaaten – für die Beitrittskandidaten in den kommenden Jahren hin.

Durch die Reform dieser Transferpolitiken intendiert die EU, den Beitritt der Transformationsstaaten möglichst kostenneutral zu gestalten. Denn eine ansonsten notwendige Aufstockung des Gemeinschaftshaushalts zur Alimentierung der als Nettoempfänger einzustufenden Beitrittsstaaten ist nicht vorgesehen: Die Mittel der Strukturfonds sollen weiterhin 0,46 v.H. des EU-BIP oder rund 25 Mrd. ECU betragen. Davon sollen die Beitrittsstaaten 30 v.H. oder gute 8 Mrd. ECU erhalten.[5]

Mit der Abänderung der Bedingungen durch die Gemeinschaft ändern sich aber die Perspektiven, die der EU-Beitritt den Transformationsstaaten eröffnet, da sich der Nutzen einer Mitgliedschaft durch die bescheidenen vorgesehenen Transfers erheblich verringert. Dieser Nutzen und die ihm gegenüberstehenden Nachteile können wie folgt dargestellt werden:

Geht man davon aus, daß die beitretenden Staaten ausschließlich die Standards der *negativen Integration*, also der Wegnahme insbesondere handelshemmender Schranken übernehmen würden und gleichzeitig Nutznießer der bisher in der EU praktizierten Transferpolitik im Agrar- und Strukturfondsbereich wären, könnte mit einer raschen Entwicklung und steigender Prosperität gerechnet werden. Die Verwirklichung der vier Freiheiten des Binnenmarktes und die komparativen Arbeitskostenvorteile der Beitrittsaspiranten im primären und sekundären Sektor stellen dafür eine gute Voraussetzung dar.

Die EU kennt aber andererseits auch erhebliche Anteile *positiver Integration* im Sinne der Verrechtlichung aller Bereiche gemeinschaftlicher Politik und setzt für den Erwerb der Vollmitgliedschaft die vollständige Umsetzung des aquis communautaire voraus. Zudem ist mit einer abfedernden Transferpolitik über die bestehenden finanziellen Obergrenzen hinaus nicht zu rechnen. Diese würde zwar lediglich Mittel in Höhe von zusätzlich 12,5 Mrd. ECU p.a. oder 0,3 v.H. des BIP der EU-Staaten erfordern (Stehn 1994); unter der Vorgabe der Kostenneutralität wird diese Summe aber nicht aufgebracht werden.

Die möglichen Effekte einer Aufnahme werden für die Beitrittskandidaten deshalb nicht eindeutig positiv sein. Der tiefere Grund für diese Prognose ist das Ineinanderwirken der anfangs genannten Faktoren: Durch das relativ hohe Verregelungsniveau in der EU und deren

5 Bisher werden Verhandlungen mit fünf Transformationsstaaten geführt: Polen, Tschechien, Ungarn, Estland, Slowenien.

ausgreifendes politisches System werden hohe Standards in der Leistungsfähigkeit der Beitretenden erforderlich, wovon die osteuropäischen Transformationsstaaten noch weit entfernt sind. Deren geringe gesellschaftlich-politische und ökonomische Leistungsfähigkeit bildet bei dem weit über die Intergouvernementalität hinausgehenden politischen System der EU ein ernstes Hemmnis.

Während in der Westhälfte Europas der mit 360,8 Mio. Einwohnern bevölkerungsreichste einheitliche Handelsraum der Erde mit einem durchschnittlichen BIP pro Kopf von 18070 ECU besteht, existieren in Osteuropa erheblich weniger leistungsfähige Ökonomien, die eine darniederliegende Verwaltung reformieren und ein funktionierendes Rechtssystem installieren müssen. Auch innerhalb der EU und zwischen EU und USA sowie Japan bestehen Leistungsunterschiede. Allerdings zeigen die Wert- und Volumenindizes des BIP, daß die Transformationsstaaten nicht lediglich graduell schlechter dastehen, sondern eine eigene Klasse von Ökonomien bilden:

Der Durchschnitt des Volumenindex aller aufgeführten Transformationsökonomien liegt bei einem Viertel der durchschnittlichen Kaufkraft in der EU;[6] nicht einmal die Spitzenreiter unter den Transformationsstaaten (Tschechien und Slowenien) schaffen die Hälfte; selbst der Abstand zu den EU-Schlußlichtern (Portugal und Griechenland) ist erheblich.[7]

Der Anschluß an den Binnenmarkt könnte für diese schwachen Staaten die Chance auf eine goldene Wirtschaftszukunft bedeuten, da die Binnenmarktfreiheiten des freien Waren-, Dienstleistungs- und Kapitalverkehrs sowie der Niederlassungsfreiheit eine Vielzahl von neuen Möglichkeiten wirtschaftlichen Handelns erschließen.

Da aber mit dem Beitritt die Übernahme der gesamten rechtlichen Regelungen des Gemeinschaftssystems verbunden ist, entstehen erhebliche Kosten durch die geforderte Harmonisierung in den Bereichen Wettbewerbspolitik, Umwelt- und Verkehrspolitik, Agrarpreisordnung, Regeln der Zollunion, Beziehungen zu Drittstaaten, Regional- und Strukturpolitik, Steuerpolitik und gemeinsame Währung. Dies bedeutet auch, daß die Transformationsstaaten jetzt noch vorteilhafte Bedingungen aufgeben müssen.

Hinzu kommt eine nur ungenügend ausgebildete Verwaltungsstruktur, die bisher nicht in der Lage ist, den Anforderungen der Gemeinschaft zu entsprechen. So hat die Kommission jüngst 35 Mio.

6 Diese entspricht im übrigen gerade der österreichischen Kaufkraft.

7 Siehe dazu: Bauer 1998a.

ECU PHARE-Fördermittel für Polen gestrichen, weil die in Polen erarbeitete Projektliste nicht den formalen Anforderungen der Gemeinschaft entsprochen hat.[8]

Es fehlt also an ökonomischen wie an administrativen Mitteln, den Beitrittsbedingungen überhaupt zu entsprechen, und es stellt sich die Frage, ob aus der Sicht der Beitrittswilligen der zu erzielende Nutzen den Aufwand übersteigt und welcher tatsächliche Nutzen aus einer erweiterten EU als Neumitglied zu ziehen ist.

Darüber hinaus schmälert sich der Nutzen, wenn die inneren Reformen einen Abbau der Transfers oder Ausschluß der Transformationsstaaten von der Transferpolitik durchsetzen sollten:

In der im Juli 1997 veröffentlichten Agenda 2000[9] hat die Kommission Vorschläge für die künftige Haushaltsstruktur, die Agrarordnung und die Strukturhilfe gemacht, die ebenso einer weiteren Revisionskonferenz vorgelegt werden müssen wie die Ansätze zur Reform der Abstimmungsmodi im Ministerrat. Damit werden grundlegende Entscheidungen über die Zukunft der Integration ohne die Beitrittskandidaten getroffen; zudem werden die Beitrittskandidaten über die Verfaßtheit der künftigen Union im unklaren gelassen, da die Beitrittsverhandlungen parallel zu den internen Reformverhandlungen stattfinden werden.

Die Union hat mit der Agenda 2000 zwar ihren guten Willen zur Erweiterung bekundet, jedoch völlig eindeutig ihre Konditionen den Beitrittskandidaten diktiert. Das absehbare Ergebnis, das sich aus diesen harten Konditionen der Gemeinschaft bei gleichzeitig schwacher Leistungskraft der Beitrittskandidaten ergibt, wird eine Ausdifferenzierung der Gemeinschaft und des gesamteuropäischen Wirtschaftsraumes sein.

3. Spaltung statt Einigung in Europa

Verfolgen Ost und West in Europa weiter den eingeschlagenen Weg der EU-Osterweiterung, dann wird Europa weiter gespalten werden.

Zunächst wird die Vertiefung in der Form, wie sie derzeit geplant wird, zu unterschiedlichen Mitgliederstatus innerhalb der Europäischen Union führen. Denn mit dem Projekt der WWU grenzen sich die teilnehmenden Mitglieder an der gemeinsamen Währung von den

8 FAZ, 05/06/98.

9 Siehe insbesondere: EU-Kommission 1997 I, 51 ff.

Nichtteilnehmern ab, indem zusätzlich entstehende Entscheidungskompetenzen nach der Teilnahme oder Nicht-Teilnahme an der Währung vergeben werden. Mithin wird der Klub der Leistungsfähigsten, die die WWU bilden, in der Gemeinschaft auch die meisten Entscheidungen treffen. Der Anteil an Entscheidungen, der exklusiv von den Anfangsteilnehmern des EURO getroffen wird, hat wiederum für die Zukunft der Währung, die Teilnehmer der zweiten Welle wie für das künftige Gesicht des Wirtschaftsraumes grundlegende Bedeutung. Die EU wird in mindestens drei wirtschaftlich distinkte und mit unterschiedlichen Kompetenzen ausgestattete Gruppen zerfallen:

Kerneuropa: Die WWU beginnt 1999. Nur die leistungsfähigsten Mitglieder der EU werden daran teilnehmen. Die Vorteile der gemeinsamen Währung werden sich auf diese elf Staaten innerhalb der EU beschränken, die laut Beschluß des Europäischen Rates vom 2./3. Mai (1998) die Konvergenzkriterien erfüllen und damit an allen Entscheidungen in der EU teilnehmen.

Peripheres Kerneuropa: Die Mitglieder, die mittelfristig Aussicht auf Aufnahme in die WWU haben, werden möglicherweise konsultativ an Entscheidungen zur WWU teilnehmen, an allen anderen Entscheidungen als Vollmitglieder. Hier ist an Länder wie Großbritannien zu denken, das nach dem Euro-Beschluß (vom Mai 1998) angefangen hat, den Boden für die Euro-Einführung zu bereiten.

Binnenmarkteuropa: Die jetzigen EU-Mitglieder, die langfristig Aussicht auf Aufnahme in die WWU haben (wie Griechenland, das erst im März 1998 dem EWS beigetreten ist), oder nicht beitreten wollen (wie Dänemark) werden zunächst nicht einmal konsultativ an den WWU-Entscheidungen und lediglich an den derzeit für die europäische Politik bestehenden Entscheidungsstrukturen teilnehmen.

Die Erweiterungsstrategie der Union, wie sie in der Agenda 2000 niedergelegt ist, wird auch den osteuropäischen Raum weiter ausdifferenzieren. Da die Aufnahme aller Ex-RGW-Staaten illusorisch ist und derzeit nur mit fünf von zehn Aspiranten Verhandlungen laufen, zerfällt die Gruppe der Transformationsstaaten in mindestens drei unterschiedliche Gruppen:

Peripherie der EU: Die potentiellen EU-Mitglieder, die weder schnellstmöglich in die WWU einbezogen werden sollen, noch an allen Politikbereichen von vornherein partizipieren werden. Diese würden auch nur dort entscheiden dürfen, wo sie teilnehmen. Hier sind wiederum verschiedene Partizipationsmöglichkeiten in einzelnen Politikfeldern differenziert für verschiedene Beitrittskandidaten denkbar: Im Gegensatz zu früheren Beitritten, die eine Vollmitgliedschaft bedeuteten, laufen die Beitrittsverhandlungen auf abgestufte Mitgliedschaften hinaus, die die Vielfalt der institutionellen Teilhabe in der Gemeinschaft potenzieren werden.

Zwischeneuropa: Die Transformationsstaaten, die einen EU-Beitritt anstreben, diesen aber mittel- bis langfristig nicht erreichen werden.

Randeuropa: Die Transformationsstaaten, die einen EU-Beitritt weder anstreben noch langfristig erreichen würden, und somit in keinerlei institutionalisierter Wirtschaftsstruktur integriert wären.

Vorrangig sind es die Bedingungen, die von der EU an den Beitritt geknüpft werden, die eine Umsetzung der Bedürfnisse der neuen Marktwirtschaften zugunsten der EU-eigenen hintanstellt. Unter diesem Blickwinkel erscheint eine Integration auch für die Transformationsökonomien kaum wünschenswert.

Es ist weiterhin fraglich, welche institutionelle Form die EU mit einem Beitritt der Transformationsstaaten annehmen würde. Klar ist, daß die sogenannte *starre Geometrie* der Union spätestens dann aufgelöst würde. Eine wie auch immer geartete variable institutionelle Verfaßtheit der EU wird aber deren Leistungsfähigkeit mit Sicherheit beeinträchtigen. Die Illusion, daß die „osteuropäische Herausforderung", die im Extremfall zur Verdoppelung der Mitgliederzahl führen würde, von der EU beantwortet werden könne, ohne daß der acquis und das institutionelle Gefüge völlig neu konstruiert werden müßten, wird von den Regierungen der EU gerne gepflegt.[10] Deshalb wird sie aber nicht wahrhaftiger.

Das Wohlstandssymbol EU wird nach einer neuen Beitrittswelle nicht mehr in der Lage sein, wohlstandssteigernde Leistungen für *alle* Mitglieder in gleichem Maße zu erbringen, sondern nur noch durch den spezifischen Status und die individuell unterschiedlich starke Einbindung eines Mitgliedes bestimmbare Nutzenzuwächse generieren. Dabei sind die Nutzenzwächse am höchsten, je stärker ein Mitgliedstaat integriert ist.

Da die weitestgehende Integration durch die leistungsstärksten Mitglieder verwirklicht werden wird, werden diese auch den meisten

10 Wallace W. 1995/96, 158.

wirtschaftlichen Nutzen daraus ziehen, was die Differenzen innerhalb der erweiterten EU verstärken würde. Die Betrachtung der Heranführungsstrategie zeigt außerdem, daß der Westen nicht bereit ist, durch die ausschließliche Aufnahme von Nettoempfängern seine Position durch die tatsächlich notwendigen Hilfen und Zahlungen aus einem aufgestockten EU-Budget zu verschlechtern.

Auch innerhalb einer derart aufgeweichten EU würden also die gleichen Wohlstandslücken innerhalb Europas klaffen, wie ohne Aufnahme der Anwärter. Selbst wenn die Bereitschaft zu finanziellen Opfern und Alimentierung des Ostens von seiten des Westens gegeben wäre, würden deutliche Wohlstandsgefälle – wie die Integration der Ex-DDR in die EU zeigt – spürbar werden; die Anzahl der Regionen und der Anteil der Bevölkerung, die langfristig auf niedrigem Niveau lebten, würden deutlich wachsen.

Nach den vorangegangenen Ausführungen ist deshalb als Folge der Aufnahme von Transformationsökonomien und der daraus resultierenden Verschärfung des Wohlstandsgefälles eher mit der Destabilisierung und Aufweichung der institutionellen Verfaßtheit der EU im Inneren zu rechnen, als daß ein Effekt in Richtung Stabilisierung der Beitrittskandidaten wahrscheinlich wäre. Dies könnte die ohnehin schon fragile Legitimität der Gemeinschaft zusätzlich beeinträchtigen und weitere Destabilisierungen innerhalb des derzeitigen Vollmitgliederkreises hervorrufen.

Zusätzlich ist nicht klar, wann die fünf Reformvorreiter, mit denen 1998 Verhandlungen aufgenommen wurden, tatsächlich in die EU eintreten werden. Ein Zeitraum von sieben bis zehn Jahren bis zur Aufnahme erscheint jedoch durchaus realistisch. Die Reformvorreiter wären gut beraten, diese wichtige Zeit für ihre wirtschaftliche Entwicklung zu nutzen, indem sie anderweitige politisch und wirtschaftlich nutzenstiftende Kooperationen eingingen. Sie könnten sich etwa mit den anderen Transformationsstaaten, die institutionell kaum oder gar nicht gesamteuropäisch eingebunden sind, zusammenschließen.

4. Skizze eines gesamteuropäischen Mehrebenennetzwerks

In Anbetracht der beschriebenen Probleme könnte es sich für alle Beteiligten lohnen, über Alternativen zu einem schnellen EU-Beitritt nachzudenken. Die Skizze einer solchen Alternative soll im folgenden entwickelt werden. Dabei wird vorausgesetzt, daß die vereinzelten

Transformationsstaaten ein institutionelles Rückgrat brauchen, eine modernisierungsförderliche Wirtschaftspolitik in Osteuropa stattfinden und die Kooperation zwischen Ost und West verstärkt werden soll. Ein solches Arrangement könnte aus unterschiedlichen Bestandteilen zusammengesetzt werden und ein stabiles Netzwerk Gesamteuropas im 21. Jahrhundert bilden.

Die Bestandteile eines solchen Arrangements für Gesamteuropa wären: EU, CEFTA und ein institutioneller Überbau über beide.

Im Westen bliebe die EU in ihrer derzeitigen Form und Größe bestehen. Ihr Zustand kann derzeit als eng verzahntes Mehrebenenregierungssystem bezeichnet werden. Das heißt, daß mehrere Ebenen für allgemein verbindliche Entscheidungen und deren Umsetzung und Finanzierung zuständig sind. Die EU ist insofern ein Konstrukt sui generis, dessen Vorteil darin liegt, daß es weder den Nationalstaat noch eventuell bestehende Gliedstaaten oder andere – bürgernähere – Ebenen beseitigt. Vielmehr ist die EU stark auf die Mitwirkung der nationalen und regionalen Akteure angewiesen. Eine Weiterentwicklung in Richtung westeuropäischem Bundesstaat scheiterte bisher nicht nur an der Legitimationsproblematik, sondern auch an den Interessen der nationalen Akteure.

Dieser Tatbestand sollte nicht – wie von der Seite der europäischen Föderalisten/Konstitutionalisten – als Nachteil angesehen, sondern als Vorteil genutzt werden: Es sind dadurch prinzipiell viele Freiheitsgrade nationaler und regionaler Politik möglich, die wiederum in Richtung stärkerer Legitimation und Bürgernähe sowie Kooperation mit den Trannsformationsstaaten ausgenutzt werden können.

Institutionelles Rückgrat für Osteuropa

Der relativ hohen Integration im Westen Europas steht bisher ein erschreckend niedriges Niveau der Kooperation im Osten Europas gegenüber. Hier bietet sich als Alternative zu einem schnellen EU-Beitritt an, die lediglich rudimentäre Integration in der CEFTA inhaltlich zu intensivieren und räumlich zu extensivieren. Das bedeutet, daß die CEFTA zusätzliche Mitglieder aufnähme und nach dem Modell der EFTA arbeitete.

Dies würde zum Aufbau einer *Freihandelszone in Gesamt-Osteuropa* führen, die keine internen Zölle mehr besitzt, den Außenzoll jedoch nicht einheitlich regelt, sondern der Regelung der einzelnen Mitgliedsstaaten überläßt. Bedenkt man, wie stark der innerosteuropäische Handel bei gleichzeitiger Unterversorgung großer Regionen zurückgegangen ist, dann erschließt sich innerhalb Osteuropas ein Handelsraum, der durch die westlichen Staaten nicht bedient wird: Einerseits sind westliche Produkte zu teuer, andererseits sind die informellen Hemmnisse zu hoch.

Gerade Staaten in einer ähnlichen Situation und mit ähnlicher Vergangenheit könnten sich, sofern sie das „RGW-Trauma" zugunsten wirtschaftlicher Entwicklung überwinden, gegenseitig für ihre durchweg preisgünstigen Waren diesen Handelsraum durch eine Freihandelszone erschließen. Die Qualität der gehandelten Waren wäre zunächst zwar gering, würde aber eine Versorgung sicherstellen und damit erheblich zur Gesamtwohlfahrt beitragen.

Insgesamt sinkende Transaktionskosten könnten westliche Investoren anziehen, da die freie Beweglichkeit über die Staatsgrenzen hinweg sichergestellt wäre, und damit die Produktivität der Transformationswirtschaften über neu erstellte, moderne Anlagen erhöhen.

Gleichzeitig kann eine echte Freihandelszone nach außen Akzente setzen, die für die Entwicklung noch kleiner Zukunftsindustrien wichtig wäre: Sie kann als geschlossene Einheit mehr Gewicht in die Verhandlungen mit der EU einbringen und – wie etwa die EFTA – ihren Mitgliedern beim Abschluß bilateraler Freihandelsabkommen für gewerbliche und industrielle Güter mit der EU Handlungsanleitung geben.

Von Land zu Land und einzelnen Sektoren unterschiedliche Außenzölle könnten noch wenig konkurrenzfähige Bereiche im Sinne der Listschen Idee des Erziehungszolls vor der ausländischen, insbesondere der nahen westeuropäischen Konkurrenz abschirmen und damit die entwicklungspolitisch wichtige Modernisierung sicherstellen.

Der institutionelle Rahmen dieser osteuropäischen Freihandelszone wäre zunächst einmal weitaus schwächer als der der EU. Damit könnten aber auch viele Bereiche in nationaler Zuständigkeit belassen werden. Dies würde in Staaten, die vor nicht einmal einer Dekade nationale Unabhängigkeit gewonnen haben, gesellschaftlich stabilisierend wirken – und eine solche Stabilisierung noch vor Eintritt in die EU und damit erneuter De-Nationalisierung erscheint notwendig. Denn angesichts der in der EU herrschenden Integrationsdynamik und der damit einhergehenden Identifikationsprobleme, die selbst die Westeuropäer mit der EU nach über 40 Jahren Integrationsgeschichte haben, verheißt der Beitritt der jungen osteuropäischen Nationalstaaten zusätzliche Erschütterungen.

Dieses Arrangement einer eng verzahnten EU und einer lockerer organisierten, aber dennoch in bestimmten Bereichen verbindlich handelnden CEFTA für Gesamt-Osteuropa könnte zunächst eine gleichberechtigte Partnerschaft zweier europäischer Wirtschaftszonen ermöglichen, die die Interessen der Transformationsstaaten stärker zur Geltung bringen würde als dies bisher in den Beziehungen zwischen Ost und West der Fall ist.

Ergänzend zu diesen Überlegungen, wie sich die osteuropäischen Staaten schnell institutionell einbinden können, sollen kurzfristig realisierbare Strategien erwogen werden, die bisher noch wenig berücksichtigt werden.

Modernisierungsförderung für Osteuropa

Das drängendste Problem, mit dem Osteuropa konfrontiert ist, stellt die Rückständigkeit der Produktionsmittel dar. Dieses wird weder durch den EU-Beitritt noch durch eine Stärkung der CEFTA gelöst. Vielmehr können dazu vielfältige wirtschaftspolitische Maßnahmen beitragen, die relativ unaufwendig sind. Einige Möglichkeiten der Modernisierungsförderung möchte ich hier nennen:

Mit Einführung des Euro durch die Kernländer der EU ergibt sich die Möglichkeit für Osteuropa, seine Währungen an eine große und starke Währung zu koppeln und darüber Wechselkursstabilität, Erwartungssicherheit und Handelserleichterungen für das eigene Land zu schaffen.

Ferner bestünde für die EU die Möglichkeit, angesichts der immensen Handels- und Leistungsbilanzdefizite der osteuropäischen Staaten eine freiwillige Handelsbeschränkung aufbauen. Grundsätzlich wäre es hilfreich für die Transformationsstaaten, wenn weniger technologieintensive „Zukunftsgüter“ aus der EU eingeführt würden. Denn auf diese Art und Weise bestünde die Möglichkeit der Entwicklung eigener „Zukunftsindustrien“. Flankierend könnten risikofreudige Anleger für ausländische Direktinvestitionen in den Transformationsstaaten gewonnen werden, die solche Modernisierungsinvestitionen finanzieren würden.

Umgekehrt wäre es eine Verbesserung der osteuropäischen Position, wenn die in den Assoziierungsabkommen festgelegten Handelsbeschränkungen für die Produkte aus den assoziierten Staaten aufgehoben oder gelockert würden. Auch dies hätte positve Effekte auf die Handelsbilanzen der Transformationsstaaten und würde dort zu mehr Investitionskapital im Inland führen.

Allerdings dürfte eine derartige Solidaraktion der EU im Inneren auf Widerstände der betroffenen Produktionssektoren führen, die durch unbeschränkte Einfuhr osteuropäischer Produkte unter Konkurrenzdruck kämen. Andererseits könnte dies die anstehenden Reformen in den Transferpolitiken der EU (etwa im Agrarsektor) unterstützen, indem der Druck für ohnehin notwendige Anpassungen erhöht wird.

Ein weiterer Schritt wäre, die finanzielle Hilfe für Osteuropa zu verstärken. Deshalb wäre vom Ziel der kostenneutralen Hilfe abzugehen und der EU-Haushalt aufzustocken oder umzuschichten. In meinen Augen erscheint mindestens eine Verdoppelung der Strukturfonds angemessen, soll eine angemessene Hilfe für Osteuropa geleistet werden. Die Strukturfonds umfassen bisher 25 Mrd. ECU (oder 0,46 v.H. des EU-BIP); verwendete man für Osteuropa noch einmal 25 Mrd. ECU, so betrüge die Strukturförderung 50 Mrd. ECU. Insgesamt würde dann ein Prozent des Gesamt-EU-BIP in die Strukturförderung Gesamteuropas fließen. Berücksichtigte man die Kürzung der Agrarförderung und die beabsichtigte Neuordnung der Finanzen, könnte eine von allen als gerechter empfundene Lastenteilung resultieren. Dabei sollten möglichst wenige negative Effekte für die bisher geförderten Regionen in der EU erzeugt werden. Allerdings hat die Agenda 2000 schon die Straffung und Neuordnung der Strukturförderung angekündigt. Damit werden in jedem Falle einige Regionen und Projektträger in der EU ihre Förderwürdigkeit verlieren. Diese Effekte sind nicht auf den Beitritt der Transformationsstaaten zurückzuführen, könnten aber in diesem Sinne genutzt werden.

Wichtig erscheint bei den Hilfsmaßnahmen, diese genau und auf maximale Wirkung hin anzulegen. Deshalb sind zunächst grundlegende Staatsfunktionen sicherzustellen. Dabei handelt es sich zu großen Teilen um elementare Hilfen für Verwaltungs- und Zentralbanksektor. Diese sollte durch erfahrene Beamten und Manager aus der EU erfolgen. Insbesondere sollte sich personelle und administrative Hilfe auf die Haushaltskonsolidierung (wegen der hohen Inflationsraten) und die Währungsstabilisierung (wegen des Außenhandels) richten.

Neben diesen makropolitischen Maßnahmen sollte konkrete finanzielle Hilfe in besonders dringliche Reform- und Modernisierungsmaßnahmen (Privatisierung, Infrastruktur, Umwelt) und in strategisch wichtige Regionen alloziiert werden.

Verfriedlichung durch Kooperation im Mehrebenennetzwerk

Parallel dazu sollten Kooperationen innerhalb Osteuropas und zwischen beiden Räumen auf der regionalen und gesellschaftlichen Ebene gefördert werden.[11] Dabei ist an die Verbesserung der Bedingungen genzüberschreitender Kooperationen von regionaler und von der Interessensebene zu denken, die bisher immer wieder auf völkerrechtliche Hindernisse stößt.[12] Gerade die Stärkung der niedrigeren Ebenen ist durch die Struktur der EU als Mehrebenensystem und die Freiheitsgrade, die eine CEFTA beläßt, möglich.

Die Entwicklung der institutionell in der CEFTA zusammengeschlossenen Transformationsstaaten wäre dadurch zunächst offen gelassen. Das Zusammenwachsen Europas könnte sich parallel zur wirtschaftlichen Leistungsfähigkeit im Osten entwickeln. Vorteilhaft daran wäre, daß die einer engeren Kooperation zugrundeliegenden Normen evolutiv entwickelt und nicht als systemfremde Standards übergestülpt würden, wie es derzeit mit dem acquis in der Beitrittsstrategie vorgesehen ist.

So wäre es möglich, daß die Osteuropäer nicht den Weg der Westeuropäer imitieren müßten und eigene politische, wirtschaftliche und rechtliche Institutionen kreierten.

Darüber hinaus sollte ein institutionelles Netzwerk von verbindlichen institutionellen Abmachungen für Gesamteuropa nicht nur wirtschaftliche Kooperation, sondern auch grundlegende Werte, Solidarität und Enthierarchisierung zwischen beiden Teilen des Kontinents sichern.

Eine solche zusätzliche Ebene würde ein gesamteuropäisches Mehrebenen-Netzwerk installieren, das keine Über- und Unterordnungen kennt, sondern politische Steuerung über Verhandlungssysteme zwischen allen Ebenen stattfinden läßt.

Die Beziehungen zwischen den Ebenen wären nicht eindeutig fixiert, sondern entwicklungsfähig und damit dynamisch. Die Konstruktion eines solchen Mehrebenennetzwerkes wäre analog zu der der EU, also auch mit deren politischem System kompatibel und besäße gleichzeitig genug Entwicklungsspielraum für die Transformationsstaaten.

11 Man denke nur an die diversen Formen interregionaler Zusammenarbeit, die nicht nur grenznachbarschaftlich – wie EUREGIO, Saar-Lor-Lux, Oberrhein, Pyrenäen, Jura, Genfer-See-Rat, Westalpen-Kantone-Regionen, Alpen-Adria, ARGE-ALP – organisiert sind, sondern sich nach Interesse und Problemtyp zusammengeschlossen haben, wie etwa die AG europäischer Grenzregionen, die Konferenz der peripheren Küstenregionen, die traditionellen Industrieregionen oder die „Vier Motoren für Europa". (Hrbek/Weyand 1994)

12 Siehe zu den Problemen ostdeutscher Städte und Kreise: Bauer 1997.

Den Akteuren dieses Systems würden zusätzliche Handlungsmöglichkeiten über die des Nationalstaates hinaus eröffnet, indem sie bilateral zwischen beiden Großorganisationen, bilateral zwischen Staaten und bilateral zwischen Regionen institutionell rückversichert handeln könnten.

Schließlich würden diejenigen Akteure immer wichtiger, die die Kenntnisse und Fähigkeiten der Überbrückung von horizontal oder vertikal entstehenden Schnittstellen besitzen. Damit besteht zumindest die Chance, daß es zu transnationalem Lernen und gegenseitiger Akzeptanz käme.

Ein solcher *Netzwerk-Überbau* sollte von OECD, Europarat und OSZE zusammen gebildet werden. Sie stellen die verschiedenen Komponenten künftig notwendiger Kooperation zur Verfügung und sollten deshalb in gemeinsamen – zunächst relativ schwachen – Entscheidungsstrukturen arbeiten. Menschen- und Minderheitenrechte, demokratische Strukturen und marktliches Wirtschaften würden evolutiv für Gesamteuropa entwickelt und könnten den gemeisamen Werteüberbau bilden.

Dies würde außerdem die Vielzahl relevanter Institutionen neu ordnen und auf bestimmte Aufgaben reduzieren, die Übersichtlichkeit der Kooperation in Europa fördern und die Beziehungen zwischen Ost und West gleichberechtigt ausgestalten.

Das hier skizzierte Arrangement für Gesamteuropa würde bisher erreichte Standards im Westen bewahren, größere institutionelle Verbindlichkeiten im Osten schaffen und genügend Offenheit, Liberalität, Subsidiarität, Gleichberechtigung und einen Mindeststandard an Wertekonsens in Gesamteuropa garantieren.

Literatur

ALBRECHT, Bartold 1996: Transformation durch Partizipation. Die Bedeutung alternativer Privatisierungsmethoden für den Erfolg der Reformen in Osteuropa, Frankfurt/Main: Campus.

BACKHAUS, Jürgen G./KRAUSE, Günter (Hg.) 1997: Zur politischen Ökonomie der Transformation, Marburg: Metropolis.

BAUER, Patricia 1995. East-West Economic Cooperation. Interests Involved, Institutional Possibilities and Economic Rationale, in: Intereconomics 30 (6), 285–293.

BAUER, Patricia 1995: East-West Economic Cooperation. Interests Involved, Institutional Possibilities and Economic Rationale, in: Intereconomics 6/1995 (30. Jg.), 285–293.

BAUER, Patricia 1996. Probleme der ökonomischen Transformation Gesamteuropas, in: Berthold Meyer/Bernhard Moltmann (Hg.): Neuer Osten – Alter Westen. Die europäischen Staaten zwischen Annäherung und Distanz, Frankfurt/M., 76–107.

BAUER, Patricia 1997: Europäische Regionalpolitik in Ostdeutschland, in: Wirtschaftsbulletin Ostdeutschland 5/1997 (7. Jg.), 16–25.

BAUER, Patricia 1998a: Reich und Arm in Europa: Sicherheitsarchitektur als Brücke?, in: Wilfried Graf/Lutz Unterseher (Hg.), Europäische Friedensordnung. Konturen einer Sicherheitsarchitektur, Studien für europäische Sicherheitspolitik Band 3, Münster: agenda, 107–138.

BAUER, Patricia 1998b: Eastward Enlargement – Benefits and Costs of EU-Entry for the Transition Countries, in: Intereconomics 33 (1), 11–19.

BAUER, Patricia 1998c: Die Union vor der Osterweiterung. Die Transformationsstaaten – von der Startlinie ins Abseits?, in: ÖZP, 4/98, 409–422.

BERTELSMANN STIFTUNG/FORSCHUNGSGRUPPE EUROPA (Hg.) 1998: Kosten, Nutzen und Chancen der Osterweiterung für die Europäische Union, Gütersloh: Bertelsmann.

BERTRAM, Christoph 1996: Für Krisen nicht gewappnet. Die EU beschwört gern eine gemeinsame Außen- und Sicherheitspolitik. Aber sie ist noch weit von Einigkeit entfernt, in: ZEITpunkte, Nr. 4/96 – Wie geht‘s, Europa? Euro und Erweiterung machen zu schaffen, 77–79.

CECCINI, Paolo 1988: Europa ’92. Der Vorteil des Binnenmarktes, Baden-Baden.

CZEMPIEL, Ernst-Otto 1991: Welpolitik im Umbruch. Das internationale System nach dem Ende des Ost-West-Konflikts, München: Beck.

DALHOFF, Dietmar 1996: Behaviorale Anpassung und institutioneller Wandel in Mittel- und Osteuropa, Frankfurt/Main et al.

DONAT, Marcell von 1996: Erst Hausputz, dann Einladungen. Hürden vor der Osterweiterung: Schaffen die Westeuropäer ihre Reformen, bevor die neuen Mitglieder eintreten?, in: ZEITpunkte, Nr. 4/96 – Wie geht‘s, Europa? Euro und Erweiterung machen zu schaffen, 80–82.

DOWNS, Anthony 1968: Ökonomische Theorie der Demokratie, Tübingen.

EU KOMMISSION 1995 a: PHARE. Programme and contract information 1995. Multi-country and cross-border programmes N° 1, Brüssel: Europäische Kommission PHARE-Informationsbüro, GD I.

EU KOMMISSION 1995b: PHARE. Was ist PHARE? Eine Initiative der Europäischen Union für die wirtschaftliche Integration mittel- und osteuropäischer Länder, Brüssel: Europäische Kommission PHARE-Informationsbüro, GD I.

EU-KOMMISSION 1997 I-III: Agenda 2000 – 3 Bände, DOC/97/6, Brüssel, 15/07/97.

EUROSTAT 1996a: Eurostatistik. Daten zur Konjunkturanalyse, 11/96, Luxemburg: Statistisches Amt der Europäischen Gemeinschaften.

EUROSTAT 1996b: Statistik Kurzgefaßt. Wirtschaft und Finanzen, 1996/4, Luxemburg: Statistisches Amt der Europäischen Gemeinschaften.

GÄRTNER, Heinz 1998: Konzepte zur europäischen Sicherheit, in: Wilfried Graf/Lutz Unterseher (Hg.), Europäische Friedensordnung. Konturen einer Sicherheitsarchitektur, Studien für europäische Sicherheitspolitik Band 3, Münster: agenda, 79–97.

GÄRTNER, Wolfram 1996: Die Neugestaltung der Wirtschaftsverfassungen in Ostmitteleuropa. Eine vergleichende Untersuchung am Beispiel Ungarns, Polens, der Tschechischen Republik und der Slowakischen Republik, Berlin: Berlin-Verlag.

GÖHLER, Gerhard 1997: Wie verändern sich Institutionen? Revolutionärer und schleichender Institutionenwandel, in: ders. (Hg.), Institutionenwandel, Leviathan Sonderheft 16/1996, Opladen: Westdeutscher Verlag, 21–56.

GORZKA, Gabriele/STÖTTNER, Rainer (Hg.) 1996: Banken, Kreditmärkte, Projekt-Finanzierung in Osteuropa. Länderschwerpunkte Bulgarien, Polen, Rumänien, Ungarn, Münster: Lit.

GRECO, Ettore 1995/96: Nature and Classification of New Security Challenges in Europe, in: Bonvicini, Gianni/Cremasco, Maurizio/Rummel, Reinhardt/Schmidt, Peter (Hg.), A Renewed Partnership for Europe. Tackling European Security Challenges by EU-NATO Interaction, Baden-Baden, 15–38.

HAVEL, Vaclav 1996: Wir haben gemeinsame Werte. Die Union muß mehr sein als ein System zur Verteilung der Brüsseler Subventionen, in: ZEITpunkte, Nr. 4/96 – Wie geht's, Europa? Euro und Erweiterung machen zu schaffen, 17–19.

HERRNFELD, Hans-Holger 1996: Recht europäisch. Rechtsreform und Rechtsangleichung in den Visegrád-Staaten, Gütersloh: Bertelsmann Stiftung.

HIRSCHMANN, Kai et. al. 1993: Internationalisierung und die osteuropäische institutionelle Integration, in: dies. (Hg.), Weltwirtschaftliche Anpassung und Öffnung der osteuropäischen Reformstaaten. Tansformationskosten – Handlungsstrategien – Ökologische Modernisierung – Konsumentenverhalten – Humankapital, Berlin, 7–15.

HRBEK, Rudolf/WEYAND, Sabine 1994: betrifft: Das Europa der Regionen. Fakten, Probleme, Perspektiven, München: Beck.

HUNTINGTON, Samuel P. 1968: Political Order in Changing Societies, New Haven: Yale University Press.

IORGA, Roxana 1995/96: The EU and the Stabilization of the CEEC: Evolving Political Relations and Economic Agreements, in: Bonvicini, Gianni et al. (Hg.), A Renewed Partnership for Europe. Tackling European Security Challenges by EU-NATO Interaction, Baden-Baden, 245–263.

JACHTENFUCHS, Markus/KOHLER-KOCH, Beate 1996: Regieren in dynamischen Mehrebenensystemen, in: dies. (Hg.), Europäische Integration, Opladen, 15–44.

KEOHANE, Robert O./NYE, Joseph S./HOFFMANN, Stanley (Hg.) 1993: After the Cold War: International Institutions and the State Strategies in Europe, 1989–1991, Cambridge, MA: Harvard University Press.

KLUNKERT, Susanne 1996: Europabilder in Mittel- und Osteuropa: Vom Wunschbild zum Abbild der europapolitischen Realität, in: dies. et al. (Hg.), Europabilder in Mittel- und Osteuropa. Neue Herausforderungen für die politische Bildung, Bonn, 231–247.

KRATCHOWIL, Friedrich 1989: Norms, Rules and Decisions, Cambridge.

KUNZ, Volker 1997: Theorie rationalen Handelns. Konzepte und Anwendungsprobleme, Opladen.

MANSFIELD, Edward D./SNYDER, Jack 1995: Democratization and the Danger of War, in: International Security, 1/95, 3–35.

MEYERS, Reinhard 1997: Im Osten nichts Neues? Problemkonstanten einer EU-Erweiterung, in: Politische Bildung 30 (1997), Nr. 4, 21–31.

MOHLEK, Peter 1997: Die Privatisierung von Staatsunternehmen in Polen, Berlin: Berlin Verlag.

MÜLLER-GRAFF, Peter-Christian/STEPNIAK, Andrzej (Hg.) 1997: Poland and the European Union – Between Association and Membership, Baden-Baden: Nomos.

MUMMERT, Uwe 1995: Informelle Institutionen in ökonomischen Transformationsprozessen, Baden-Baden.

NIELEBOCK, Thomas 1996: Ist Demokratie friedfertiger? Über die Friedenswirkung von Demokratie in der Moderne, in: Wolfgang Vogt (Hg.), Frieden durch Zivilisierung? Probleme – Ansätze – Perspektiven, Studien für europäische Sicherheitspolitik Band 1, Münster: agenda, 343–355.

RISSE-KAPPEN, Thomas 1996: Konfliktprävention durch Theorie? in: Internationale Politik, 8/96, 8–16.

RUSSETT, Bruce 1993: Grasping the Democratic Peace: Principles for a Post-Cold War World, Princeton, N.J.

SCHARPF, Fritz W. 1994: Mehrebenenpolitik im vollendeten Binnenmarkt, MPIFG Discussion Paper 94/4, Köln.

SCHLOTTER, Peter 1996: Welches Europa soll es sein? – Gedanken zur Debatte über Maastricht II, in: HSFK-Standpunkte – Friedensforschung aktuell, Nr. 10/Oktober 1996.

SPIRO, David E. 1994: The Insignificance of the Liberal Peace, in: International Security, 2/94, 50–86.

STEHN, Jürgen (1994). Stufen einer Osterweiterung der Europäischen Union, in: Die Weltwirtschaft, 2/1994, S. 194–219.

TACIS INFORMATION OFFICE (Hg.) o.J. ca. 1996/97: TACIS. Summary of Indicative Programmes 1993–1995, Brüssel: Europäische Kommission, GD I.

WALLACE, William 1995/96: Current State and Future Prospects of the Euro-Atlantic Security Order, in: Bonvicini, Gianni et al. (Hg.), A Renewed Partnership for Europe. Tackling European Security Challenges by EU-NATO Interaction, Baden-Baden, 155–170.

WEART, Spencer R. 1994: Peace among Democratic and Oligarchic Republics, in: Journal of Peace Research, 3/94, 299–316.

WEIDENFELD, Werner 1992: Zur Rolle der Europäischen Gemeinschaft in der Transformation Europas, in: Kreile, Michael (Hg.), Die Integration Europas, PVS-Sonderheft 23/92, 321–334.

WEIDENFELD, Werner (Hg.) 1996: Demokratie und Marktwirtschaft in Osteuropa. Strategien für Europa, Bonn: Bundeszentrale für politische Bildung.

WEIDENFELD, Werner (Hg.) 1998: Amsterdam in der Analyse. Strategien für Europa, Gütersloh: Bertelsmann Stiftung.

ZOHILNHÖFER, Werner (Hg.) 1998:Perspektiven der Osterweiterung und Reformbedarf der Europäischen Union, Schriften des Vereins für Socialpolitik, Berlin: Duncker & Humblot.

Lutz Unterseher

Deutschland als umworbene Macht: Zur Renaissance geopolitischer Imagination in Rußland und den Vereinigten Staaten

Folgendes war am 21. November 1994 in der Frankfurter Allgemeinen Zeitung zu lesen: „Eigentlich ist es eine Binsenweisheit: Faktoren wie Klima und Landschaft haben beträchtlichen Einfluß auf Menschen, Völker und Staaten. Das Arbeitsleben in einem subtropischen Land sieht anders aus als das in einem mitteleuropäischen, die strategischen Planungen eines Inselstaates müssen anderen Kriterien folgen als die einer reinen Kontinentalmacht. Um die dahinterstehenden Gesetzmäßigkeiten zu ergründen und sie für praktische Politik fruchtbar zu machen, hatte sich nach der Jahrhundertwende in zahlreichen Ländern eine wissenschaftliche Disziplin etabliert, die man gemeinhin 'Geopolitik' nennt."

Dies war die Einleitung der Rezension eines Buches mit dem Titel „Geopolitik heute. Deutschlands Chance?" – geschrieben von dem Wissenschaftlichen Direktor im Zentralen Forschungsbereich des Amtes für Studien und Übungen der Bundeswehr, Heinz Brill (Brill 1994).

Für den Autor ist die Geopolitik eine Disziplin, die verschiedene „Hilfswissenschaften" (wie z. B.: Geokultur, Geoökonomie, Geohistorie, Geoökologie und Geostrategie) integriert sowie in die „internationale und sicherheitspolitische Analyse" einbringt. Es geht ihm – wie vielen zuvor – um das Studium der geographischen Bedingungen und räumlichen Voraussetzungen politischer Prozesse: um die Bestimmung des Substrats von Macht, soweit es sich in einem recht unmittelbaren Sinne lokalisieren läßt.

Der politische Bezug eines solchen Unterfangens tritt besonders deutlich hervor, wenn es um die Teildisziplin „Geostrategie" geht, deren Aufgabe es nach Brills Auskunft ist, „weltweit das Kräfteverhältnis zwischen verschiedenen geopolitischen Komplexen zu prüfen" – woran sich dann Balancekalküle und ggf. Überlegungen anschließen könnten, die vorgefundenen Konstellationen neu zu arrangieren (Brill 1997).

Die prononcierte Orientierung an Machtprozessen läßt uns schon an dieser Stelle fragen, ob wir es hier mit einer präskriptiv bemühten „Kunstlehre“ oder aber mit einer empirischen Wissenschaft bzw. deren Teildisziplinen zu tun haben.

Weniger weil die geistesgeschichtlichen Ursprünge der Geopolitik sorgfältig untersucht worden wären, sondern eher weil Schlüsselaussagen zumindest der deutschen Ausprägung dieser Denkschule in das Sammelsurium nationalsozialistischer Legitimationsfloskeln zu passen schienen (und führende deutsche Geopolitiker zumindest zeitweilig dem NS-Regime sehr nahe standen), waren explizite geopolitische Argumentationen in den mehr als drei Dekaden nach Ende des Zweiten Weltkrieges im demokratischen Deutschland tabu. Gleichwohl gab es einschlägige Bemühungen und relevante, auch auf die Bundesrepublik übergreifende Diskurse:

Rechtsradikale – etwa um die Zeitschriften Nation + Europa oder Criticon – pflegten das Erbe der Zeitschrift für Geopolitik und knüpften insbesondere an die Arbeiten Karl Haushofers an. (Die Zeitschrift Geopolitik wurde 1924 gegründet, entstand nach dem Zweiten Weltkrieg neu, blieb dann aber ohne Einfluß.)

In scharfem Kontrast zu den darin gehegten Vorstellungen von einem „Lebensraum“ Mitteleuropa, der es „eigentlich“ verdient hätte, sich angesichts der Barbarei im Osten und der sinnentleerten Zivilisation im Westen auszudehnen, standen andere – damals als sehr viel wichtiger erscheinende – Überlegungen, die sich freilich ebenfalls unter der Chiffre „Mitteleuropa“ fassen lassen:

Es entstand nämlich Ende der 70er Jahre eine Bewegung von Intellektuellen aus Nordostitalien, Österreich, Slowenien, Ungarn und Tschechoslowakei, in der von einem Mitteleuropa geträumt wurde, das an die zivilisatorischen Errungenschaften Österreich-Ungarns hätte anknüpfen sollen und in dem sogar Platz für Deutsche – allerdings nur für die Süddeutschen (die katholisch-barocken) gewesen wäre (Wolff-Poweska 1994). Bemerkenswert, daß diese Konstruktion in einer Mittlerfunktion zwischen Ost und West gesehen wurde. Notieren wir dabei im übrigen, daß insbesondere auch damalige Dissidenten, wie etwa Vaclaw Havel, mit derartigen Perspektiven liebäugelten! Ihnen ging es um eine kulturell-politische Distanz zum russisch geprägten Sowjetimperium.

Und wer möchte, könnte in der von Egon Bahr und Willy Brandt konzipierten Ostpolitik eine strategische Bemühung sehen, die deutschen Teile Mitteleuropas aus ihrer jeweiligen Frontstellung zu befreien, die Mitte wieder zu verbinden und zu einem Mittler zu machen.

Die polnische Politologin Anna Wolff-Poweska paraphrasiert Peter Bender, einen führenden Verfechter der Ostpolitik, indem sie schreibt: „Da Europa vom Rand bis zu seiner Mitte geteilt wurde, sollte es nun von der Mitte nach Außen wieder zusammenwachsen" (Wolff-Poweska 1994: 55).

Der Metaphorik der Mitte bediente sich schon Ernst Moritz Arndt. Zitat: „Als ein Bollwerk gegen Frankreich und Rußland und als ein Schildhalter skandinavischer, spanischer und italienischer Freiheit würde (Deutschland) wohltätig in der Mitte liegen und als der eigentliche Mittelpunkt des europäischen Lebens das wütende und zerstörende Zusammenströmen des Westens und Ostens unseres Weltteils hindern" (zit. nach Wolff-Poweska 1994: 49).

Vorstellungen dieser Art haben also eine lange Geschichte, wurden zum Guten wie zum Bösen gewendet. Eine veritable Renaissance erleben sie, seit Deutschland mit dem Ende der „alten, vertrauten Großkonstellation" des Ost-West-Konfliktes (Dieter Senghaas) aus seiner Randlage befreit ist. Mit der rückgewonnenen Mittellage werden – insbesondere im konservativen Lager – Hoffnungen verknüpft, die mitunter deutliche geopolitische Konnotationen aufweisen. Danach hat Deutschland nun erheblich mehr Optionen: Es kann seine Rolle als Integrator Westeuropas um eine entsprechende Aufgabe im Hinblick auf den Osten erweitern. Ja, es kann sich mehr als die bisherigen Bündnispartner dem Osten zuwenden, um damit größere Handlungsspielräume zu erwirtschaften. Mit anderen Worten: Die Bestimmung der „nationalen Interessen" wurde von den Konservativen wieder auf die Tagesordnung gesetzt.

Ein entsprechender Diskurs umfaßt inzwischen freilich auch Vertreter der Friedensforschung sowie z. B. der Grünen. Doch werden *diese* gefragt, was denn im „nationalen Interesse" der Deutschen liege, antworten sie typischerweise: die Überwindung nationalstaatlicher Egoismen, die Nutzung möglicherweise neu gewonnener Handlungsspielräume im Sinne eines weltweiten Zivilisierungsprozesses – durch die Stärkung supranationaler Einrichtungen sowie die Intensivierung substaatlicher Kontakte.

Ein sich als Machtstaat emanzipierendes Deutschland mit der Option wechselnder Allianzen und raumgreifenden geopolitischen Kalkülen ist für sie Anathema. Die neue Welle der Geopolitik wird von ihnen energisch kritisiert. So spricht Senghaas von einer „Regression der Politik" und wirft etwa der Teildisziplin Geoökonomie vor, sie habe die aggressiv-eigennützige Maximierung der jeweiligen ökonomischen Position (Stichwort: Standortvorteile) zum Gegenstand. Und die Teildisziplin Geokultur versteht er als eine bewußte Instrumentalisierung von Kultur (bzw. Unkultur) im internationalen Machtkampf (Senghaas 1995).

Gleichwohl meint Senghaas, daß es nach der Dekomposition des Gewohnten, angesichts der neuen weltweiten Unordnung, strategische Orientierungsbedürfnisse gebe. Und er schickt sich an, diese Bedürfnisse zu befriedigen, indem er auf der nördlichen Halbkugel der Erde fünf raumgebundene „Makrokonstellationen" von Mächten bzw. Mächtegruppierungen imaginiert (Senghaas 1994). Genauer: Es geht ihm um die Identifizierung plausiblerweise möglicher Konstellationen, zwischen denen im Interesse einer stabilen Entwicklung von Völkern und Weltgemeinschaft zu wählen sei.

Auch Jacques Attali diskutiert künftig mögliche „Makrokonstellationen", wobei er einer europäisch-russischen Integration mehr inhärente Stabilität zuschreibt als einer „atlantischen" oder westeuropäisch zentrierten Lösung (Attali 1998). Dies findet seine Entsprechung in ähnlichen Überlegungen aus dem Pariser Kreis um den kritischen Geopolitiker Yves Lacoste (Lacoste 1994).

Wie dem auch sei, in Mitteleuropa werden wieder „Räume zugewiesen" und Geostrategien entwickelt – und zwar in den unterschiedlichsten politischen Lagern. Tendenzen, solches zu tun, so ist meine These, werden sich noch verstärken, wenn zunehmend klar wird, daß es auch anderswo eine „Renaissance der Geopolitik" gibt. Dies dürfte um so mehr dann gelten, wenn es sich bei den Eliten, die sich zunehmend in geopolitische Diskurse verstricken, um jene in Moskau und in Washington handelt: an Lokalitäten, wo Willensbildungsprozesse mit besonderer Relevanz für Europas Mitte stattfinden.

In der Tat gibt es in Rußland und in den Vereinigten Staaten neu entflammte bzw. intensivierte geopolitische Debatten. Zu fragen ist, wie Europa und insbesondere Deutschland darin figurieren. Um es präziser zu formulieren: Ob Deutschland in einem Lichte erscheint, das jenen in diesem Lande geführten geopolitischen Diskurs bestätigt und ermuntert, der eine machtpolitische Emanzipation „qua Nationalstaat" und eine graduelle Überwindung der Integration in die bisherige Bündniskonstellation vorhersieht.

In den Vereinigten Staaten gab es, wie Carl Conetta in einer neueren Arbeit feststellt, mit Ende des traditionellen Ost-West-Konfliktes einen Schub von Ideen, konzeptionellen Anregungen und Emotionen, denen es um ein neues Disengagement ging (Conetta 1998). Offenbar war der Chor der Disengagement-Befürworter Anfang der 90er Jahre vielstimmiger, lauter, wenn nicht gar schriller, als es sich für die Zeit unmittelbar nach dem Ende des Zweiten Weltkrieges feststellen läßt. Der neuerliche Ausbruch solcher Sentiments wurde jedoch recht bald überwunden; die Befürworter eines Disengagements der Vereinigten Staaten erschienen bald marginalisiert.

Dies geschah auf allen Ebenen – und zwar innerhalb der Administration, der foreign policy community und, wie die Auswertung von Umfrageergebnisse nahelegt, auch in der Gesamtbevölkerung. Im Rahmen einer Debatte über die nationalen Interessen der Vereinigten Staaten, die durch Ereignisse wie den Zweiten Golfkrieg beflügelt wurde, setzten sich jene weitgehend durch, die den Standpunkt vertraten (und vertreten), daß – angesichts globaler Interdependenzen – die wirtschaftlichen Interessen der Vereinigten Staaten und deren traditionelle, gleichsam gottgegebene Mission, nämlich für Ausbreitung von Stabilität und Demokratie zu sorgen, ein aktives Mitspielen in der Weltarena forderten.

Jene die meinten, daß mit dem Ende der fundamentalen Herausforderung durch den real existierenden Sozialismus die Vereinigten Staaten aufhören sollten, für andere die Kastanien aus dem Feuer zu holen, und daß eine Konzentration auf die eigene Entwicklung auch ohne besonderes internationales Engagement den USA genügend Gewicht in der Welt geben würde, konnten sich also nicht durchsetzen. Gleichwohl hat der in der ersten Hälfte der 90er Jahre geführte Diskurs auch für die Befürworter eines Engagements der Vereinigten Staaten Wirkungen gezeigt:

Internationale Aktivitäten der Vereinigten Staaten – insbesondere auf dem Gebiet der Sicherheitspolitik – stehen nun unter besonders *massiven Begründungszwängen.* Mit anderen Worten: Das sicherheitspolitische Engagement der Vereinigten Staaten wird gezielter und – auch geographisch – selektiver. Bei jeder außen-, sicherheits- oder verteidigungspolitischen Maßnahme bzw. Planung wird unerbittlicher als zuvor gefragt, ob sich denn der Einsatz der Vereinigten Staaten lohne.

Dabei geht es zum einen darum, ob denn die USA in der jeweiligen Zielregion bei ihrem Einsatz genügend Unterstützung finden, ob gleichsam ein „Eigenbeitrag der Nutznießer" geleistet wird. Hierin läßt sich eine Fortsetzung der alten Kontroverse über ein gerechtes burdensharing zwischen den USA und den Westeuropäern erkennen. Zum anderen findet aber auch die Frage ein ganz besonderes Interesse, ob ein bestimmtes Commitment den sicherheitspolitischen Zielen der USA wirklich dient – wobei sich diese Ziele auf abstrakter Ebene recht einfach bestimmen lassen: *Stabilisierung der Region*, um die es jeweils geht, auf eine Weise, die den globalen *Führungsanspruch* der Vereinigten Staaten bestätigt und bekräftigt (Conetta 1998: 248 ff.).

Vor diesem Hintergrund lassen die Grundzüge der amtlichen US-amerikanischen Sicherheitspolitik gegenüber Europa folgendermaßen skizzieren: Förderung sicherheitspolitischer Identitätsfindung der Europäer, um einen „zurechnungsfähigen" Partner zu bekommen/allerdings nur im Rahmen der NATO, um den Führungsanspruch der USA zu sichern/Motivieren des europäischen Partners, an Out-of-area-Unternehmungen der USA teilzunehmen: und zwar zur besseren Verteilung des Aufwandes wie zur Verbreiterung der Legitimationsbasis/selektive Erweiterung der NATO gen Osten, um die Zone der Stabilität auszudehnen, aber nicht mit Rußland innerhalb der NATO Statuskämpfe austragen zu müssen.

Gerade im Kontext der NATO-Osterweiterung zeigen sich in den Vereinigten Staaten zugespitzt geopolitische und geostrategische Kalküle. Zwar war der Auslöser für das Umschwenken der Clinton-Administration in dieser Frage innenpolitischer Natur (Mobilisieren der Wähler mittelosteuropäischer Herkunft für die Kongreßwahlen von 1994), doch ging es in dem entsprechenden Diskurs zunehmend um außenpolitische Machtkonstellationen:

Es wurde sehr wohl wahrgenommen, daß sich das vereinte Deutschland in einer ungewohnt neuen Führungsrolle zum Vorkämpfer einer selektiven NATO-Osterweiterung und damit zum Anwalt der Mittelosteuropäer gemacht hatte. Für nicht wenige Vertreter der US-amerikanischen Elite entstand die Vision einer aufsteigenden Mittelmacht Deutschland in zentraler Lage, die zum „Friedenshüter" in Mittelosteuropa und zum gleichrangigen Partner Rußlands werden könnte, was dann gleichbedeutend mit einer Ausdünnung bisheriger Westbindungen wäre und ein In-Frage-stellen des Führungsanspruches der USA bedeuten würde. Deswegen also – so lautet eine plausible Erklärung – der Versuch, die USA zum eigentlichen Champion der Osterweiterung zu machen: nämlich um Deutschland – wieder – an eine kürzere Leine zu nehmen (Conetta 1998: 253 ff.).

Jene, denen es vor allem um eine fortgesetzte Einbindung Deutschlands geht und die mit einer selektiven Osterweiterung der NATO eine Entfremdung Rußlands riskieren, stehen in einem gewissen Widerspruch zu dem Denkansatz der sogenannten „Eurasier". Ein prominenter Vertreter dieser Denkschule, der frühere Präsidentenberater Brzezinski, sagt, daß diejenige Macht, welche die eurasische Landmasse – also im wesentlichen China, Rußland und Westeuropa – kontrolliert, damit die Weltherrschaft habe (Brzezinski 1997). Den USA müsse deswegen zunächst einmal daran gelegen sein, den gegenwärtigen „Pluralismus“ auf dieser Landmasse zu fördern – allerdings mit der Perspektive, dort später ein umfassendes Sicherheitsregime unter US-amerikanischer Führung zu entwickeln (was eine andauernde Provokation Rußlands kaum geboten erscheinen läßt).

Die Spekulationen um die Bedeutung Eurasiens gehen übrigens zurück auf Arbeiten, die der Brite MacKinder schon um die Jahrhundertwende geliefert hat – zu der Zeit, als der Schwede Kjellén den Begriff Geopolitik erfand. Danach ist Eurasien eine „Pivot Area“ (Schlüsselzone). Dies wird freilich nicht näher begründet – offenbar in der Auffassung, daß die schieren Dimensionen Eurasiens für sich sprechen. Das ist deswegen besonders erstaunlich, weil MacKinder – wie Ratzel, der Lehrer Haushofers – und etwa Mahan, der amerikanische Seestratege, sich wesentlich an der Ontologisierung des Gegensatzes zwischen Land und Meer beteiligte, wobei für den Briten die See bzw. Seemacht ein Synonym für höhere zivilisatorische Entwicklung war (Sprengel 1994).

Das Stichwort „Eurasien“ liefert den Übergang zur jüngsten Entwicklung in Rußland. Dort wurde 1991 an der Akademie der Wissenschaften in Moskau ein Institut für Geopolitik gegründet (Kerr 1995). Über den sich damit entfaltenden Diskurs ist bei uns bislang recht wenig bekannt geworden – abgesehen vielleicht von den Tiraden des chauvinistischen Politikers Schirinowskij. Für diesen sind die Russen ein Volk „*mit* Raum“ – allerdings dem falschen, zum Leben und zur produktiven Entwicklung nicht so recht geeigneten (Wolff-Poweska 1994: 57). Deswegen müsse sich Rußland, wie es Ende des letzten Jahrhunderts schon einmal begonnen worden war, in wärmere Klimazonen ausdehnen und auf jeden Fall sich neue, eisfreie Zugänge zum Meer erschließen (wobei Schirinowskij das Mittelmeer und den Indischen Ozean im Auge hat). Dies erinnert wiederum an Ernst Moritz Arndt und auch an Friedrich List, die vor mehr als 150 Jahren Deutschlands Zugänge zur offenen See unzureichend fanden und die deswegen von deutschen Gestaden am Schwarzen Meer und dem Mittelmeer träumten.

Der eigentliche geopolitisch konnotierte Diskurs in Rußland zeigt freilich eher maßvolle Züge: Zunächst stand im Mittelpunkt das Problem einer möglichen „chinesischen Gefahr“ – als Funktion des enormen chinesischen Entwicklungstempos, des Bevölkerungsumfanges und der menschenleeren Räume im russischen Sibirien. Derartige Besorgnisse haben sich nicht verflüchtigt und sich sogar schon in militärischen Planungen niedergeschlagen (Stichwort: Renuklearisierung der russischen Militärdoktrin).

Gleichwohl scheint es wichtigen Vertretern der foreign policy community in Moskau möglich und sinnvoll, mit China verstärkt zu kooperieren: allerdings *nicht* mit der Perspektive einer generellen „Wendung gen Osten" im Sinne der Formung eines neuen, den Westen ausbalancierenden Machtblockes. Vielmehr geht es der außen- und sicherheitspolitischen Elite darum, mit einer solchen Kooperation das eigene Bargaining-Potential gegenüber dem Westen – auf den man hauptsächlich hin orientiert ist – zu erhöhen.

Der Blick gen Westen impliziert im gegenwärtigen Moskau vor allem eine Orientierung an Mittel- und Westeuropa (Smith 1997). Sowohl Regierungsvertreter als auch unabhängige Politiker, wie Alexander Lebed, sowie zahlreiche „Institutschiki" haben immer wieder betont, daß ein von Deutschland und Frankreich geführtes Mittel- und Westeuropa der Wunschpartner sei. Dabei wird insbesondere Deutschland in einer Schlüsselrolle gesehen. Zugleich wird gelegentlich unterstrichen, daß man nun – wegen des weiterhin bestehenden prinzipiellen Einverständnisses zwischen Bonn bzw. Berlin und Paris – nicht mehr zwischen Frankreich und Deutschland wählen müßte.

Durch die Förderung der Partnerschaft Rußlands mit einem im wesentlichen von Deutschland geführten Europa soll der traditionelle Rivale, die USA, mehr und mehr vom alten Kontinent verdrängt werden. Die atlantische Orientierung wird als den Kontinentaleuropäern wesensfremd dargestellt. Zum Anstreben einer Kooperation mit einem *nicht* von den USA dominierten Europa kommt im übrigen die Überzeugung, vor allem auch eine asiatische Macht zu sein. So bildet sich auch in Rußland eine eurasische Perspektive ab.

Interessanterweise wird, wie z. B. von Alexander Fomenko, angenommen, daß die Osterweiterung der NATO zu einer Europäisierung, also zu einer Reduzierung der atlantischen Einflusses, beitragen wird (Smith 1997: 3). Fomenko sieht voraus, daß es in diesem Zusammenhang eine Aufwertung Deutschlands geben wird, das aufgrund seiner Lage und seines militärisch-industriellen Potentials die Vormacht Mittelosteuropas werden würde, womit es sich dann als wichtigster Partner Rußlands anböte.

Bereits 1993 hat Heinz Magenheimer, ein an der Landesverteidigungsakademie in Wien tätiger Politikwissenschaftler, eine solche Entwicklung, die er als heimlichen Wunschtraum der konservativen sicherheitspolitischen Elite Deutschlands sieht, als problematisch für die Mittelosteuropäer und auch ein Land wie Österreich kritisiert. Magenheimer sah im Kontext einer sich bildenden Achse Berlin-Moskau eine neue Bevormundung der kleineren Staaten in dem dazwischen liegenden Raume (als dem jeweiligen „Glacis“) voraus (Magenheimer 1995: 12).

Ein weiterer russischer Analytiker, Igor Maximytschew, vom Europainstitut in Moskau, kommt mit anderen Akzenten in seiner Argumentation zu einem ähnlichen Ergebnis: Eine NATO-Osterweiterung unter dominanter amerikanischer Führung hätte nicht nur klar antirussische, sondern auch deutlich antideutsche Züge (Smith 1997: 4). Dies sei vor dem Hintergrund der Lage und des Potentials Deutschlands ein wesentlicher Anstoß für eine intensivierte und privilegierte Kooperation zwischen Rußland und Deutschland.

Nur relativ wenige Stimmen in Moskau sprechen sich *gegen* eine intensivierte Partnerschaft mit Deutschland aus: So etwa argumentiert Jurij Davydow, daß die globale Aufgabe Rußlands darin bestehe, China auszubalancieren, während es in Europa um ein Gegengewicht gegen Deutschland gehe, was eine besondere Zusammenarbeit mit Westeuropa nahelege (Smith 1997: 4). Auch solche Stimmen bleiben also eurozentrisch und heben – unter anderen Vorzeichen – ebenfalls die Schlüsselrolle Deutschlands hervor.

Vor dem Hintergrund dieser kleinen Übersicht wird verständlich, warum 1996 bei einer Umfrage unter der außen- und sicherheitspolitischen Elite Rußlands 38 % angaben, daß Mittel- und Westeuropa der Hauptpartner für Rußland sei, während auf die USA nur 29 %, die GUS 27 %, Mittelosteuropa 21 % und China nicht mehr als 13 % der Stimmen entfielen. Im übrigen waren die Vereinigten Staaten für immerhin noch 22 % der wichtigste potentielle Gegner, während auf China 11 % der Nennungen kamen (Smith 1997: 4).

Auffällig ist, daß in den geopolitisch gefärbten Diskursen in Rußland und in den USA Deutschland eine ganz besondere Rolle spielt – und zwar *als Nationalstaat* mit wachsender Autonomie und erhöhtem Manövrierspielraum (und dies in einer Zeit des „Postinternationalismus“ und allfälliger Abgesänge auf den Nationalstaat). Dies mag, ich komme auf meine Vermutung zurück, in Deutschland vor allem jene beflügeln, die nicht wie etwa Senghaas und andere über den besten Zuschnitt von räumlichen Makrokonstellationen „in weltbürgerlicher Absicht“ nachdenken, sondern jene anderen, die sich an der Herausgehobenheit Deutschlands, seiner Mittellage und seinem beträchtlichen Potential, festmachen und dabei Rekurs auf entsprechende Überlegungen in der Vergangenheit nehmen.

Zwar ist wohl nicht zu befürchten, daß an die Lebensraum-Ideen eines Ratzel sowie Haushofers („Luft zum Atmen") auf krude Weise angeknüpft werden würde, doch ist keineswegs auszuschließen, daß es eine Hin- bzw. Rückwendung zu *organizistischen* Denkmustern geben könnte, die den Lebensraumspekulationen letztlich zugrunde liegen.

Eine solche Wiederbelebung organizistischer Vorstellungen, also einer höchst fragwürdigen Errungenschaft deutscher Romantik (von Adam Müller bis hin zu Othmar Spann und Oswald Spengler), könnte jene immer noch virulenten Strömungen erneut verstärken, die dem Glauben verhaftet sind, daß es in Deutschland eine gewachsene, höhere Kultur gebe, während weiter westlich nur mechanistisch-blutleere Zivilisation zu verzeichnen sei.

Die Befürchtung, daß wieder einmal aus dem angeblich spezifisch deutschen Wesen ein Führungsanspruch abgeleitet wird und es weniger um eine Vermittlerrolle geht, die sich auf nüchterne Interessenkalküle gründet, nährt sich vor allem auch daraus, daß die geopolitische Teildisziplin „Geokultur" zunehmenden Zuspruch verzeichnet. Dies u. a. auch deswegen, weil mit den aktuellen Arbeiten Samuel Huntingtons über die mutmaßliche Aufteilung der Welt in Kulturkreise ein Denken salonfähig geworden zu sein scheint, das sich wesentlich auf Setzungen stützt und sich um die sorgfältige Operationalisierung von Konzepten sowie deren kritische Reflexion wenig kümmert (Huntington 1993).

Am Ende bleibt die Frage, wie eine Wissenschaft, die Spekulationen nur akzeptieren kann, wenn diese einer empirischen Prüfung gegenüber prinzipiell offen bleiben, reagieren sollte:

Zunächst einmal halte ich es für schädlich, Geopolitik – in welchem Gewand sie auch immer auftreten mag – weiter zu tabuisieren. Geopolitische und verwandte Konzepte müssen dem scharfen Wind eines freien, kritischen Dialoges ausgesetzt werden. Es ist zunehmend unerträglich, daß Jünger der Geopolitik mit dem Gestus auftreten, sie verträten einen machtpolitischen Realismus, der in der gegenwärtigen Situation in unser aller Überlebensinteresse dringlich geboten sei, der aber im Geiste übertriebener political correctness unterdrückt werde.

Mit solchem Gestus ist jüngst z. B. Erich Vad, ein hoher Offizier der deutschen Bundeswehr, aufgetreten (Vad 1996), als er es unternahm, mit einer sehr ambitionierten Dissertation die geostrategischen Vorstellungen Carl Schmitts in den sicherheitspolitischen Diskurs Deutschlands einzuführen (samt Landnahme-Konzeption, Freund-Feind-Argumentation und Konstruktion des Politischen von Extremsituationen her). Also: Kritische Diskussion und keine neuen Märtyrer!

Inhaltlich sollten, so finde ich, zumindest die folgenden drei Denkansätze bzw. Forschungsorientierungen in einen kritischen Dialog mit der – und über die – Geopolitik eingehen:

Erstens ist an die nüchtern-aufklärerische Tradition einer Landeskunde anzuknüpfen, wie sie sich etwa in einer Arbeit Alexander von Humboldts „Über den politischen Zustand des Königreichs Neu-Spanien“ zeigt. Solche betont empirischen Unternehmungen sind ein gutes Mittel gegen die deterministischen – oder jedenfalls den Raumfaktor maßlos überschätzenden – sowie die spekulativen Züge im geopolitischen Diskurs.

Zweitens erscheint es sinnvoll, Aussagen über geographische Machtschwerpunkte und „Makrokonstellationen“ empirisch zu überprüfen und damit auf eine neue, gesicherte Basis zu stellen – indem nämlich im Rahmen eines offenen, informationstheoretisch bestimmten Systemkonzeptes (ohne a priori harmonistische Orientierung) nach der Häufigkeit, Dichte und Qualität der Austauschbeziehungen zwischen Staaten bzw. Staatengruppen gefragt wird. Ein derartiges Programm legt die „Politische Kybernetik“ des Karl Deutsch als plausiblerweise machbar nahe (Deutsch 1969: 233 – 254).

Und – schließlich – *drittens*, es sind jene analytischen Bemühungen (von Claus Leggewie u. a.) weiterzuverfolgen und zu intensivieren, die – insbesondere am Beispiel des Nationalstaates – Hinweise dafür erbracht haben, daß sich der Zusammenhang von Macht und Territorialität immer mehr lockert (Leggewie 1994): Sei es wegen des zunehmenden Gewichtes supranationaler Institutionen oder wegen der Emanzipation und des internationalen Handelns substaatlicher Akteure (von der ethnisch-regionalen Gruppierung über den Großkonzern bis hin zur Nicht-Regierungs-Organisation), sei es aber auch wegen der Herausbildung neuer, virtueller Grenzen und Netzwerke, wie sie uns etwa die moderne Kommunikationstechnologie beschert.

Literatur

Jacques Attali 1998, Welches Europa? Vier Szenarien für die Zukunft der europäischen Integration, in: Europäische Friedensordnung. Konturen einer Sicherheitsarchitektur, Koordination: W. Graf/L. Unterseher, Münster.

Heinz Brill 1994, Geopolitik heute. Deutschlands Chance? Frankfurt/Berlin.

Ders. 1997, Geokultur – ein neuer Faktor der Weltpolitik, ÖMZ, Nr. 5.

Zbigniew Brzezinski 1997, A Geostrategy for Eurasia, Foreign Affairs 76 (Sept./Okt.) 5.

Carl Conetta 1998, NATO Primacy and Double Expansion, in: Europäische Friedensordnung ..., a.a.O.

Karl Deutsch 1969, Politische Kybernetik, Freiburg i. Br..

Samuel P. Huntington 1993, The Clash of Civilizations? Foreign Affairs 72 (Summer) 3.

David Kerr 1995, The New Eurasianism: The Rise of Geopolitics in Russia's Foreign Policy, Europe-Asia Studies 47, 6.

Yves Lacoste 1994, Für eine neue und umfassende Konzeption der Geopolitik, WeltTrends Nr. 4.

Claus Leggewie 1994, Space – not time? Raumkämpfe und Solidarität. Skizzen zu einer „Geopolitik" multikultureller Gesellschaften, Transit Nr. 7.

Heinz Magenheimer 1995, Sicherheitspolitik und Machtgestaltung in Europa, Aus Politik und Zeitgeschichte, B 6/95.

Dieter Senghaas 1994, Wohin driftet die Welt? Über Zukunft friedlicher Koexistenz, Frankfurt a. M..

Ders. 1995, Geokultur: Wirklichkeit oder Fiktion? Drei Abhandlungen zur Debatte über den Zusammenprall der Zivilisationen, Arbeitspapiere der Schweizerischen Friedensstiftung (Nr. 21), Bern.

MA Smith 1997, Euroatlantic Links: Russian Views, Conflict Studies Research Centre (F 59), RMA Sandhurst.

Rainer Sprengel 1994, Land und Meer. Eine diskursanalytische Betrachtung, WeltTrends Nr. 4.

Erich Vad 1996, Strategie und sicherheitspolitische Perspektiven im Werk von Carl Schmitt, Opladen.

Anna Wolff-Poweska 1994, Chancen und Risiken der Mittellage der Deutschen, WeltTrends Nr. 4.

RASTKO MOCNIK

„The Balkans“ as a *Grenzbegriff*

Across the Alps, towards Atlantic
Title of an editorial, *Delo* (Ljubljana), July 19, 1997

Simply speaking, these features are slyness, speculation, unreliability, relativity of the given word. These are concepts which ... are beyond the cilivisational caesura of Westernness, since between the two principles, the European and the Byzantine, the compromise has never been reached.
– *Delo*, May 30, 1998

Behind the Turkish hill
there are many guys
fighting for us.
One is without an arm,
the other without a leg,
the third one is sitting on the soil
without the ass.
Slovene folk song

The general theory of Balkanism, defended in this paper, runs as follows: Balkanism is an ideology of domination. Within Balkanism, *two types of relations of domination* are being articulated: the relations of geo-political and economic hegemony, *and* the relations of internal domination within the societies geo-politically stigmatised as „Balkanic“. Balkanism supports, i.e., ideologically mediates and reproduces, the economic, social and political dependence of a certain semi-peripheral European region, and the socio-economic domination of the „vassal“ ruling elites within the countries of the region. Immanuel Wallerstein[1] speaks of „ethnicisation of the exploited classes“: here, we are concerned with the „Balkanisation“ of entire countries, submitted

[1] Etienne Balibar, Immanuel Wallerstein, *Race, Classe, Nation*, Decouverte, Paris, 1988.

to a regime of „unequal exchange" or straightforward exploitation.[2] Keeping to our topic, though, we will in the sequel examine ideological mechanisms at play in the present Balkanist ideology.

I. Where are the Balkans?

Many of the countries of southeastern Europe, and especially those affected by the Dayton agreement, are presently engaged in an arms-race. This is certainly not the best option for countries devastated by war, by „transition", by greedy States and self-serving local elites. Neither is this the best possible arrangement of their mutual relations. Yet, it seems to have been imposed upon them.

Each country can decide whether to arm itself or not. If a country decides against profligate military spending, it can certainly free up important portions of its budget for more citizen-friendly uses. But in doing so, a country also risks that, *in the case where other countries of the region do not do the same*, it will be pushed into an inferior position, and be open to blackmail, and eventually aggression from its neighbours. The tragic experience of the Republic of Bosnia and Herzegovina is there to shake any pacifist considerations out of the regional leaders' minds.

It is theoretically relevant that the situation would not change even in the improbable case that *all* the countries of the region, and all the local leaderships, would *genuinely* favour pacifist policies. The reasoning would remain the same. At a first stage, each of the parties implicated would be wary of the intentions of the others; at a second stage, everybody might well acknowledge the good intentions of the others, but would also realise that these intentions would never be acted upon. Every party involved would then follow the same discouraging reasoning: „Of course they do not want to start an arms race, just as we don't; but can they afford to abstain? No, they can't. It suffices that one party breaks the tacit agreement – and it will fall apart. So

2 The problem should be viewed within the larger frame of the world economy. *Cf.*: „The magnitude of debts continuously increased throughout the 1980s ..., although since 1983, the indebted countries did not import additional resources into their economies, what is more, collectively they became net capital exporters ... the ratio of indebtedness per person in Hungary, Poland and Rumania reached the highest in the world." (Gyorgy Wiener, „The Change of Epochs in World History and the Changes of Eastern Europe", in: *The Anti-Capitalist Left on the Eve of the 21st Century*, Eszmelet Books, Liberter, Budapest, 1996.

better to hurry and arm ourselves as it is too dangerous to wait and lose time!"

The relations between the countries involved form a system: it is a system of confrontation, but nevertheless a system. It is the system of *balkanisation* in its double colloquial sense: both of isolating an area against external influence, and of dividing an area into small antagonistic states. Such a system can arise from a situation where each party involved plays the role of potential war-monger for all the others. Empirically, this is the most common empirical situation. Theoretically, though, one can construe a limit-situation where, regardless of the actual mutual perceptions of the parties, the situation would be defined by a *phantomatic* militarist. The structure of the limit situation would be the following: from the point of view of each particular party involved it is impossible to exclude the likelihood that some other party will *identify* one of the others (including the one that is the subject of reasoning itself) with the „phantomatic" militarist; therefore, it is necessary for every party actually to *become* a militarist. In other words: a *possibility*, first incorporated by an ideological „phantom", *intersubjectively* translates itself into a *necessity*. Because parties cannot exclude the *possibility* that, in someone else's view, they are (ideologically) identified with the militarist „phantom", they *actually have to become* militarist.

This is the classic prisoners' dilemma: although there exists an optimal outcome of the game, the players cannot reach it and have to opt for an outcome which is equally disadvantageous to all the players, but that is nevertheless (or: precisely because it is *equally* disadvantageous) the „second best" option. In a simplified form, we can represent the situation by a matrix game for two players, each of whom has two options: to disarm (D) or to arm himself (A). The options of the second player are represented on the upper line, the options of the first player by the column. The gains (positive numbers) and the losses (negative numbers) for each player in each of the possible outcomes form the matrix (first figure for the first player, second figure for the second player):

1 / 2	D	A
D	1, 1	-2, 2
A	2, -2	-1, -1

Although the best outcome for both players would be reached if both play D (disarmament), the „rational choice“ for both is to play A (armament), which yields the outcome -1 for both players.

So the best strategy for the „Dayton“ countries is to settle for antagonistic, non-co-operative behaviour, and to engage in an arms-race. Here comes the curious detail in the picture, though: in terms of the numbers of guns, tanks, aircraft etc. each party can possess, the „race“ is contained by an international agreement. Each country involved can consequently hope to acquire an advantage over the others not in quantities of military equipment, but only in the quality of human potential and social organisation. At the limit, the advantage a country can eventually gain depends upon its capacity to turn itself into a mammoth military barracks.

If the international construction, by limiting the material military potential of the „Dayton“ countries, indirectly encourages their societal militarisation – why has the international community not set the limit of the arms-race at *zero*? Since an international construction there is, why is it not a construction of *demilitarisation*? There may be thousands of answers to this question; but the bottom-line is this: the alternative construction would not be one centred upon the *contradiction* between *antagonism* on the lower regional level and *co-operation* on the higher international level. The alternative construction would not allow for *the balkanisation of the Balkans*.

By no means do we want to suggest that the international activities culminating in the Dayton agreement may have been a „cause“ of the belligerent behaviour of the countries involved. Everybody knows that the agreement brought peace. What we contend, though, is that it also created a situation and produced a structure that has blocked the access to a better possible outcome.[3]

[3] A „theory of Dayton“ is not the subject of this article. If it is to be made some day, we would suggest it to proceed in the style of *„le materialisme de la rencontre“*, „materialism of the encounter“, of the last Althusserian manuscripts (cf. „Le courant souterrain du materialisme de la rencontre“, *in*: *Ecrits philosophiques et politiques*, tome I, F. Matheron, ed., Stock/IMEC, Paris, 1994), and approach the „freezing“ of the post-Yugoslav situation in the terms of an *encounter* between the class-struggles within the region and the contradictions of the capitalist world-system. As to analysis of the latter, we have no particular proposals (although we would suggest starting from the theses proposed by Gyorgy Wiener in „The change of epochs in world history and the changes of Eastern Europe“, published as the opening text to: *The Anti-Capitalist Left on the Eve of the 21st Century*, Eszmelet Books, Liberter, Budapest, 1996). As to the former, our hypothesis would roughly be the following: international relations are essential to the establishment of capitalism in the countries

The complete picture is then composed of an area of antagonism, circumscribed by an area of co-operation. We should not conceive the situation upon the model of those „Chinese boxes" where a larger box contains a smaller one. Rather, we should regard as „primary" the *non-antagonistic contradiction* between regional *antagonism* and international *co-operation*: the „structure" is whatever crystallises around this contradiction as the outcome of conjunctural over-determinations.

This means that the matrix of the prisoners' dilemma is *over-determined* by its specific exterior. The players, „caught" within the scheme, are determined by a *double articulation*, and it is this *double* determination that „imprisons" them within the dilemma. This is important because it shows the mutual dependency of the two contradictory „levels" of action, the „level" of antagonism and the „level" of co-operation.

We can present this structure with the help of Roman Jakobson's concept of the „two axes of language", the axis of *oppositions* and the axis of *contiguity*.[4] This is a particularly convenient scheme in our case: if we conceive the post-Dayton situation as a *model*[5] of Jakobson's

of the former „State socialism"; in certain respects, their role is *inversely symmetrical* to the one they performed in the establishment of the *first* class-societies. While the class-organisation historically occurs when the relations of domination and exploitation expand beyond the scope where they can be regulated by kinship structures, i.e., when alliances and oppositions (typically through processes of trade and conquest) cease to be ones between kin-groups and turn into relations between classes – in the present establishment of class-domination and exploitation by political means in the „transitional" societies, the international relations (again „by trade and war") are functional in the establishment of *intermediary* local bureaucratic and managerial elites ruling over populations, organised for this purpose into pseudo-kinship mega-groups, i.e., into ethnic nations. While the „first" States emerged from processes of *expansion* of the relations of domination-exploitation and of *limitation* of the kinship-based regulation, the present annexation of new areas to the system of the world-capitalism requests a *tightening and narrowing-down* of relations of domination, a task performed by the pseudo-States ideologically based upon ethnic pseudo-kinship structures, in order that the processes of exploitation be *expanded*. (For this theory of the emergence of the class domination, *v.* Eric Wolf, *Europe and the Peoples without History*; and Eric Hobsbawm's review of the book, „All Peoples Have a History", *in*: *On History*, Weidenfeld and Nicolson, London, 1997.) Our present contribution tries to analyse the ideological structure of the ethnic „imagined kinship".

4 Roman Jakobson, „Linguistics and Poetics", *in*: *Style in Language*, Thomas A. Sebeok, ed., MIT Press, 1960; and other well known texts by Jakobson on this topic.

5 Cf. Alain Badiou, *Le concept de modele*, Maspero, Paris, 1969.

concept, it immediately appears that the two axes are *not symmetrical*, and that the axis of oppositions *dominates* the axis of contiguity.

The *opposition* is the (paradigmatic and contradictory) opposition around which the structure organises itself – „the field of *co-operation vs.* the field of *antagonism*". This opposition can ideologically be conceived as the opposition *„Europe vs. the Balkans"*.

The relations of *contiguity* are the actual relations that are established among the elements situated within the double space deployed by the paradigmatic opposition. These are the relations of „co-operation" within the „international community" (ideologically conceived as, e.g., „Europe"); and the relations of antagonism within the area of the „prisoners' dilemma" (ideologically conceived as, e.g., „the Balkans"). It is of utmost importance that neither of the two types of relations can be conceived, established, reproduced or „acted out" *without the reference to the constitutive contradictory opposition „Europe/the Balkans"*.

This reference is constitutive not only for the *relations among* the „elements", i.e., the countries involved, but is also constitutive of the *elements themselves*, i.e., of the concrete socio-ideological structure of the „countries" in question.[6]

A piece of ideological discourse from a well authorised source will best illustrate our point:

> (1) „There exists an objective danger that Europe, 'safe' and stable, encloses itself in order to defend itself against unpleasant surprises coming from politically, economically, militarily and socially unstable countries. ... We are certainly interested that the Schengen-border does not run north of us. ... Will Slovenia be in the position to choose on which of its borders, northern or southern, the Schengen-border will run? We will do everything to secure that it runs on our southern borders. ... if Slovenia is forced, we will act without altruism..."
> Milan Kucan, President of the Republic of Slovenia, in an interview published in *Globus*, Zagreb, July 25, 1997.[7]

6 Here we are analysing only the ideological logic of these constitutions. The „material basis" of the ideological logic of reproduction is, of course, the class struggle in its double aspect: within the capitalist world-system, and within the countries newly annexed to the world-system.

7 The President does not entertain purely differentialist views; this is how he describes his political opponents: „/Theirs/ is a cowardly, treacherous logic, obviously transferred from long years of life in the Balkans." Interview in *Delo*, Ljubljana, July 26, 1997.

It is with reference to the „Europe/non-Europe" opposition that the (antagonistic) relation to ones neighbour is conceived: this seems to be a definite indication that Slovenia is a country belonging to the Balkans, since its hegemonic ideology[8] reproduces the pattern that is *constitutive* of the „Balkans" as a symbolic region. The President's discourse is evidently not only a discourse deployed within the domain of „antagonism" between the countries, it is also a discourse that belongs to the country's *internal* political scene, and is intended to trigger internal ideological and political effects – i.e., it aims at a certain reproduction of the relations that constitute one of the antagonistic terms, the element „Slovenia".[9]

Before we approach the way in which the *representation of the border* operates within the „internal" reproduction of ideological and political relations of the countries involved, we should first comment briefly upon the way in which the two representations „the Balkans" and „Europe" interconnect.

„The Balkans" and „Europe" are two „representations" that define *two areas of relations, actions and operations*, with two contrary or even contradictory „codes" of behaviour: „co-operation" in „Europe", antagonism in „the Balkans".[10] Instead of „two representations" we

8 We do not suggest that one should conclude to the hegemonic character of this ideology from its having been propagated by the highest functionary of the Republic. The relation is rather the other way round: by divulging the hegemonic ideology, one *qualifies* for such a position.

9 See the previous note, where the same ideology functions within the internal political scene; it is also symptomatic that the passage we quote was the only fragment quoted *in extenso* by the leading Slovenian daily *Delo* in its report about the President's interview given to the leading Croatian political tabloid. The title to the summary was a further variation on the Balkans-theme, linking the idea of Yugoslavia to the negative connotations of representations of the Balkans: „Is the solving of the problem in a 'Yugoslav way' obsolete?"; and the sub-title: „If forced, Slovenia will close the border against Croatia". (*Delo*, July 25, 1997.)

10 The double mecanism of the balkanist ideology (horizontal antagonism, vertical submissiveness) is nicely exhibited in the following example, taken from Bulgarian press (example and commentary from: Roumen Yanovski, „Balkan neighbours in the Bulgarian press (October 1996 – March 1997), *Balkan Neighbours Newsletter*, no. 5, ACCESS Association, Sofia, 1997): Title: „Even Romania Makes Fun of Us"; text: „Bulgaria should not have allowed a Romanian statesman to lump us together with 'the group of the wretched' even though this is precisely where we belong. ... We will live to see the day when the Romanian's correct conclusion is drawn by some Somali or Kurd too." (*Kontinent*, 22.11.1996). – Even if considered „true", a certain statement should not be uttered by a „horizontal" neighbour; the antagonistic „horizontal" partner is further characterised by the paradigm „Somali, Kurd". – An im-

should therefore speak about „two sets of beliefs" with two different domains of „application". Although discourses and actions, performed on the background of one or the other belief-set, determine their „context" all by themselves and without any further „guarantee", there is no ambiguity about the moment in which one or the other belief-background is activated, precisely because the „syntagmation" in one or the other domain (co-operation or antagonism, „Europe" or „the Balkans") is always *dominated by* the same paradigmatic opposition that distributes between the two domains. Strictly speaking, from the point of view of this ideology, it could almost be said that „antagonism is the specific mode in which co-operation is performed in the Balkans (as opposed to Europe)". It is the reference to the *dominating paradigm „Europe vs. the Balkans"* that, in this case, secures the decisive feature of socially operative beliefs, their „reflexivity".[11] This dominating paradigm provides the „native theory" of the operativeness of the two sets of beliefs, and assigns them their domain of operation: antagonism in „the Balkans", co-operation in „Europe".

Agents interpellated within this ideology act according to the „prisoners' dilemma" matrix, when acting within the domain of application of the matrix. They do not act in this way because they „know" the matrix: their actions rely upon the *belief* that this is the „right" or the „appropriate" way of doing things within one of the particular domains („the Balkans") set up by the great divide „Europe/the Balkans". It is in the terms of this „operational" belief, *derived from* the belief in the dominating paradigm, that they are ready to account for their actions. Its *limits* (it „holds" for a particular region) assign to the belief its „operativity", both in the sense of the *locus* of application („the Balkans") and of the *modus operandi* (antagonistic behaviour). These „limits" are nothing other than its articulation within the domi-

portant implication of this distinction (horizontal vs. vertical relations) is that *the knowledge is inaccessible to the „horizontal other"*. Which means that a „true" statement by a „horizontal" neighbour is no statement, consequently can be neither true nor false, but simply slander.

11 This articulation of two different belief-sets by their subsumption under the same paradigmatic opposition solves the problem of „shifting" from one belief-background to the other. In opposition to „international" actions and discourses, highly ritualised, as we see, this condition is not fulfilled in „secular" individualist contexts, ideologically conceived as ones determined by the „freedom of consciousness" and „expression"; this is precisely the *internal* situation of the countries concerned by the „Europe/Balkans" dichotomy; there, the representation of the border, eventually over-determined by the opposition „Europe/Balkans", functions differently. This is the topic of the following chapters.

nating set of beliefs, centred around the dominating dichotomy „Europe/the Balkans".

In this light, the „native theory", although enclosed within the area of belief, seems both more sophisticated and more complete than the „knowledge" as expressed, e.g., by the „prisoners' dilemma". We can infer from this the „structural condition" of *knowledge, le savoir* in the Foucaultian sense, as opposed to *belief*, in the sense of „ideology". Knowledge, in this sense, is a set of beliefs, described and/or formalised according to some institutional („academic") criteria, *with the exclusion of ideological conditions of possibility of the „operativeness" of this particular set of beliefs.*[12] Natives' operations within the field described by the „prisoners' dilemma" depend upon the identification with a „subject supposed to *believe*"; on the other hand, the ideal agent of „rational choice", as the „subject supposed to *know*", is the „subject supposed to believe" *minus* the ideological conditions of the identification with this belief-instance. These conditions are *inscribed into* ideological structures, but are *excluded from* the field of knowledge.

II. Who are „the Balkanians"?

The „Balkanians", here metonymically representing the „the natives" of any ideological *conjuncture*, are then those who move freely and safely among different sets of beliefs, „mythic" or otherwise, „plugging" one belief-background in, when appropriate, and discarding it when shifting to another, needing neither compass nor guidance, for all the operational „theory" required is already contained within each

12 I.e., the conditions for the possibility of identification with the „subject supposed to believe" are excluded from the „prisoners' dilemma approach", while they are „present" in the naive agent's reasoning „When in the Balkans, do as Balkan people do": „the Balkans", as the domain of application, validity or „operability" of certain „orientalist" beliefs, is circumscribed and delimited within this belief itself, e.g., by its dependence upon the paradigm „Europe/Balkans". – Maurice Bloch remarks that it is possible to derive the „social structure" (in Radcliffe-Brown's sense) by means of exclusive concentration on ritual communication; ritual communication yields, „in the very words of the people we study, the academic theory of social structure": this is true *under the condition that ritual communication is* <u>*disconnected*</u> *from other („universal") types of communication.* It is this articulation between the two types of communication, contained, according to the present theory, in ritual communication and its beliefs, that accounts for the „operative", practical dimension of social structure. „The academic theory" as knowledge would then tend to be a *reduction* of „ritual communication".

package of beliefs, in the form of its particular limitations, limits, borders and articulations toward other belief-bundles.

Individuals of the Balkans, as other „agents“ when dealing with the region, are „natives“ of some sort – but only in certain situations, like those defined by reference to the Dayton-agreements. The theory here presented does not need to rely upon the notion of „interiorisation“ of the „imperial representation“; the people of the Orient „interiorise“ Orientalist fiction no more than the supposed Westerners do: it is a universal Baedeker, cherished and used for its practicability, not because of some mysterious „colonisation of the mind“. Ever since the West fell for the political-correctness craze, the manual actually sells better in the region itself.

There is one embarrassing detail, though: the „agents“ of the „prisoners' dilemma“ are „countries“, not individuals. The „countries“ have to be in some way constructed as the *collective agent* of rational choice. We said that the „entity“ of the collective agent holds together by its double articulation which links it to the matrix on one side, and to the specific exterior of the matrix on the other. With not much simplification, we can say that *the same orientalist ideology* which downgrades and „holds down“ the Balkans region as a whole, also „holds up“ the ruling position of local political classes, who act (actually or *in spe*) as the local agents of the international system of domination.

The „orientalist ideology“ of the Balkans simultaneously functions in two dimensions:

1. In the international dimension, where it defines „the Balkans“ as a particular region with specific „codes of behaviour“, opposed to the „universal“ code of co-operation. On this international level, it defines Balkan countries as collective agents by their capacity to shift from „co-operation“ to „antagonism“ and *vice versa*, that is, by their ability to move between the two levels of „Europe“ and „the Balkans“. We see that the *practical effect* of the ideology *contradicts* its explicit contents: *„balkanism“* is not what separates these countries from „Europe“, it is their specific means of *integration into* the international system. Nevertheless, this *illusion of separation* supports and reproduces the essential feature of this integration: it keeps the Balkan countries in an inferior position. The orientalist ideology of the Balkans is thus *a mechanism of international domination.*
2. But – and this is what makes it both possible and necessary theoretically to reject any mystique of „interiorisation“ – this same ori-

entalist ideology *also functions as a mechanism of domination within the Balkan countries themselves.*

We now have to explain how this ideology „holds together" the „countries" themselves, how it produces the local effects of „Society", that is, how it constructs Balkan countries as „collective subjects". In other words, we have to explain how and why this is the *hegemonic ideology* of the countries concerned, and what is its role in the ideological (and, consequently, in the class-) struggles within the countries themselves. Therefore, our next topic will be:

III. Balkanism as a State ideology

We will start the discussion with what, at a first sight, may seem to be a diversion from the main topic: with the self-representation that the Balkan countries share with the rest of the post-communist area, the self-image of being *„young democracies"*.

In the post-communist countries in general, this political ideology is one of the mechanisms for the introduction of relations of economic oppression and exploitation by *political means*. Its limit-effect would be the installation of conditions where economic exploitation would appear „normal" and would, classically, be performed without recourse to „extra-economic" pressures. One can be reasonably sceptical that the limit-effect will ever be achieved: which also means that one can be optimistic with regard to the future of ideological mechanisms of capitalist reproduction, whether „democratic", „orientalist" or otherwise. Specifically, the „young democracies"-ideology aims to break down the strong egalitarian ideologies of social solidarity, solidly implanted across the social spectrum of the countries concerned. For our problem, though, the most important feature of this ideology is its *individualism*. In the ideological dimension, this means „freedom of consciousness", „freedom of expression", the right to embrace any opinion, to change it, to shift from one belief to the other, etc. This is what is commonly called „ideological modernisation", and it really does away with any survivals from the past status-societies and „traditionalist" structures in general. Karl Marx was one of the first thinkers to eulogise over this historical novelty of capitalism: he did not conceive it in terms of „modernisation", though; instead, he was writing about the historical liquidation of any *„naturwuechsige"* ties of personal dependence, replaced in capitalism with the civic liberty and freedom, with a certain sort of juridical „equality" and with de-personalised relations of economic dependence, domination and exploitation.

In broadest terms, the liquidation of status-society with its personalised relations, means the disappearance of any *naturwuechsig*, regular link between the position an individual socially occupies, and the thoughts and utterances s/he produces; this also means the absence of any *naturwuechsig*, or regular, link that would tie an individual to her/his position, status etc. in society. *The idea* of the „freedom of consciousness" thus presupposes a „free" individual in the bourgeois sense, that is, a historical situation where there is no bi-univocal or easily conceivable relation between the position an individual „happens" to occupy, and the thoughts and utterances s/he „happens" to think and to utter.[13]

If an individual is to be „free" to embrace any „set of beliefs" socially available, the belief-packages, in their turn, have to be „free" of any indication of the „situation" where they may rightfully be activated. The beliefs no longer „point to" the domain of their „application". In other words, their limitations are no longer an inherent part of their structure.[14] The simple „native situation" no longer applies.[15]

13 *A theory* of ideology has to demonstrate precisely the opposite. This is the reason why the project of a theory of ideology may be inherently contradictory. The historical and material conditions that set the agenda of a theory of ideology presuppose that it is possible to „see" the difference between „the position" from where a discourse is being uttered, and the „content" or „structure" of what is being uttered. Only on the basis of this difference can the two be linked together in some regular way, which is the classic ambition of every theory of ideology. The position from which a theory of ideology can possibly be uttered, undermines the very possibility of its utterance. Such a theory can elaborate upon the utterance/uttering-position relations *of any utterance but its own.* It is itself its own blind spot. It can take as its object any socio-historical situation but the one it depends upon for its possibility. Since socio-historical conditions of discursive formations are its object *par excellence,* such a theory is blind to its own object insofar as it carries it within itself. The project of a theory of ideology – insofar as it conceptually presupposes a „naturalness" of statuses, and of „perspectives" that open therefrom upon the social „whole"; and, on the other hand, insofar as it is not historically possible until the statuses and their respective „perspectives" break down – is congenitally *belated.*

14 Consequently, they can easily develop universalist pretensions, and possibly become intolerant and exclusivist. This may be one of the main reasons for the otherwise bizarre preference „young democracies" show for extremist, even fascist, political doctrines.

15 This is why Veyne's initial question in *Les Grecs ont-ils cru en leurs mythes* /Did the Greeks believe in their myths?/, Seuil, Paris, 1983, 1992, can only be asked from an

Instead of the tightly structured, multiply articulated social space of the „status societies", modern political society presents an atomised field of „free and equal", equally „abstract" individuals, entertaining and shifting among packages of beliefs, with no evident social anchorage. Without mutual articulation and socio-structural relativation, the belief-sets have to be stabilised in some other way: one of the possible solutions is that they are „stabilised", „relativised" with reference to the *border of the „universe" within which they operate*. Instead of being mutually articulated by their internal borders, as in the simple „native" situation, the belief-sets are individually articulated to the outer border that embraces them „all". Needless to say, this specific form of articulation of beliefs in individualist non-status societies actually *determines* the outer border of the social „discursive universe" – the „universe" of the *nation*.[16]

IV. How Balkanism works

> (2) The Croat armed force has changed strategic relations in this part of the Balkans.
> (dr. Franjo Tudjman, President of the Republic of Croatia, at the celebration of the „Day of the Patriotic Thanks-giving", at the Zemunik air-base; *Vjesnik*, Zagreb, 5.8.1996)

> (3) ... those who want to push Croatia into the Balkans.
> (the same, in the same speech, transmitted by the *Croatian TV*, 4.8.1996)

It seems that between (2) and (3), the speaker has *shifted* from one belief-background to another, or at least that the reference of the term „the Balkans" has changed. In the later case, the President would have formed the poetic trope which Pierre Fontanier calls „*syllepse de metonymie*, syllepsis of metonymy"[17]: Croatia would not be in the Balkans, while the Balkans would be where its armed force is. The „literal sense" of the expression „the Balkans" would pertain to the military

enlightened, „modern" perspective: it would not occur to „the Greeks" to conceive any belief in the modern absolutist, exclusivist sense.

16 See „Appendix II", *infra*.

17 This is a trope where the same expression is used once in the literal sense, and then in the figured (metonymic) sense. The example Fontanier gives is: „*Rome n'est plus dans Rome, elle est toute ou je suis.* – Rome is no more in Rome, she is wherever I am." *V.* Pierre Fontanier, *Les figures du discours* (1821), Flammarion, Paris, 1977, part 1, section 1, ch. IV, 1, p. 105.

context, while its „figurative, metonymic sense" would figure in the „statesmanship"-context. This certainly is a possible interpretation, but it actually rejoins the first proposed possibility: for with the change of the context also comes a change in the relevant belief-background.

How can such a shift occur so naturally? It is because the belief-sets in question are already *articulated* between themselves, and structurally refer to each other. The difference in the sense of the two occurrences of „the Balkans" is *not* a difference between the „literal" and the „figurative" sense, it is the difference between two „modes of operation" of the same term within two different dimensions. *The clue to the mystery of the double meaning of „the Balkans" is the structural position of the term „Croatia".* The term „Croatia" is *doubly articulated*, „vertically" to the „area of co-operation" (which is *not* the Balkans), and „horizontally" to the „area of antagonism", where its armed force is active.[18] Utterances (2) and (3) thus reproduce the Balkanistic scheme where an area of antagonism is circumscribed by an area of co-operation. Far from being contradictory, only *together* do they deploy the complete ideological scheme.

The same quasi-natural shift from one belief-background to the other occurs in the following more entertaining utterance:

> (4) „The spirit of the Balkans" was hovering over/the sports hall of/Lucija. Not so much for the performance of the renowned players, though, but rather by virtue of their coaches Svetislav Pesic (Alba) and Miroslav Nikolic (Partizan).
> (*Dnevnik*, Ljubljana, 19.8.1996)

„The spirit of the Balkans" is taken first in the sense of the basketball mythology: basketball is of high quality in the Balkans; the same expression is then transferred into the domain of the „moral" (or „political") belief-background: the two coaches, both Serbs, were quarrelling with the judges.

The same scheme underlies the title in the Ljubljana daily *Slovenec*: „The Balkan methods of Croatian clients", referring to a manifestation in front of the Slovene Parliament, organised by clients from Croatia whose deposits in the leading Slovene bank had been frozen since the separation of the two countries. Here, the simultaneous „inscription" of the adjective into the two registers of the „factual" and the „moral" geography, produces a nice racist innuendo: it is insinuated that the

18 *Vide supra*, ch. „I. Where are the Balkans?".

presumably objectionable „methods" have something to do with the country of origin of the protesters.

This last example shows yet another important feature of Balkan orientalism: no special indication is needed to trigger the „second" („imaginary", „moral") meaning of the terms „Balkan, the Balkans" etc. The „surplus" meaning quasi-naturally clings to any occurrence of terms pertaining to the paradigm of „the Balkans". For its very triviality, the following example may confirm this impression[19]:

> (5) *The reporter*: „The management of the team does not trust the Balkan cuisine: the team will take their own food along with them."
> *The sports program anchor*: „Yeah, there may be untasty ingredients in the Balkan cuisine."[20]

The quasi-automatic activation of the deprecatory connotations may lead to a supposition that they have to some extent entered the „lexical" meaning of the terms pertaining to the paradigm of „the Balkans". Our theory, though, permits us to avoid such a solution which would unduly expose the linguistic lexicon to the mercy of political conjunctures; we prefer to explain the same phenomenon by the pressure of the usage. According to this explanation, it is the usage which, under particular conditions, transfers the *locus* where the shifting between belief-backgrounds occurs, from the „subject supposed to *believe*" to the „subject supposed to *know*". Instead of functioning as *possible* connotations which are only activated relative to certain belief-backgrounds, the deprecatory semantic elements then assume a quasi-universal value, active in *every* context. This is a decisive development: *as soon as the support of the articulation of different belief-sets within which terms pertaining to the paradigm of „the Balkans" actually function, starts to be secured by the instance of the „subject supposed to know", the Balkan-orientalism scheme has taken over the national zero-institution.* The contamination of the Balkan lexical paradigm

19 The example is taken from a report on the preparations made by a Slovene football team for a match in Rumania, *POP TV*, Ljubljana, 28.7.1997.

20 For the culinary paradigm, cf. also these random examples: „the two master-cooks of the Balkan kitchen"; „what is going on in the Balkan kitchen" (*Delo*, Ljubljana, 17.8.1996); „/the Bavarians/ will be forced to put, in the Balkan fashion, the last cup of coffee on the table" (*Delo*, Ljubljana, 21.8.1996, about the declaration of the Bavarian Minister of Interior Beckstein on the intention of Bavaria to start the repatriation of the refugees from Bosnia and Herzegovina; the passage has a *connoisseur* touch to it, since it refers to what is commonly called in certain parts *„kava sikteruša*, the go-away coffee").

with derogatory ideological connotations is the effect of the „Greek“ ideological scheme having over-determined the abstract individualist one.

This means that the „outer border“ of the national zero-institution is defined with the reference to the Balkan-orientalist dichotomy. This may have quite agonising effects, as shows this series of titles in the Split daily *Slobodna Dalmacija*:

(6) 19.7.1996: Zagreb does not need the Balkan connection for the Council of Europe (pp. 1 and 6-7)
20.7.1996: Is Croatia being pushed into an alliance with the Balkans and Africa? (pp. 1 and 5)
21.7.1996: The Balkans respect only America (p. 10)

We said that the dualist schemes, in the „native“ model, pertain to dualist social structures: typically, a dualist scheme entails the possibility of another dualist scheme, and only the two together complete the dualist structuration of the social space. Here, things may be different. Consider this type of utterances:

(7) This path leads Croatia towards Balkan waters and not towards Europe, *say many observers* ...
(*Dnevnik*, Ljubljana, 22.8.1996, italics ours)

The reference to „observers“ may well be a stylistic alibi; still, it is this particular alibi that has been chosen.

(8) Croatia had to fight a tough diplomatic battle against those who attempted (and still attempt) to situate it on the Balkans.
(*Vjesnik*, Zagreb, 6.8.1996)

The Balkan-orientalism scheme is traumatic because it is ascribed to the perspective of the other. The location of the outer border of the national zero-institution therefore depends upon *recognition by the other*.[21]

21 In 1992, we wrote the following: Waehrend die neuen Nationalstaaten nach internationaler Anerkennung strebten, befand sich ihr oeffentliches Leben in einem beinahe psychotischen Zustand: die Menschen wurden ermuntert, die „geheimen Zeichen“ zu lesen, die Europa ihnen schickte, sie wurden dazu verleitet zu glauben, sie seien Europas „auserwaehltes Volk“. In Serbien und Montenegro, und jetzt zum Teil auch in Makedonien, ist dieses Bild umgekehrt, Europa wird daemonisiert, waehrend Kroaten und Slowenen eingeredet wird, dass jene die „zurueckgewiesenen Nationen“ des neuen Europa seien. „Europa“ nimmt den Platz des „Grossen Anderen“ Lacans ein – und was kann man mehr von solch einem „Anderen“ verlagten als die *Anerkennung*. Die Menge wird dazu verleitet, die Psychose der neuen Machthaber

(9) We have been assured of the unreserved support of the United States that Croatia belongs to Central Europe and not to the Balkan region.
(President Tudjman upon his return from Washington, 3.8.1996, *Croatian TV*)

The Balkanist scheme is immanently conceived as pertaining to the „view of the other":

(10) Any appeal to international arbitration/to settle the Slovene-Croat border controversy/would justify *distant observers* in their belief that in the Balkans and in their vicinity live bellicose tribes, incapable of solving their problems themselves.
(*Delo*, Ljubljana, 22.8.1996, italics ours)

The scheme may be the object of parody, where the spirit has survived:

(11) The international community occupies itself more with mad cows than with crazy Balkanese.
(*Svijet*, Sarajevo, 27.6.1996)

– or may justify morbid self-degradation:

(12) I thank the Minister for having come to our dark Balkans.
(President Tudjman, at a joint press conference with French Foreign Minister Alain Juppé, 10.2.1994; *Croatian TV*)

Still, what may appear as a discourse of self-degradation, actually operates as a discourse of domination. The reasons are structural. We have maintained[22] that a „dualist social organisation" is a structure which ideologically reproduces itself with the support of *two dualist conceptions of itself*. In order to survive, such an organisation has to appeal to a third scheme, „neutral" with regard to the two others. By extrapolation, we can construe the „nation" as a particular kind of such a „zero-institution". In the Balkanist scheme, the zero-institution supports itself by appealing to a dualistic scheme, where the structural function of the „third" and „neutral" dualism is performed by a *submissive accep-*

zu teilen und von „Europa" die Absolution von ihrer nicht existenten Schuld am „Vatermord" zu erbitten. (R. Mocnik, „Der 18. Brumaire des oestlichen Fruehlings", in: *Krieg in Europa*, Gaisbacher, Kaser, Promitzer, Sax, Schoegler, Hg., ed. sandkorn, Linz, „Ost-West Gegeninformationen", Graz, 1992, p. 47.) – At the epoch, it seemed that the recognition-hysteria would be over with the establishment of the new States as international subjects. This has been an overly optimistic prognosis. The recognition craze is reproduced and maintained (at the occasions like entering the Council of Europe, NATO, partnership with EU etc.) because it serves to fuel the internal ideological struggles in the „Balkan" countries themselves.

22 For this development, see „Appendix II".

tance by those who should develop a vision of their own (and do not develop it) *to a dualistic scheme ascribed to a privileged „other"*.[23] The dualist scheme „*Europe vs. the Balkans*" is a dualism according to some hegemonic other, to „the international community", „the United States" etc.

We can now appreciate the *tour de force* whereby this scheme is reflexively turned back and addressed to the „balkanised" public mind:

(13) This is the choice between Europe and the Balkans.
(Slovene Prime Minister Janez Drnovsek, *Dnevnik*, Ljubljana, 3.6.1995)

The underlying rhetorical enthymeme may well be: „You have to make a choice. Still, the premises of the choice can only be understood from the point of view from which I address you, from the point of view of Europe. It is only as Europeans that you can chose. *Ergo*: if you want to have a choice, you must always already have chosen." The Prime Minister speaks in the name of the distinction „Europe/the Balkans", and conveys that the distinction can only be drawn from the point of view of „Europe". But how can the „slash" of the distinction be located? It can only be located by making *the knowledge possessed*, the knowledge of the border *defined by the zero-institution*,[24] coincide with the *knowledge to be acquired*, the border between „Europe" and „the Balkans".[25] It is by *recognising* themselves as the members of the

23 Correlatively, the „knowledge" is denied to a non-neutral („horizontal") partner. So that the utterances which may be valid – were they uttered from an appropriate („neutral") position (of „knowledge") – acquire a different sense if they derive from a „Balkan" position of speech. Cf. the following examples: „Albania Complains over Low-Quality Bulgarian Goods" (title in *Standart*, Sofia, 30.11.1996). „Even in Albania they describe slow wittedness as a 'Bulgarian radiator'." (*24 casa*, Sofia, 14.12.1996). This text alludes to a stereotypical expression in Bulgarian – if you call someone or something an „Albanian radiator", this means that they are really slow and dull. „And now that Albania has overtaken us in everything, it is time we started swapping notes with this Balkan country. Once we described half wittedness as being as slow to heat up /"to heat up" in Bulgarian also means „to grasp"/ as an Albanian radiator" (*168 casa*, Sofia, 14.–20.2.1997) (examples and commentary: Roumen Yanovski, *op. cit.*).

24 See „Appendix II".

25 This paralogic is not an exclusive idiosyncrasy of the Balkans, though. The same mechanism is operating in the utterance by the then French Prime Minister Michel Rocard: „*La France ne peut pas accueillir toute la misere du monde*. – France cannot host/accommodate all the misery in the world." The indeciferable distinction between „good" and „bad" misery, entailed by this utterance („not all" means „only some", i.e., eventually becomes „the good misery" as opposed to „the bad misery"; cf. the analysis by Jacques Ranciere, „L'inadmissible", in: *Les bons sentiments*, Le

Slovene „nation“ that the addressees of the message *posit themselves* as „Europeans“. And *this* is the real effect of the ethymematic „conclusion“. In this way, the „young democracies“ organise their social field with the help of differentialist racism.[26]

V. The mechanisms

According to Edward Said, *Orientalism* is a conceptual scheme which ideologically mediates the domination of the „West“ upon the „Orient“.[27] The orientalist hegemony affirms itself when „Orientals“ can no longer conceive of themselves except in orientalist terms. This reflexive moment completes the constitution of „the Orient“ and „the Orientals“ as an object of western domination. It the *subjectification* within the symbolic field of Orientalism that finally transforms „the Orient“ into the *object* of domination.

„Balkanism“ appears as an even more radical mechanism. Contrary to Orientalism, where the logic of domination is imposed by the colonial rule, in Balkanism, it is the immanent logic of the self-constitution itself that generates the incapacity to conceive of oneself in other terms than from the point of view of the dominating other.[28]

genre humain 29, June 1995), can be fixed by making it coincide with the border of the zero-institution „la France“. Michel Rocard later corrected himself by adding: „... *mais elle doit en prendre sa part* – but she has to shoulder her part of it“ (*v. Le Monde*, 21.8.1996) – which, precisely, only spells out what has to be inferred or tacitly understood in the original statement: the appendix does not change the sense, it only states it explicitly – but, curiously, the amended version is supposed to be „politically correct“.

26 Cf. this short, but rich piece: „SOUR POTATOES AND THE REFUGEES. – Refugees in Crnomelj Centre incessantly complain about the food. When, a while ago, they were served potato salad, they found it very extraordinary and, of course, did not eat it. Therefore it has been suggested that women from the refugee centre come to the hotel kitchen and help to prepare the food and advise on the food which would be appropriate. Not one person among the 645 refugees decided to take on this work.“ (*Delo*, Ljubljana, 19.1.1993.) *Monumentum aere perennius*!

27 Edward W. Said, *Orientalism. Western Conceptions of the Orient*, first edition 1978; Penguin Books, 1991.

28 For a soothing note, it may be worth mentioning that the first political use of geography in the Western civilisation is attested precisely in the area that was to become „the Balkans“. See Herodote, *Histories*, V 49–54. Also: Christian Jacob, *Geographie et ethnographie en Grece ancienne*, Armand Collin, Paris, 1991, with additional literature (Pierre Leveque and Pierre Vidal-Naquet, Jesper Svenbro).

Let us briefly resume the features of the Balkanist ideology we have so far detected:

1. It is an ideology of *the domination within* the nation-state, strongly and efficiently articulated to the mechanisms of *international domination.*
2. It does not intervene into the argumentational discourse by providing the „premises“ to the argument – but rather *sets up the frame within which the argumentation is to be carried out.* Balkanism is not so much a „content-component“ than a *para-logical device* which provides the „horizon“ of a specific rationality.

In order to grasp the ideological mechanisms which „Balkanism“ sets in motion, it may be appropriate to start by first viewing „the Balkans theme“ as a simple rhetorical *topos*. This is actually the way how the theme usually occurs: as a *stenographic* indication, as a piece of discourse that refers to a background knowledge shared by the speaker and the audience. This background knowledge is supposed to be, and is offered as, *shared, trivial and true*[29]: precisely as a „common place, *lieu commun, koinos topos*“. Now this „place“ offers to the speakers the advantage to situate themselves upon a privileged border-line, limitrophic, position: at the point where the national and the international dimension articulate one with the other (feature no. 1), or where the general frame of the argumentation touches upon the particular arguments offered (feature no. 2).[30]

29 *Cf.* Donald Davidson, *Inquiries into Truth and Interpretation,* Clarendon Press, Cambridge, 1985.

30 How a speaker, by introducing the „Balkans theme“, promotes himself upon a privileged and *dominating* position, can easily be shown in the utterance (13), proferred within the debate about Slovenia's joining the EU. In (13), „Europe“ first candidly refers to the EU. It functions as a metonymic shorthand, as a *totum pro parte*. The expression „the Balkans“, on the contrary, refers to an ideologically preconstructed entity, belonging to a certain „background“ introduced precisely by the occurrence of this expression. *Retroactively*, the expression „Europe“, having been posited as a term defined by its opposition to „the Balkans“, is „sucked“ into the same background, and is „de-metonymised“: now, what may have initially been only a „part“, becomes the „whole“, and „Europe“ starts to figure as a term within a particular geography – a geography suggested to be „shared, trivial, and true“, precisely because it is not an issue of the conversation, but is kept within the realm of the background assumptions.

Investigations which approach the „Balkans theme" from an angle different from ours, and concentrate upon its „contents"[31], can shed an interesting light upon the capacity of the „theme" to articulate the explicit argument with its implicit background, and to function as a particularly powerful discursive „operator". Maria Todorova[32] proposes the thesis that „Balkanism" is not just another variant of Said's „Orientalism", but has a specificity of its own:

> /Contrary to the Orient, t/he Balkans have a concrete historical existence. ...Not only did part of southeastern Europe acquire a new name – Balkans – during the Ottoman period, it has been chiefly the Ottoman elements or the ones perceived as such that have mostly invoked the current stereotypes ... it seems that the conclusion that the Balkans are the Ottoman legacy is not an overstatement ... It may well be that what we are wittnessing to-day, wrongly attributed to some Balkan essence, is the ultimate Europeanisation of the Balkans. If the Balkans are, as I think they are, tantamount to their Ottoman legacy, this is an advanced stage of the end of the Balkans.[33]

It may be productive to carry Todorova's point a little further: „the Balkans" would then be *the perception, from the point of view of „Europeanisation", „Westernisation", or „modernisation", of what is as-*

[31] Within the impressive literature that has accumulated around our topic, theory of ideology seems remarkably under-represented; to situate our present approach with respect to the „mainstream" treatment of the topic, inspired by the literary studies and a certain brand of politology, we could say that, instead of describing ideological *corpora* as „images" or „visions" which „express" or vehiculate „attitudes" – we start by isolating recurring *formal elements*, then try to determine their *structural* efficacity, and only then, eventually, draw in „semantic" features which, in our view, are just side-effects of the structural or „formal" articulations and operations. – For an important alternative to the „mainstream" approach, *v.* the works by Milan Popovic, collected in: *Balkanska postmoderna 1–3* /The Balkans Post-Modernity 1–3/: • *argon periferije* /The Jargon of Periphery/, author's publication, Podgorica, 1994; *Posle hladnog rata* /After the Cold War/, Kulturni centar, Bar, 1996; *Politicki aparthejd* /Political Apartheid/, Monitor, Podgorica, 1997.

[32] Maria Todorova, *Imagining the Balkans*, Oxford UP, New York – Oxford, 1997.

[33] *Op. cit.*, pp. 12–13. In the view of our remarks in the sequel, the „end of the Balkans" is not likely to be at hand: the norm which commands the teleology of „Europeanisation" guarantees that the process never ends – unless a radical transformation is to occur in the relations of domination between the centre and the (semi-)periphery; but the Balkanist ideology is there precisely to prevent the eventuality of such a radical break.

sumed to be „the Ottoman legacy“[34]. Under this hypothesis, „the Balkans“ would be the myth of Europe read twice: first *recto*, as a myth of progress and modernisation, then *verso*, as the myth of „non-European“ backwardness etc. „The Balkans“ arise at the point where the *recto* and the *verso* readings come together.

[34] It sems to us that Todorova actually over-emphasises the Ottoman dimension. This exaggeration may come from the empiricist bias of her opposition between „the Balkans“, as having a „concrete historical existence“, and „the Orient“ as having no such concrete existence. She then anchors the „concrete historical existence“ in the Ottoman presence. This turn is all too reminiscent of the historiographic, folkloristic and generally nationalist discourse of the nineteenth and the early twentieth centuries. (Just one example, taken at random: „From the strong trunk of the Serbian tribe */plemena/*, into which the savage Ottomans */divlji Osmanlije/* struck, the splinters flied far.“ *Zumbercani i Marindolci. Prilog antropologiji i etnografiji Srba u Kranjskoj*, dr. Niko Zupanic, Belgrade, Drzavna stamparija Kraljevine Srbije, 1912, p. 7.) The concrete historical presence of the Ottoman empire, conceived as an oriental element, seems rather a handy supplementary support to the general Balkanist scheme which conceives the Balkans as „the non-European“ part of Europe, in need of „Europeanisation“ etc. This secondary ingredient gives additional force to the teleologic structure of the Balkanist scheme, and provides it with additional psychological strength, since it underlines the *un-naturalness* of the Balkans which, although a part of „Europe“, is not „European“. *The Balkans then appear as a privileged* locus *of application of one of the constitutive myths of Europe itself.* The „modern idea“ of Europe seems to have been initiated in the 14th and 15th centuries, precisely in the opposition to Islam. It appeared at the historical moment when the hopes of a universal Christian Empire had to be abandoned, and the notion of Europe as an „international“ community of sovereign domains started its carrier. (*Cf.* Denys Hay, *Europe. The Birth of the Idea*, Edinburgh UP, Edinburgh, 1994; first published in 1957.) The European community of „sovereignties“ was then conceived in the opposition to the *religious* entity of Islam. One of the constitutive features of the „idea of Europe“ is thus *the incapacity to „think“ the privileged „other“ according to the same criterion as the „self“ is conceived.* This intellectual deficiency makes the ideological strength of the myth, for it is, as it were, preconceived to assume a hegemonic role. – Linking Balkanism to the „Ottoman presence“ seems a late echo of this old „Europeanist“ scheme. – It actually seems to be a spontaneous gesture of „Europeanism“ to draw into its scheme different „exotic“ elements of „non-European-ness“: the same function is presently being assumed by „the Communist rule“. When the Balkanist ideology wears out, or when its evocation becomes inopportune, „the Communist rule“ jumps in to supplement the vacant function and behaves exactly in the way „the Ottoman rule“ behaved in the more archaic variants. – The „Turkish myth“ stretches well beyond the Balkans, and seems rather an authentically European legend. In the mid-eighties, I heard an Austrian guide in Schoenbrunn say: „Schoenbrunn is not as luxurious as Versailles or some other European palaces, but that is because we had to defend Europe against the Turks for five hundred years.“ In the sixties, there was a joke: „According to statistical data, an average Yugoslav spends five hundred years under the Turkish yoke.“

The particular efficiency of the Balkanist ideology would then stem from the very features that distinguish „Balkanism" from different „Orientalisms".[35] Not only does the Balkanist ideology presuppose a „European" point of view, and thus partakes to the mechanisms of domination; it is also structured along a *teleological* axis („Westernisation" as „normalisation", „modernisation" as „the course of History" etc.), which endows it with a particular mobilisatory power.[36]

„The Balkans" is thus a particular type of *Grenzbegriff*. It operates along two different axes, and produces two types of complementary effects:

1. Upon the „horizontal" axis of the discourse, it produces a (semantic) effect of *disjunction*:
   a) either a *spatial* disjunction upon the imaginary map (the Balkans as opposed to Europe, the West, the Euro-Atlantic civilisation etc.);
   b) or a *temporal* disjunction upon the line of teleological time (Europeanisation, Westernisation, modernisation, transition etc.).

Here, „the Balkans" is a „border-line concept", because it is *the concept of a border*. As such, it provides the co-ordinates which support *the „logical" coherence* of the discourse.

35 The two ideologies can of course be articulated one to the other; *cf.* the editorial published by the leading Slovene daily at the occasion of the visit of the President of the Republic to Rome (*Delo*, 30.5.1998): „THE STICKY CHARM OF THE LEVANT. – ... We mean the Levantine spirit as a philosophy of political culture, and the Italian politics is certainly very close to this tradition. Italians themselves often use the notion 'Byzantine' which originates in the division of the Roman Empire ... This notion corresponds, especially in its degrading connotation, to the notion of 'Balkanisation', which is more familiar to us. It refers to the features of the political culture common to old civilisations of the eastern Mediterranean, the features that are built into the powerful construction of the Turkish history. Simply speaking, these features are slyness, speculation, unreliability, relativity of the given word. These are concepts which are separated from, or, better, are beyond the cilivisational caesura of Westernness, since between the two principles, the European and the Byzantine, the compromise has never been reached."

36 One of the advantages of this view would be that it makes possible the integration of the Balkanist ideology into the larger realm of „modernising" peripheral ideologies, and its articulation to the complementary ideology of Ataturk's „young Turks". Balkanism would then appear as „the young-Turkism" of the Rumelians. (Note, e.g., that Gavrilo Princip belonged to the organisation called „*Mlada Bosna*, The Young Bosnia".)

2. Upon the „vertical“ axis which links the discourse with its background, it produces a (pragmatic) effect of *conjunction*:
   a) both the conjunction between the „subject of uttering“ (*sujet de l'enonciation*) and the „subject of utterance“ (*sujet de l'enonce*);
   b) and the conjunction between the explicit elements of discourse and the implicit „belief-background“ upon which the utterance acquires meaning.

Here, „the Balkans“ is a „border-line concept“, because it reaches *across* a border, or, rather, is *doubly inscribed* – both on the surface of the „manifest content“ of discourse *and* within the domain of the specific exterior of discourse, within the non-explicit belief-background or the „latent thoughts“ upon which the discourse acquires its coherence and its meaning.

Whereas the „semantic“ effects of the first type are relatively easy to analyse, and have been the object of our discussion so far, the analysis of the second-type „pragmatic“ effects requests a stronger apparatus, especially since it is this type of effects which supports the installation of the relations of domination and, correlatively, establishes the horizon of rationality wherein the discourse appears as „meaningful“. One could even say that the facade of rationality and coherence, established by the first type of effects, serves as the vehicle for the second type of „pragmatic“ effects.

At this point, when we need to strengthen our conceptual apparatus, we may productively introduce the metaphor of *das Unbewusste* which figures in the title of our discussion. As our wording has already suggested, the structural *locus* of the signifying element „the Balkans“ is formally analogous to the paradoxical position occupied by what Freud calls „the dream's nucleus“, and which *both* figures within the „dream-thoughts“, *and* operates as the pivotal element around which the „labour of, as it were, building up a facade of the dream“[37] organises itself.

> I am in the habit of describing the element in the dream-thoughts which I have in mind as a „phantasy“ (*Phantasie*).[38]

The signifying element „the Balkans“ thus functions in the way of what Lacan calls the *point de capiton*, the quilting point, as an element

[37] Sigmund Freud, *The Interpretation of Dreams*, Standard Edition, V, 490.

[38] *Ibidem*.

common both to the facade of coherence and rationality, and to what this facade conceals. We can already anticipate that such an element may have the capacity to function as a genuine phantasy within the circuit of communication. It then assumes the function of the structural element which diverts the addressee's „demand of sense" towards the mediating loop of the unconscious desire.[39] In this case, what may normally be just the addressee's *conditional identification with the „subject-supposed-to-believe"*, transforms itself into an *unconditional identification with the subject-supposed-to-know*, whereby the addressee of the message is *interpellated as a subject*, and succumbs to the ideological mechanism.[40]

Still, we should not be too fast at entering into the Freudian apparatus[41]: the Freudian *Phantasie* is an idiosyncratic element of the individual unconscious, while „the Balkans" are a Durkheimian *representation collective* which leaves wide open the question of its eventual articulation to idiosyncratic mechanisms of the individual unconscious, i.e., the question of its theoretical status *tout court*. We should proceed carefully: without anticipating upon the eventual *Phantasie*-potential of the term „the Balkans", we will first consider its *formal* properties, and invoke the more modest concept of the *„pre-construct"* which has been elaborated within the theory of discourse.[42] For this tactical move, we can borrow some justification from Freud:

> In the erection of a dream-facade, use is not infrequently made of wishful phantasies which are present in the dream-thoughts *in a pre-constructed form* ... thus, in some cases, the facade of the dream directly reveals the dream's actual nucleus ...[43]

39 For a more detailed development of the above indications, see „Appendix I".

40 For a more detailed discussion of the conditions of ideological interpellation, *v.* our „Das 'Subjekt, dem unterstellt wird zu glauben' und die Nation als eine Null-Institution", in: *Denk-Prozesse nach Althusser*, H. Boeke, J. Ch. Mueller, S. Reinfeldt, eds., Argument, Hamburg, 1994.

41 See also „Appendix I", *infra*.

42 „... P. Henry (*De l'enonce au discours: la presupposition et les processus de discours*, roneotyped, CNRS – EPHE, Paris, 1974) has proposed the term 'preconstruct' /*preconstruit*/ to signify that which refers to the antecedent, exterior, therefore independent construct, as opposed to what is 'constructed' within an utterance /*enonce*/. This, in short, is a discursive effect, linked to synthetic *enchassement*." (Michel Pecheux, *Les verites de la Palice*, Maspero, Paris, 1975, p. 89.)

43 The paragraph added to *On Dreams* (1901) in 1911; Standard Edition, V, p. 667 (italics ours). In *The Interpretation of Dreams*, Freud already wrote about „the case

VI. The „pre-construct"

As an example of the preconstruct, Pecheux quotes a joke from Freud's *Witz*:[44] „Is this the place where the Duke of Wellington pronounced the famous words? – Yes, this is the place, but he never pronounced those words."[45] Pecheux remarks that the effect of this kind of jokes comes from the fact that they explicitly disclose how *identity* („of a subject, of a thing or an event", as he specifies) is constituted „somewhere else, in an *hors-lieu*", in an off-side or *alibi*, and that for this reason the effect-of-identity is not hurt *regardless to whatever happens within the utterance proferred.*[46] Pecheux then jumps to the conclusion that „the effect of preconstruct can be taken as the discursive modality of the interval from which the individual is interpellated into subject being simultaneously 'always-already' a subject".

We should carry the reflection started by Pecheux further, and introduce some further distinctions. We can agree that the identity of discourse-items is „constituted" somewhere else, that is, within the „conceptual schemes" that are a part of the *belief-background* upon which an utterance makes sense. The question then arises how the addressee of an utterance (or, for that matter, the speaker him/herself) *assumes* the belief-background upon which s/he is to interpret (or to

in which a formation of that kind already exists, available for use in the material of the dream-thoughts".

44 Sigmund Freud, *Studienausgabe IV, Psychologische Schriften*, Fischer, Frankfurt, 1974, p. 60, note.

45 A classical instance of preconstruct is the following sentence from St. Paul's „Epistle to Titus": „Dixit quidam ex illis, proprius ipsorum propheta: Cretenses semper mendaces, malae bestiae, ventres pigri." (*Tit., 1, 12.*) – In a footnote, Pecheux offers several other examples. He does not explicitly comment upon the extraordinary fact that they are all linked to ideological apparatuses, i.e., to the „material existence of ideology", that is, to *institutions* (although he does classify them according to this criterium: jokes linked to the school, to the literary canon, to the religious apparatus – and to „ideological repetition"). – During the eighties, we were making much use of the following peice: „There are no more Stalinists in our Party; we liquidated the last one yesterday." – The most productive one, to my sense, is still Chico Marx's pun from *The Brothers Marx in the Circus*: „If you have troubles, get a lawyer; then you'll have more troubles, but at least you'll have a lawyer." (In the Marx Brothers production, there is another metaphysical pun which shows the preconstruct *in the process of its institution*: „You resemble XY. – I *am* XY. – No wonder then you resemble him.")

46 „... the effect of the preconstruct is founded upon the interval through which an element intrudes into the utterance, as if it were thought 'before, somewhere else, independently'".

profer) the utterance. This question itself suffices to suggest that the „constitution" of the „subject" (the speaker, the hearer, the communicational community of „subjects") *differs from* the constitution of discourse-items (referential expressions, predicates, etc.[47]). We should further be able to explain how a speaker-hearer is able to *shift* from one belief-background to the other, including to those s/he does not „believe in".[48]

The mechanism of subjectivation (or, should we say, the production of the *effect „subject"*) should then secure that the discourse-items function, and be treated, *as if* they were not constituted „somewhere else", within the belief-background. *As if* their occurrence within the utterance were self-sufficing. The effect-subject should secure *the invisibility of Pecheux's „interval"*, it must be able to *saturate* the utterance, to make it „meaningful".[49] Taking Lacan's circular definition of the signifier[50] as a determination of the „effect-subject", we could then say: the subject is what the discursive *interval* within the utterance, *taken as a signifier*, represents for some other signifier within the belief-background.[51]

47 For the simplicity of exposition, we are here assuming the „substancialist bias" of Pecheux's discussion; the same questions would arise in a much sharper and better differentiated form if, instead of debating referential expressions and predicates, we focused upon the „speech acts": how are the speech acts happily performed and taken up if, as is usually the case, they are not performed by the way of an explicit performative? This approach immediately leads towards the questions of intersubjectivity and of formation of „communicational situation".

48 A common deficiency of the Marxist traditions of the theory of ideology is to underestimate the actual *plurality* of ideologies in play in every society. Or, more precisely, to view the plurality of ideological patterns almost exclusively under the angle of „ideological struggle" conceived in an overly agonistic terms – instead of starting from the simultaneous interplay of heterogeneous, eventually contradictory, ideological „schemes" in every-day social interaction. – To be just, this remains a thorny and unresolved problem also in other traditions, e.g., that of the British anthropology (cf. Firth, Leach, M. Bloch). – An important development was made by Paul Veyne with the introduction of the concept of „truth-programmes, *programmes de verite*" (*Les Grecs ont-ils cru en leurs mythes?*, Seuil, Paris, 1983.)

49 We could apply to the subject the formula Lacan uses for the „sense": it does not exist in any of the discourse-items, while it insists in all of them. We could also play with the etymology: in the relation to the utterance, the subject ex-sists.

50 „Le signifiant est ce qui represente le sujet pour un autre signifiant. – The signifier is that which represents the subject for another signifier."

51 Less cryptically, we could say: the Althusserian „subject of ideology" is a certain modality of the relation between the linguistic *sujet de l'enonciation* and *sujet de l'enonce*, the modality which makes the two „instances of subject" become undiffer-

Coming back to our topic, we can now say that in our example:

(13) This is a choice between Europe and the Balkans.

– the effect-subject takes place between the (bizarre, non-sensical, „counter-factual") *interval* created by the opposition „Europe/the Balkans", and the signifier „the Balkans" as it figures in the belief-background which supports the meaning of (13). The (Althusserian) subject (of ideology) is, so to say, the relation between the paradigmatic („ideal") entity, constructed in the background-alibi, and its actualisation as an occurrence in an utterance.

The „background", of course, is nothing else than the relations among discourse-items which have to be assumed, presumed, taken as „pre-conceived", in order for the utterance to make sense – and which can be expressed in the form of the complement to a propositional attitude.[52] The background is, therefore, no less a retroactive, *nachtraeglich*, effect than the subject. That is why the background is constituted by the very utterances where it occurs as a „preconstruct". This is also the reason why individuals can be led to „assume" such backgrounds merely by being exposed to them and by merely pronouncing them.[53]

Only some „items" qualify for this „subjectivating" function, though. „The Balkans" do: why? It is because „the Balkans", like other similarly privileged ideological elements, are able to *organise* the belief-background upon which the discourse „makes sense". Under the threat of the communicational break-down, and the consequent loss of intersubjectivity, communicational partners (or „social individuals" in general) are in an utter need of such anchoring elements upon which they can suspend the network of their intersubjective (and, generally, social) relations.

enciated. – By treating „the interval", „*l'ecart*", as a signifier, we only extend an old idea of structuralism (the „zero-value" features, non-markedness as a particular marker, etc.), which was, to our knowledge, introduced for the first time into social sciences in two essays by Marcel Mauss („Les parentes a plaisanteries, 1926; „La cohesion sociale dans les societes polysegmentaires", 1931), where Mauss argues in favour of the structural relevance of the „negative fact". A generation later, and under the additional influence of Kojeve's Hegelianism, „negativity" became the obsession of a generation (G. Bataille, „College de sociologie"; also: Levi-Strauss, Sartre, Lacan, Merleau-Ponty, etc.).

52 That is, as *p* in the utterances of the type: „I believe (know, doubt, assume, etc.) that *p*."

53 The informed reader does not need to be reminded of the connection with Blaise Pascal's idea of „the habit, pushing the automaton which induces the spirit, without the spirit being aware of this" (*cf. Pensees*, nos. 250, 252).

„The Balkans", and similar elements, provide such a suspension-hook because they support, from the outside, as it were, the constitution of the „zero-institution"[54] which is itself the absolute guarantee of the communicational possibility in individualist societies. By tracing an additional distinction which either coincides, or is teleologically designed to coincide in the future, with the outer rim of the zero-institution, „the Balkans" and similar segregational devices *supplement to* the immanent instability, non-saturation of the (national) zero-institution.[55]

Since the zero-institution provides for the possibility of *shifting* among different belief-backgounds in the modern ideological situation, its maintenance is an absolute condition for the reproduction of a „communicational community". Now since such a zero-institution is a „pure form", a content-empty „program manager", it cannot sustain itself without being, at any given moment, over-determined by some „particular" ideological scheme. This „scheme" is the familiar „hegemonic ideology". In democratric individualist societies, the more an ideology is „formal", the less an ideology is „content-bound", the better it qualifies for the hegemonic role. Balkanism is precisely such an ideology: after all, it only traces a distinction, and leaves wide open the secondary question of the „semantic" filling of the two separated compartments it institutes.

In order to be able to shift from one belief-background to the other, which is a condition of communication[56] and generally of social interaction in modern „democratic" societies[57], the social individual

54 In the sequel, we make much use of the concept of „nation as a zero-institution"; we have developed this concept in different other papers; to facilitate its understanding, we have added to the present paper an appendix to which the interested reader is invited to refer her/himself.

55 It seems that the first lucid formulation of this *necessity of supplementation which is immanent to institutionalisation*, was given by Radcliffe-Brown in his article on „Joking relationships": the „normal" functioning of institutionalised social relations *by itself* produces contradictory situations, e.g. such where, in Radcliffe-Brown's terms, social disjunction and social conjunction coincide, and where both requirements (keeping the distance and reducing it) have to be maintained. This type of situation is regulated by its *supplementary institutionalisation*, by the rituals of avoidance or those of „joking". (Alfred Reginald Radcliffe-Brown, „On Joking relationships", *Africa*, vol. XIII, no. 3, 1940. Reprinted in: *Structure and Function in Primitive Society*, Routledge & Kegan Paul, 1952.)

56 For a theory of „communication" (i.e., theory of ideology), see „Appendix I", *infra*.

57 It is a condition also in other types of society, but there it is secured in different other ways; the general problem is approached in Maurice Bloch's essay „The Past

has to be able to accede to the identification with the „subject-supposed-to-know" ascribed to the national zero-institution. Unconditional identification with this instance is a condition of possibility of the conditional identifications with the „subject-supposed-to-believe" that support everyday communication. Now immediately, the individual is only confronted with „possible" beliefs and their belief-subjects. But she or he cannot accede to them without having first performed the preliminary identification with the subject of knowledge, the identification that opens the field of „possible" beliefs and the access to belief-subjects ascribed to them. In other words, understanding and communication in general are impossible without their agents having first identified themselves with the subject-supposed-to-know of the zero-institution, without their *having become „subjects"*, i.e., without their *having been interpellated into some (particular) ideology.*

Ideologies whose belief-schemata can be made, in one way or the other, to coincide with the underlying „scheme" of the zero-institution, and whose „subject-supposed-to-believe" can thus *be blurred with the subject-supposed-to-know of the zero institution*, are therefore *la voie royale* towards securing the absolute preliminary condition of any communication and social interaction in general.

Balkanism is one such ideology.

VII. Ideological interpellation

We have dealt with two different cases where we thought to be able to seize the Balkanist ideology „in action":

1. The first case we grasped as a matrix of the rational choice, guiding practical action and practical reasoning. „Balkanism" there operates as a formal distinction which needs not to be lexicalised in the familiar Balkanist vocabulary, or is eventually only secondarily so expressed. In this case, what we can only analytically recognise as „Balkanism", functions upon the level of the *common sense* which sets *the horizon of rationality* to different everyday practices, and which lubricates the mechanisms of different apparatuses by which and within which these practices are carried out.
2. In the second case, we were concerned with a series of historical utterances where the Balkanist vocabularly explicitly occurs, in a

and the Present in the Present"; specifically for the ancient Grece, *v*. Paul Veyne, *op. cit*.

way which may be disturbing to the „common sense" shared by the communicational community where they were proferred.

We propose to view the two different and even contradictory modes as the *limit cases* of ideological process. They do not exclude each other and, *non obstat* their logical contradiction, they may, as they do, operate simultaneously within the same communicational community. We may say that ideology *either functions or it appears*, and, while „appearing", it still „functions".

1. In the first case, the Balkanist ideology is taken for granted, it has the dignity of the „common sense", and this dignity is bestowed to it by the authority of the instance *from which it is enacted*. It functions as the horizon of rationality within which takes place the action of authorities (governments, ministries etc.) whose legitimacy is independently secured (e.g., by the institutions and practices of the democratic state).
2. In the second case, Balkanism figures within a piece of deliberative discourse: here, it can be taken for granted, and then it „functions" as a component of the prevailing „common sense"; or it can „appear" as disturbing. It is this second possibility which is of particular interest to us: for it is in this case that Balkanism (or, generally, any ideology) occurs as a „preconstruct" and creates the „interval" which, according to Pecheux, is the *locus* of ideological interpellation. This second possibility then logically precedes the first one: for an ideology to function smoothly, within the horizon of the established common sense, the agents who communicate „through" it have first to be intepellated „into" it, and that is what may happen when an ideology or, rather, its elements, function in the second, „disturbing", way.

By creating a disturbing „interval", ideology creates a *crisis* within the discourse – a crisis to which it is able to offer a ready-made solution. With the „interval", there appears a „discontinuity" within the discourse, a „break" that threatens its meaningfulness.[58] The recipient

[58] The „situation" created by the discursive interval is analogous to the one which, in other contexts, would lead to the intervention of magic. *Cf.*: „It is when ordinary expectations fail to hold, when the Zande man-in-the-field is confronted with anomalies and contradictions, that the cry of witchcraft goes up. It is a kind of dummy variable in the system of common-sense thought. Rather than transcending that thought, it reinforces it by adding to it an all-purpose idea which acts to reassure the Zande that their fund of commonplaces is, momentary appearances to the contrary notwithstanding, dependable and adequate." (Clifford Geertz, „Common

then faces a radical dilemma: „Is this nonsense or does it have some meaning?“ According to the principle of „interpretational charity“, or to the maxim of „communicational co-operation“, [59] the addressee is most likely to opt for the second alternative, and to look for additional conditions under which an utterance like (13) may make sense. Since it is not only the sense of the utterance which is in danger, but the whole communicational situation seems at risk, the addressee will look for elements which can eventually link together both the process of uttering (*l'enonciation*) and the utterance itself (*l'enonce*). Now, precisely the disturbing element „the Balkans“ satisfies this request. And Balkansim is introduced as the shared background to the communicational process. Supplementary elements, especially those belonging to the „common knowledge“, like „the concrete historical existence of the Ottoman Empire“,[60] additionally support the Balkanist interpretational hypothesis. And – once an „interpretational hypothesis“ having been successfully applied, it become a discursive „reality“. Not only the utterance under interpretation, but the communicational situation itself, i.e., the social relationship, hereafter rests upon the Balkanist ideological background.

***

Sense as a Cultural system“, in: *Local Knowledge*, Basic Books, New York, 1983, p. 79.) – In the case of the modern ideology, the „common sense“ does not break down under the impact of some empirical event, it is *broken from within* by a discursive occurrence; the gap is not filled-in by another system – the „dummy operator“ of the witchcraft, but is „transcended“, liquidated by the introduction of a *new* belief-background, eventually functioning as „knowledge“ – a background which simultaneously bridges the gap, confers meaning to the utterance *and transforms the communicational situation, i.e., the local network of social relations*. Geertz's example (of the magic) refers to the regulation of the relations between a society and its natural environment; our ideological case concerns the „relation“ of the social individual to the social relations, i.e., it concerns the relation of „a society to itself“. In Maurice Bloch's theory (*op. cit.*), Geertz's example belongs to the „first“ (largely „true“) cognitive system, while our case belongs to the second („exotic“) cognitive system which typically regulates the relations of social inequality.

59 *Cf.* Donald Davidson, Paul Grice, *op. cit.*

60 *Vide supra*, note 31.

Appendix I

During the discussion, there has been some debate as to the suitability of the introduction of the psychoanalytic conceptual apparatus into the analysis. I remarked that I would like to provide for their proper theoretic articulation with the rest of the conceptual inventary, and, consequently, to postpone their introduction as far as possible. I was justly reminded that the moment will still inevitavly come when I will have to face this eventuality. The following is my proposal how to procede when the moment comes.

It would be convenient to start from Althusser's theory of ideology, since it already articulates itself to the problematic of the *subject*, posing this problem, as it were, *as its specific exterior.* There remains the question whether Althusser's theory depends upon the problem of the subject *remaining* outside it, in a non-reflected pre-theoretical way. This, of course, is one reason more why it seems worth to approach the problem. – We start from Althusser's thesis: *„L'ideologie interpelle les individus en sujets.* – Ideology interpellates individuals into/as (?) subjects."

Althusser's indication can be read in either a „soft" or a more rigorous key[61]. The „softer" reading yields just another version of the „infra-/supra-structure" „theory", and, symptomatically, a particularly rigid one[62]. The „rigorous" reading is immediately caught in a *vel*-alternative[63]: either it insists upon the literal meaning of Althusser's thesis that „ideology interpellates individuals *as* (*'en'*: 'into'?) *subjects*, and then blocks its capacity to account for trans-ideological communi-

61 The two readings were demonstrated by Sebastian Reinfeldt at the seminar on the epistemology of the humanities at the *Institutum studiorum humanitatis,* Ljubljana, in March 1995.

62 This is not a purely „academic" possibility of interpretation, for it has been proposed by otherwise alert minds; cf. S. Hall, „Cultural Studies and the Centre: some problematics and problems", in: S. Hall and al., *Culture, Media, Language*, Routledge, London, 1980, 1992. In the British Cultural Studies, this interpretation led to a strategic retreat „from Althusser back to Gramsci", which proved productive as it centred the discussion around the „weaker" Gramscian notion of „hegemony".

63 In the Lacanian sense; cf. Jacques Lacan, *Le seminaire XI. Les quatre concepts fondamentaux de la psychanalyse*, p. 185 *ssq*.: „Le *vel* de l'alienation se definit d'un choix dont les proprietes dependent de ceci, qu'il y a, dans la reunion, un element qui comporte que, quel que soit le choix qui s'opere, il a pour consequence un *ni l'un, ni l'autre.*" (p. 191.)

cation; or it tries in some way to avoid the strong requirements of Althusser's diction, but then risks losing their theoretical impact.

We can try to find a compromise and suggest that ideological interpellation is not a mechanism of subjectivation, but rather one of *identification*.[64] If the ideological discourse succeeds in making the identification an unconditional one, then it accomplishes interpellation proper and catches the interpellated individual within the horizon of the particular ideology it is vehiculating. If the accomplished identification is a conditional one only, then the transaction is only that of the trivial „understanding"; the advantage of this theoretical approach is that it can account for communication across ideological barriers. In the case of unconditional identification (of interpellation proper), the „background beliefs", against which an utterance is „understood", are taken, by the interpellated individual, as necessary. While in the case that the identification is only conditional, the background beliefs are taken in the modality of „possible beliefs", which accounts for an individual's „understanding" without having to submit to the ideology that is addressed to her/him.

This theory can account for the way in which the interpreter understands utterances like:

(1) Let a hundred flowers bloom.

If the addressee possesses the „contextual information" to the effect that Claude Lorrain said (1), then s/he may be led to interpret (1) as expressing a horticultural doctrine („the English garden" as opposed to „the French garden"); if the information indicates that Mao Zedong said (1), then (1) is interpreted as expressing a doctrine on the cultural policies of a Communist Party. It is not the „authorship" that determines interpretation, though, but rather a calculus on the relative „yield" of belief-backgrounds: it would not help much to know that Pu Yi said (1), for Pu Yi, the last Emperor of China, may have meant it

64 This reading can appeal to Althusser's Thesis I: „L'ideologie represente le rapport *imaginaire* des individus a leurs conditions reelles d'existence." – If the problem of ideology is to be situated within the imaginary register, then it should also be thought in terms of (imaginary) identification, and not in terms of subjectivisation proper, which pertains to the Lacanian „symbolic register". – For a detailed development of this point, see our texts: „From Historical Marxisms to Historical Materialism: Toward the Theory of Ideology", *Graduate Faculty Philosophy Journal*, vol. 14, no. 1, New School for Social Research, New York, 1991; „Ideology and Fantasy", in: *The Althusserian Legacy*, A. Kaplan and M. Sprinker, eds., Verso, London – New York, 1993.

in one sense while in re-education and in another sense later after having devoted himself to gardening. Neither has the interpretation anything to do with the relation of the utterance to the „extra-linguistic" reality: we would deny the truth-value to the utterance

(1') Comrade Zdanov said: „(1)".

because we would have understood it; and the clue to understanding would be precisely the contested attribution of (1) to •danov, the a t-tribution that situates (1') upon the background of a certain political debate.

Under this interpretation, we are able to present the ideological communicational process as the *inversion* of Lacan's scheme of the analytical process[65]: the communicational process starts from the addressee's *„demand* of sense", which is confronted with a „sense/nonsense" alternative; the addressee solves this alternative by *identifying* her/himself with the *subject supposed to believe* „all that is necessary to believe" for a particular string of signifiers to „make sense"; from this quasi-neutral pivotal point of communication (to which both the addresser and the addressee implicitly appeal), the „sense" comes back to the addressee; this back-lash of the addressee's demand is the *ideological interpellation* in the event that it succeeds.

What, then, are the conditions of a „happy" interpellation? They are suggested by the very scheme we have borrowed from Lacan: if, at the point of the „sense/nonsense" alternative, *an individual fantasy intervenes*, then the process does not proceed directly to the point of identification (to the „subject supposed to believe"), but *takes an unconscious loop and is mediated by the individual's (unconscious) desire*. In this case, the identification is no more „conditional", it becomes unconditional, the background beliefs are assumed to be necessary, and the interpellation succeeds.

65 As given in: Jacques Lacan, *Les quatre concepts fondamentaux de la psychanalyse – Seminaire XI*, Seuil, Paris, 1973, p. 244.

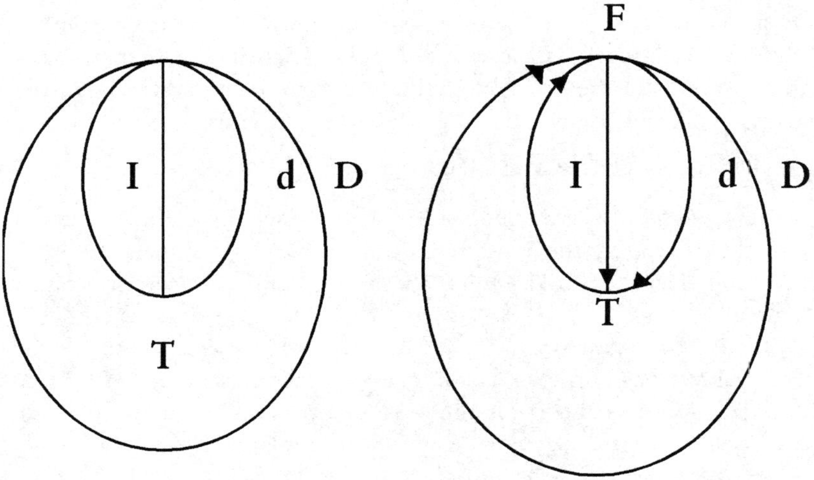

Lacan's scheme | Ideological interpellation

D = demand (of sense), I = identification, T = point of transference (subject supposed to believe/know), F = (individual) fantasy

Thus amended, the theory can eventually account for the effect of utterances like:

(2) Waldheim and the Austrians are deeply hurt.
(3) Look, I'm not going to pick on an invalid.

(2) was the headline in a Slovene daily after the Austrian President had been banned from the U.S.: it may trigger the fantasy of the „humiliated father"; (3) a remark made by the candidate Reagan during his campaign against Dukakis, may activate „castration-related" fantasies. President Johnson's statement:

(4) I am not going to be the first President to lose a war.

may likewise trigger anxiety and „impotent father" fantasy.

At this point, though, our elaboration seems to be caught into a particularly uneasy epistemic position: introducing the concepts of „interpretation", „belief-background" etc., we have „retreated" from the strong requirements of the Althusserian theory to the „weaker", and more realistic, requirements of the „ordinary language philosophy" (and especially to the approach elaborated by Donald Davidson); but we are running the risk of losing the „interpellation" on the way.

The subsequent, somewhat forced introduction of the „fantasy" seems to complete the self-destruction of the theory.

The fantasy-condition seems too strong, and it further leads to the question of whether, in the case of a successful interpellation, the point of identification should not be conceived as „the subject supposed to *know*" (as in Lacan's original scheme), and not as the subject supposed (only) to believe.

At this point, the theory seems blocked. While not giving up on the fantasy hypothesis, which seems to offer an appropriate description for particularly strong cases (ideological extremism etc.), we can attempt further to develop the idea that the interpellation may depend upon the identification with „the subject supposed to know". In one particular type of case – that of national *identification* (which we conceptualise as the identification with the subject ascribed to the „national zero-institution", and eventually functioning as „the subject supposed to know")-, this line of development seems plausible, *but on the condition that we give up any content-oriented preoccupation and design the theory on purely formal terms.*[66]

Trying to avoid the hypothesis that a happy interpellation depends exclusively upon the „senseless" fantasy, we are thus led to evacuate any „sense-oriented" concern from the general theory of ideological communication. The „formalisation" of the theory has yet another unexpected result: it appeares that, after all, the interpellation can successfully be linked to the mechanism of subjectivation. The attempt to avoid the reference to the fantasy, i.e., to the subject-generating instance of the unconscious, thus opens the possibility to introduce the mechanism of subjectivation into the theory.[67]

At the present stage, the theory of interpellation can be resumed in this way: the interpellation succeeds if the ideological discourse man-

66 For more detail, v.: „Subject supposed to believe and nation as a zero-institution", *op. cit.* – This is another „strategic move" from a „stronger" paradigm towards a „weaker" one: the first one has been, simultaneously a weakening of the intra-theoretical requirements (from „subjectivation" to „identification") and of the general conceptual paradigm (from Althusser to the elements of „ordinary language philosophy"); this second one is a move from a revision of Lacan to certain suggestions made by Levi-Strauss in the fifties (the problem of the „dualist organisations" and the idea of the „zero-institution"). – See also the „Appendix II", *infra*.

67 The „softening" of the fantasy-requirement thus produces two unexpected results: 1. the „senseless fantasy out" move evacuates *any* „sense-oriented" concern; 2. inversely, the „subjectivating mechanism out" move brings the problem of the subject *back* into the reach of the theory.

ages to squeeze the interpellated individual into a *vel*-alternative that is the mechanism of subjectivation in its pure and void form. In this position, the interpellated individual has to appeal to „a subject supposed to know“, whose structural *topos* s/he „projects“ upon some sociohistorical instance: invested with the *topos* of the „subject supposed to know“, this instance becomes a position of authority. The situation can be illustrated by the request which, according to the Jesuit historian Juan Mariana (1601), dona Ximena addressed to the king of Castille: „Ella misma requiro al Rey que se le diesse por marido, ca estaba muy prendada de sus partes, o le castigasse conforme a las leyes, por la muerte que dio a su padre.“[68] Faced with an alternative where both options are supported by an „absolute“ justification, and where for the same reason any choice brings about an „absolute“ violation, dona Ximena delegates the decision to the authority, whereby she recognises the authority and reproduces it by submitting herself to it; she thus opens the way to the ideological process into which she had been „interpellated“; regardless of the „contents“ of the royal ruling, the ideological construction will have been reproduced. The king's actual decision can be interpreted as a „sound“ ruling precisely with the arguments drawn from the ideological field reconstituted by Ximena's request.[69] This request and the subsequent king's operation thus *reproduce* the social construction at a number of its critical points.

Our utterance (13) can be formalised along the same lines: you have to chose between Europe and the Balkans; but you can only have a choice in Europe; consequently: if you want to chose (and you have to), you must always already have chosen.

(m) You have to chose: „Europe vs. the Balkans“./Interpellation/
(M) But you only can chose in Europe./The *vel*-situation/
(Conclusio) You have always already chosen Europe./The interpellation succeeds/

68 „She asked the king to give him (= Rodrigo de Bivar, „el Cid“) to her for a husband, for she was much taken by his qualities, or to punish him according to the laws for the death he had afflicted to her father.“ – Corneille opens his „Avertissement“ (1648) to *Le Cid* by quoting the passage in Spanish.

69 The king orders dona Ximena and don Rodrigo to marry: with one and the same gesture, he „covers“ an unprotected female, reconciles with the link of alliance the two families engaged in a blood feud, bestows a fee to a worthy vassal, and reaffirms his hold upon an asocially behaving war-lord. No wonder everybody was happy with this decision, as Mariana takes care to note.

***

Appendix II: A formal theory of the nation[70]

In an article of 1956[71], Levi-Strauss developed the thesis that dualist social organisations somehow „spontaneously" develop into ternary organisations. Without elaborating on its possible relevance for the main idea of the text, he also made the suggestion that in every society, there exists an apparently non-functional *zero-institution,* whose only function is to make it possible for a society to exist. With the help of an appropriate definition of a „dualist society", we can show that the introduction of a third component is structurally necessary, and that this supplementary structural instance is the zero-institution.

Levi-Strauss presents the example of the dualistically organised Winnebago village, and draws attention to the fact that informants from different moieties give drastically different accounts of the village-organisation: although both representations are dualistic, one rests upon a diametric conception of dualism, and the other upon a concentric conception.

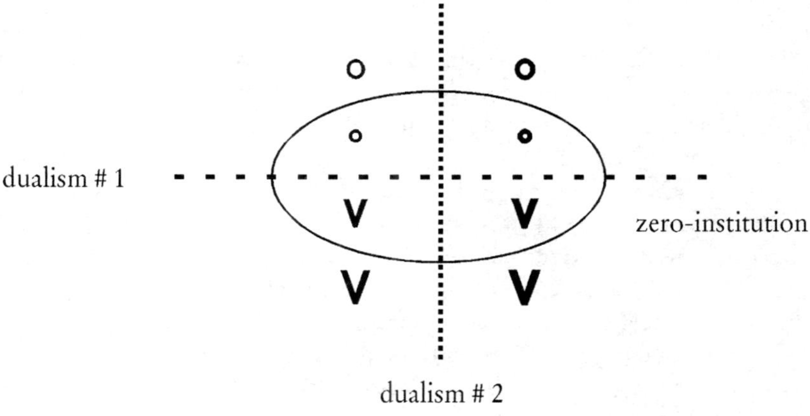

[70] For a lengthier exposition of the theory here presented, *v.* our: „Das 'Subjekt, dem unterstellt wird zu glauben' und die Nation als eine Null-Institution", in: H. Boecke *et alii*, eds., *Denk-Prozesse nach Althusser*, Argument, Hamburg-Berlin, 1994. The English version „Subject supposed to believe and nation as a zero-institution", in: *Along the Margins of Humanities. Seminar in Epistemology of Humanities*, A. Milohnic, R. Mocnik, eds., Ljubljana, 1996. – The Appendix is an abbreviated version of the quoted article.

[71] Claude Levi-Strauss, „Les organisations dualistes existent-elles?", in: *Anthropologie structurale*, Plon, Paris, 1958.

The discrepancy between the two representations – one diametric and the other concentric – supports the historical materialist contention that the notion of the „social totality“ depends upon the structural position from which the „totality“ is conceived; it also radicalises the question of how such a society can produce *the effect of totality* at all, how it can reproduce itself: under these conditions, social „integration“-reproduction seems impossible, for it seems to be blocked by the two radically different, mutually exclusive ideological schemes that are unable to inter-communicate.

This apparent explanatory dead-end is actually a theoretical overture. It offers a good starting position for a stricter definition of a „dualist“ (or any other) social organisation, for it introduces the necessity for such a definition *to take account of the ideological mediation of the reproduction of social relations.*[72]

A dualist social organisation can then be defined as the kind of organisation that *allows for two different dualistic conceptions* of the social „whole“. (In our case, the two representations are based on two different notions of dualism: one is diametric, the other concentric).

Such an organisation is facing a structurally motivated communicational break-down that can (only) be resolved by the introduction of *a third* ideological conception which is „neutral“ in respect of the other two notions „of society“, and in reference to which the two constitutive ideologies can define and „situate“ each other, and thus inter-communicate.

Let us present a simplified model of the solution. Let us assume that a small social world, consisting of objects defined by three coupled oppositional distinctive features, is initially organised in a dualistic way. One of the „initial“ dualistic ideological conceptions organises this world along the opposition „circular/not-circular“, and the other along the opposition „bold/not-bold“. Conceiving the social world in two different dualistic ways, members of this society cannot communicate directly, unless the two groups, defined by their ideological „world views“, find a common solution. The solution proceeds from the introduction of a *third type of „conceptual scheme“, based upon a*

[72] In this way, we try to offer an old theoretical *desideratum*: the definition of the social structure in the terms of the inscription of the subject into it. (*Cf.* also: Claude Levi-Strauss, *Le totemisme aujourd'hui*, PUF, Paris, 1962.) To my knowledge, the first definition of a „social fact“ in the terms of its „subjective“ (i.e., ideological) apprehension, is the definition of the „bodily technique“, offered by Marcel Mauss in „Les techniques du corps“ (1934), *in*: *Sociologie et anthropologie*, PUF, Paris, 1950, p. 372.)

non-pertinent distinctive feature. It can be broken down into two steps: 1. The perception and the definition of misunderstanding (misunderstanding appears as a positive moment in social integration): „Your conception of the social world is based on a feature that *is not pertinent* to my conception." – „My way to organise the world proceeds from a distinction that *is not pertinent* to your way of organising it." – This step introduces the notion of the non-pertinent distinctive feature. – 2. For the second step, both groups „agree" a common scheme of world-organisation, based upon a distinctive opposition that is non-pertinent within their respective specific ideological conceptions. This „third" conceptual scheme is *the zero-institution.* The zero-institution functions as the common reference of the two mutually exclusive conceptual schemes (they can both be „generated" from it), and thus secures their inter-communication, imposing itself as a „neutral", mediating instance. The zero-institution produces *the totalising effect „Society"*.

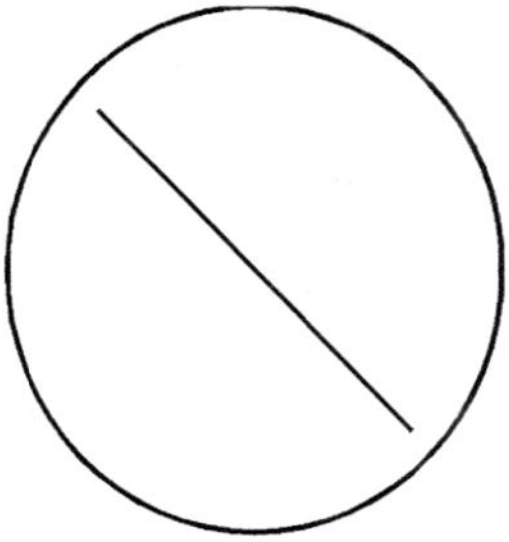

Winnebago village according to the informants of the upper moiety

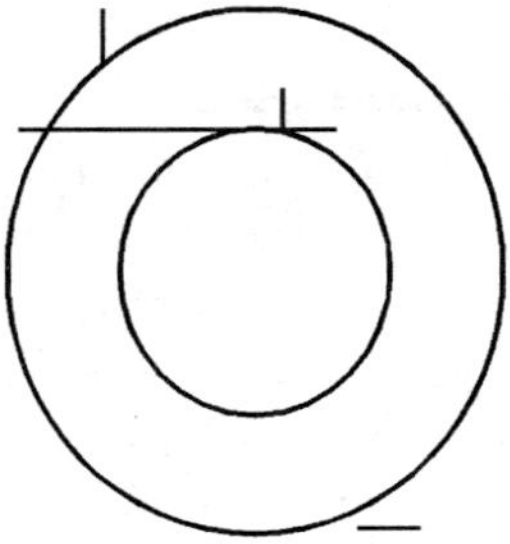

Winnebago village according to the informants of the lower moiety

Our hypothesis is that *the nation functions as a zero-institution.* Intuitively, the idea seems persuasive: 1. whereas other institutions, divisions etc. seem to be functional in a modern society, the nation seems „to lack" a function; 2. correlatively, in nationally organised societies, all functional institutions etc. are referring to, and are conceived under the perspective of, the nation. It would therefore seem plausible that the nation has no other function than to enable a certain type of society to exist, i.e. to reproduce itself „as a whole". – Contrary to the intuition goes the fact that *this* type of society already possesses a mechanism for over-all social reproduction – the state. The nation would then seem to *redouble* an already existing institution. Other difficulties appear from differences between the zero-institution as it operates in stateless societies, and the way the nation operates:

1. While the standard zero-institution divides a society from within – the nation unifies a modern society and defines its outward border. While the zero-institution divides a society into exclusive divisions – the nation totalises a society into an inclusive whole.
2. While the standard zero-institution defines itself in relation to other (functional) institutions of the same society – the nation defines itself in relation to the same institution (the nation) of other societies.

The nation is inwardly inclusive and outwardly exclusive, while the standard zero-institution is inwardly exclusive and has no outward dimension. Or, in more exact terms:

- *The nation is inclusive in the heterogeneous dimension* (it includes other heterogeneous institutions of the same society) *and exclusive in the homogeneous dimension* (it excludes institutions of the same kind, i.e., other nations).
- *The standard zero-institution is exclusive in the heterogeneous dimension* (it „cuts across“ other institutions of different, heterogeneous kinds) *and inclusive in the homogeneous dimension* (within its own dimension, it distributes individuals in a unified way).

Important consequences follow from these differences: while a standard zero-institution defines itself in relation to other („functional“) institutions, and *divides* the social field into exclusive partitions – the nation defines itself in relation to other nations, first to those with whom it „shares“ its boundary, and in relation to individuals within that boundary; it *unifies* the social field into an inwardly inclusive, and outwardly exclusive „whole“. The nation is basically an imaginary boundary.

Translated into our idiom of „belief-sets“, these features indicate that the nation, as a zero-institution, is a solution to the problem of social integration under the conditions of mutually independent and situationally de-relativised beliefs. In Levi-Strauss's example, which may be a case of rare social dogmatism, conceptual schemes are linked to the social position. Neither situational nor social relativisation is anywhere linked to the abstract political constitution of individualist societies.

The only opposition the nation introduces *into* the social field it defines, is the opposition between the individual and the collectivity. The nation pulverises the social field into a set of abstract individuals, defined only by their relation to national collectivity, i.e. to the imaginary boundary. This *structural opposition* „functions as", or „is conceived, experienced as" *a cultural identification.* It is identification with the subject of the national zero-institution. Contrary to the instance of the „subject supposed to believe" which supports the belief-sets, this is a „subject supposed *to know*", for the identification with this instance is *correlative with the occultation of the conditions of possibility of such an identification.*

The subject of the national zero-institution certainly is the subject supposed to „know", but the „knowledge" ascribed to this instance is void: it exhausts itself in its „function" which is to provide for the possibility of „shifting" among the otherwise un-connected belief-sets. This is why it is open to investment from some *particular* belief-set, from some *particular ideology* that operates within the space circumscribed by the national zero-institution. The ideology that invests the otherwise „void" field of the „knowledge" ascribed to the subject of the national zero-institution becomes the *hegemonic ideology*. The hegemonic ideology can claim to be supported by the authority of the „subject supposed to know". In nationally organised societies, the ideological struggle is fought precisely around the question *which* ideology is going (temporarily) to invest the „knowledge" supposed to the subject of the national zero-institution, the instance that supports the national *identity*. Ideologies styled in Balkanist fashion are particularly well suited to this task: being ideologies of a border, they can well tune-in with the imperfect ideological skeleton of the „national-border"; and what is more, by taking over the zero-institution, they themselves *support* it in its function of maintaining the outer border of a „nation".

Lutz Unterseher

Sicherheit durch Bestrafung? Stabilitätsgerechte Alternativen für Europa

Wer mit der Perspektive handeln will, die zukünftige europäische Politik zunehmend ohne Einmischung militärischer Mittel zu gestalten, wem eine vordergründige „Regelung“ gewalttätiger Konflikte durch gelegentliche Bestrafungsschläge oder deren Androhung problematisch erscheint, wer an langfristiger Abrüstung in sicherheitspolitischer Stabilität interessiert ist, der oder die sollte zunächst einen Blick auf die NATO, also auf die Entwicklungsprobleme jenes Militärbündnisses werfen, das die Szenerie in Europa weithin dominiert. Mit anderen Worten: Ist vom Nordatlantikpakt in absehbarer Zeit ein wesentlicher Beitrag zur Zivilisierung der Verhältnisse auf dem alten Kontinent zu erwarten?

1. Prüfender Blick auf die NATO

Wenn es darum geht, die NATO in ihrem derzeitigen Zustand und den sich daraus ableitenden Entwicklungstendenzen zu beschreiben, erscheinen mir einige Beobachtungen und Einschätzungen relevant, die ich Ihnen nun vortragen möchte:

Erstens: Die NATO ist im Kern das Militärbündnis geblieben, das sie immer war. Hauptsächlich dreht sich in der Allianz alles darum, wie militärisches Potential für den Eventualfall der Anwendung organisiert werden kann. Zu dieser Dominanz des Militärischen gehört, daß der Nordatlantikpakt in seiner Nuklearstrategie, die im wesentlichen unverändert aus der Zeit des Kalten Krieges übernommen wurde, eine entscheidende Klammer, eine Garantie für den Zusammenhalt sieht. Diese Nuklearstrategie, die bewußt mit Risiken spielt, weil sie den Erstgebrauch von Atomwaffen nicht ausschließen will, ist mittlerweile von Rußland und z. B. auch Pakistan kopiert worden: Ländern, in deren Stabilität wir allergrößtes Vertrauen haben.

Zweitens: Gegen energische Bedenken einer Mehrheit der Mitgliedstaaten, die finanziellen Mehraufwand, größere Heterogenität und deswegen weiter verschärfte Entscheidungsprobleme in der Allianz befürchteten, haben Deutschland und die Vereinigten Staaten eine begrenzte Osterweiterung der NATO durchgesetzt. Diese Erweiterung hat vielleicht nicht die Intention, aber doch die Funktion gehabt, von der nicht unwichtigen Aufgabe abzulenken, die zukünftige Rolle des Bündnisses konzeptionell zu bestimmen.

Drittens: Die begrenzte Osterweiterung der NATO dürfte jene Staaten im Osten Europas frustrieren, die Mitglied werden wollen, aber auf später, zum Teil auf sehr viel später, vertröstet werden. Schwerer noch dürfte es wiegen, daß jene Staaten (Beispiel: Rußland), die wohl auf Dauer ausgesperrt bleiben sollen, sich erheblich provoziert und dazu veranlaßt sehen, militärische und politische Gegenpositionen aufzubauen.

Viertens: Wie eine aktuelle Studie aus einer Forschungseinrichtung der British Army zeigt, hat die NATO für die Entwicklung der Strukturen nationaler Verteidigung im Bereich der neu aufzunehmenden Mitglieder keine tragfähigen Modelle anzubieten (Sherr 1998). Ganz im Gegenteil: Wenn man etwa die deutsche Bundeswehr auch nur im Ansatz kopieren würde, bekäme man dort Streitkräfte mit potentiell destabilisierender provokativer Signalwirkung – zu Kosten, die ganz und gar nicht zu der Ressourcenbelastung der neuen Mitgliedstaaten passen würden, die alle erst einmal ihre zivile Infrastruktur entwickeln müssen.

Fünftens: Über ihren militärischen Kern hat die NATO eine betont politische Verkleidung gestreift. Konkret: Das Nordatlantische Bündnis hat etliche von Kooperationsgremien geschaffen, die es ermöglichen sollen, mit dem ganzen Europa, insbesondere aber mit dessen Osten, mehr oder weniger vernünftig zu reden. Diese Einrichtungen werden aber von jenen, die NATO-Mitglieder werden wollen, nur als eine Art von Wartesaal, eine ziemlich ungemütliche Übergangsstation, angesehen, und von jenen, die nicht Mitglieder werden wollen oder dürfen, als eine Möglichkeit, der NATO in die Suppe zu spucken (Beispiel: Rußland).

Sechstens: Trotz politischer Gewandung wird die Stärke der NATO hauptsächlich darin gesehen, daß diese in Europa über ein glaubwürdiges militärisches Eingreifpotential verfügt (darin sogar tendenziell Monopolist ist) und daß sie es – trotz schwerfälliger Entscheidungsprozesse – immer wieder einmal zuwege bringt, massiv zuschlagen zu können. Letztlich, so wird gesagt, sei die Anwendung militärischer Gewalt nicht immer auszuschließen, und einen anderen Degen als die NATO habe die UNO in Europa einfach nicht.

Siebentens: Wie bereits angedeutet, ist ein militärisches Eingreifen der NATO, als Kollektiv, erst dann möglich, wenn recht umständliche Abstimmungsprozesse durchlaufen worden sind. Dabei ist Rücksicht zu nehmen auf je verschiedene nationale Interessenkalküle, die sich auf die Region des potentiellen Einsatzes beziehen, und immer wieder auch auf die Besorgnisse des Publikums zu Hause, was die möglichen Verluste unter den eigenen Truppen anbetrifft.

Achtens: Auch wenn die europäischen NATO-Mitglieder sich unisono zu einem militärischen Eingreifen durchgerungen haben sollten, bedeutet dies noch lange nicht, daß etwas geschieht. In aller Regel handelt die NATO erst dann, wenn die Vereinigten Staaten nicht nur zustimmen, sondern auch die Führerschaft einer entsprechenden Aktion übernehmen und dafür einen Teil ihres überquellenden Interventionspotentials zur Verfügung stellen.

Neuntens: Typischerweise bewirken die erwähnten Abstimmungsprozesse, daß in der Krisenregion, um die es geht, die Ereignisse weiter ungehemmt eskalieren können. Am Ende haben sich die Konfliktparteien (eines Bürgerkrieges oder etwa auch eines Grenzstreites) so ineinander verbissen, haben sich so viele Greueltaten ereignet, daß nur noch *eine* militärische Eingreifoption sinnvoll erscheint: nämlich die eines bestrafenden Schlages gegen das Hinterland der Seite, die sich international als die hauptschuldige darstellen läßt.

Zehntens: Aus der Geschichte und auch aus den neueren Ereignissen etwa in Bosnien-Herzegowina lassen sich Hinweise dafür erkennen, daß Bestrafungsaktionen allenfalls zur kurzfristigen Stillstellung offener Konflikte taugen, darüber hinaus aber das Potential haben, Revanchegefühle zu stimulieren – also im Grunde die gewalttätige Auseinandersetzung, um deren echte Beilegung es ja letztlich gehen sollte, zu verstetigen. Mit anderen Worten: Irgendwann kann ein weiterer Bestrafungsschlag als unumgänglich erscheinen. Dies aber bedeutet, daß ein solches militärisches Eingreifen ein Programm darstellt, das sich selbst fortzeugt – gewissermaßen als eine Art sich selbst erfüllender Prophezeiung. Dies paßt sehr gut zur Geisteswelt unserer Konservativen, die sich die Geschichte als eine unendliche Abfolge von Schuld und Sühne vorstellen: als eine ewig wiederkehrende Reihung von Friedensperioden, Anschlägen auf den Frieden und Krieg.

Die wichtige, letztlich alles entscheidende Rolle der Vereinigten Staaten im Rahmen des Nordatlantikpaktes legt nahe, sich mit deren Beitrag etwas näher zu befassen. Dies führt uns zum nächsten Komplex:

2. Dringendes Gebot: Die Einhegung amerikanischer Macht

In den Vereinigten Staaten entwickelte sich bald nach Ende des Kalten Krieges eine lebhafte Debatte über die künftige Rolle dieses Landes in der internationalen Politik, die jüngst Carl Conetta in einer differenzierten Studie aufgearbeitet hat (Conetta 1998). Es läßt sich erkennen, daß es ein gewisses Aufbäumen des Neoisolationismus gab, das allerdings durch jene Vertreter der sicherheitspolitischen Community abgefangen werden konnte, die dafür plädierten, das weltpolitische Engagement der USA fortzusetzen, wenn nicht gar noch zu intensivieren. Dieser Sieg über den Isolationismus hatte jedoch seinen Preis:

Das Engagement der Vereinigten Staaten im globalen Zusammenhang ist nun in der eigenen politischen Öffentlichkeit begründungspflichtiger geworden. Bei jedem einzelnen Vorhaben muß dargetan werden, daß es den nationalen Interessen der USA dient. Dies bedeutet konkret: Die Führung der Vereinigten Staaten muß ihre sicherheitspolitischen Commitments draußen in der Welt jeweils durch den Nachweis legitimieren, daß man dabei eindeutig die erste Geige spielt und überdies noch andere – z. B. Verbündete – vor den eigenen Karren spannen kann (etwas was sich früher „burdensharing" nannte).

Vor diesem Hintergrund haben die Vereinigten Staaten die NATO als ihr Hauptinstrument für weltweites sicherheits- und militärpolitisches Agieren ausersehen – und zwar mit der sehr bedenklichen Perspektive, die Vereinten Nationen weiter austrocknen zu lassen.

In diesem Kontext läßt sich der Anspruch der Vereinigten Staaten erkennen, auch in Europa letztlich immer dann das Sagen zu haben, wenn US-amerikanische Interessen tangiert sind. Ich selbst habe keine größeren Probleme mit der sicherheitspolitischen Führerschaft der Vereinigten Staaten – habe ich doch größtes Vertrauen in die Rationalität der dortigen Wählerinnen und Wähler (insbesondere jener in Texas und Alabama). Unter Kriterien der Selbstbestimmung und der allgemeinen Geltung demokratischer Prinzipien läßt sich eine derartige Abgabe von Verantwortung an andere aber auf Dauer sicherlich nicht argumentativ durchhalten.

Die Frage ist also legitim, wie die Europäer ihr Geschick, hier geht es insbesondere um die sicherheitspolitische Entwicklung, besser in die eigene Hand nehmen können. Dabei muß es nicht um ein forciertes Herausdrängen der Vereinigten Staaten aus den europäischen Angelegenheiten gehen; vielmehr erscheint der Versuch einer verstärkten Einbindung sinnvoll.

In diesem Kontext ist die Erkenntnis von Interesse, daß die Vereinigten Staaten – weltweit gesehen und insbesondere auch auf Europa bezogen – ihre starke Stellung vor allem einem immensen militärischen Potential verdanken, dessen konventionelle Elemente praktisch vollständig für Interventionszwecke strukturiert wurden (was bedeutet, daß im Bereich der subatomaren Rüstung die Landesverteidigung der USA nicht einmal mehr residuale Bedeutung hat).

Außer Militär haben die Vereinigten Staaten freilich nicht allzuviel zu bieten – jedenfalls nicht mehr als wir Europäer auch. Man denke in diesem Zusammenhang etwa daran, daß die in der Europäischen Union vereinte Wirtschaftskraft, derjenigen Nordamerikas durchaus ebenbürtig ist, wobei sich für die Europäer sogar bessere Zukunftsaussichten ergeben mögen – leidet doch das System jenseits des Atlantiks unter langfristig kontraproduktiven Defiziten: Man denke etwa an die Innovationshemmung durch zu große Investitionen in den Rüstungssektor sowie die infrastrukturelle und sozialpolitische Unterentwicklung.

Und auch was das institutionelle Angebot in Sachen Früherkennung und Schlichtung von Konflikten angeht, gibt es kein Monopol der Vereinigten Staaten – keinen unmittelbar zwingenden Grund, sich von dort entsprechendes prozedurales Wissen zu verschaffen oder etwa Vermittlerpersönlichkeiten auszuleihen. Allerdings gibt es die Notwendigkeit, die in Europa vorhandenen Ansätze zur friedlichen Bewältigung potentiell gewalttätiger Konflikte energisch auszubauen.

Angesprochen ist dabei zunächst einmal die Europäische Union. Sie könnte eine künftig konsistenter zu gestaltende Gemeinsame Außen- und Sicherheitspolitik (GASP) auf sehr substantielle ökonomische Integrationsmaßnahmen stützen, die sich an die Länder in Mittelosteuropa und darüber hinaus richten. Wie jüngst eine gründliche Arbeit von Patricia Bauer gezeigt hat, sind die Unterschiede zwischen Arm und Reich in Europa immer noch gewaltig, und die Gefahr eines weiteren Auseinanderdriftens besteht durchaus (Bauer 1998). Doch vermag die Europäische Union – wegen ihres besonderen Potentials – für eine Fundierung des Zusammenrückens und damit auch für eine friedliche gesellschaftliche Entwicklung wohl letztlich mehr zu tun als die Vereinigten Staaten und die NATO (qua Militärbündnis). Dies dürfte sogar auch noch dann gelten, wenn – wie von Patricia Bauer befürchtet – der Prozeß der Osterweiterung der EU zu Entwicklungsdiskrepanzen führt, die hier und da Stabilitätsrisiken in sich bergen mögen. Ich gebe aber gerne zu, daß es noch besonderer konzeptioneller und politischer Anstrengungen bedarf, eine konfliktminimierende ökonomisch-politische Integration Europas zu sichern.

Damit ist zugleich impliziert, daß eine Militarisierung der Europäischen Union – etwa durch die Versammlung weiterer Truppenteile unter dem Dach der WEU – so überflüssig ist wie ein Kropf. Die Strukturen der NATO würden bloß verdoppelt, ohne daß sich dadurch für die Europäische Union neue Handlungsoptionen ergeben könnten. Schlimmer noch: Eine solche Militarisierung würde der ökonomischen Integration Europas wertvolle Ressourcen entziehen.

Sollten Initiativen zur ökonomischen – und später auch: sozialpolitischen – Integration Europas Früchte tragen, wäre dies zugleich auch ein Beitrag zur Schaffung einer stabileren Basis für die OSZE. Wie wir wissen, sind internationale, aber auch insbesondere innergesellschaftliche Statusdiskrepanzen konfliktträchtig, und wenn diese minimiert werden, dürfte die Arbeit jener Institution leichter werden, die in Europa hauptsächlich für die Früherkennung und nichtmilitärische Regelung von Konflikten zuständig ist.

Zugleich ist die OSZE aber auch direkt zu stärken – was insbesondere kurzfristig dadurch geschehen kann, daß ihr bislang eine jämmerliche Existenz fristender Apparat besser alimentiert wird. Nur schwer zu verstehen ist, warum Länder wie Österreich, Finnland und Schweden, die Voraussetzungen für eine außenpolitisch besonders bewegliche Rolle mitbringen, sich im Rahmen der Europäischen Union nicht energischer für einen raschen Ausbau der OSZE eingesetzt haben. Wäre dies nicht ein sehr konstruktiver Beitrag zur Weiterentwicklung der GASP?

Ich habe hier nur kursorisch einige strategische Möglichkeiten angedeutet, die freilich alle eines gemeinsam haben: Sie könnten wesentlich dazu beitragen, das Gewicht einer Politik zu relativieren, die sich letztlich auf die Fähigkeit und die Bereitschaft zu sehr massivem militärischem Reagieren abstützt. Damit wäre zugleich auch ein Beitrag zur Einhegung, zur graduellen Zurückdrängung, amerikanischen Einflusses geleistet.

Jenseits der Diskussion solcher Möglichkeiten, die manchen beinahe trivial erscheinen mögen, ist aber auch zu fragen, ob es auf dem Gebiet militärischer Intervention selbst Optionen gibt, mit denen sich das problematische Angebot von NATO und USA, nämlich notfalls mit aller Gewalt dreinzuschlagen, tendenziell überflüssig machen läßt.

3. Entwicklung stabilitätsadäquater Eingreifoptionen

Wenn wir über solche Optionen nachdenken wollen, müssen wir ein Tabu überwinden, das wir dem politischen Pazifismus zu verdanken haben. Nehmen wir etwa das Beispiel der Grünen in Deutschland! Diese waren in der ersten Phase des Jugoslawienkonfliktes einhellig gegen jegliche militärische Intervention. Als sich dann die Nachrichten über Greueltaten häuften, spaltete man sich: in jene, die aus grundsätzlichen Erwägungen an der Nichtintervention festhielten, und jene anderen, die letztlich praktisch alles begrüßten, was die NATO an massiver Reaktion vorsah.

Sowohl mental als auch intellektuell war man nicht für systematisches Nachdenken über nuancierte militärische Optionen gerüstet. Über diese wird anderswo diskutiert – und zwar von unabhängigen Experten, die sich durchaus auch der politischen Linken zurechnen. Über die Anregungen, die sich aus dieser Diskussion ergeben, möchte ich hier zum Schluß kurz berichten. Vorgeschlagen wird vor allem folgendes:

Erstens: Die Vereinten Nationen (bzw. sicherheitspolitische Regionalregimes: das wäre in Europa eine Weiterentwicklung der OSZE) sollten über „eigene" Truppen verfügen können. Damit ließen sich – vorausgesetzt die Entscheidungsgremien der Vereinten Nationen erreichen Konsens – jene zeitaufwendigen Prozeduren vermeiden, die zur Abstimmung nationaler Egoismen einzelner Entsendestaaten erforderlich sind.

Zweitens: Diese Truppen der internationalen Gemeinschaft sollten nur zum Teil aus Blauhelmsoldaten im traditionellen Sinne bestehen. D. h., es müßte auch die Übernahme echter Kampfaufgaben möglich sein. Und wir sollten im Interesse konzeptioneller Klarheit mit der Augenwischerei aufhören, es handele sich dabei nur um polizeiähnliche Tätigkeiten.

Drittens: Der Aufgabenkatalog sollte Missionen vom Typ Bestrafung oder Rückeroberung prinzipiell ausschließen. Vielmehr geht es um Aufgaben wie die vorsorgliche (präventive) Entsendung von Truppen in ein Territorium, das unter akuter militärischer Bedrohung steht, oder etwa den betont defensiven Schutz von humanitären Konvois und Sanktuarien. Bei solcherlei Missionen muß nicht geschossen werden, der Glaubwürdigkeit halber darf aber ein systematischer Waffengebrauch nicht von vornherein ausgeschlossen sein.

Viertens: Dem besonderen Aufgabenspektrum müssen die Transportmöglichkeiten, die Organisationsformen sowie das Bewaffnungskonzept unmittelbar adäquat sein. Es kommt auf strategische Beweglichkeit an – kombiniert mit der Fähigkeit, in der Krisenregion vor allem Überwachungs- und Schutzaufgaben wirksam wahrnehmen zu können. Wie entsprechende Truppen konkret aussehen könnten, das lassen umfangreiche und recht detaillierte Entwurfsarbeiten aus einer Denkschule erkennen, die unter den Bezeichnungen *alternative* oder *defensive* oder *vertrauensbildende* Verteidigung bekannt geworden ist (Conetta/Knight 1998).

Und schließlich wird, *fünftens*, vorgeschlagen, das ganze Paket mit einer doppelten, ineinander verschränkten Argumentation an die interessierte Politik heranzutragen: Dadurch, daß glaubwürdige militärische Optionen für ein frühzeitiges, wohldosiertes und nicht provozierendes militärisches Eingreifen geschaffen werden, erwachsen zusätzliche Möglichkeiten zur Stabilisierung der Lage – insbesondere zur Vermeidung von Eskalationsprozessen. Dies kommt letztlich dem *Primat der Politik* zugute und macht Bestrafungsschläge sowie Rückeroberungskampagnen tendenziell entbehrlich. Und weil rechtzeitig mit der Aussicht auf Vermeidung von Eskalationsprozessen reagiert werden kann, genügen relativ bescheidene militärische Mittel, um die anstehenden Aufgaben zu lösen.

Dies müßte ein attraktives Angebot an die notorisch ressourcenschwache internationale Gemeinschaft sein und würde – schon in der Konzeptionsphase – dazu beitragen, die gegenwärtige Anhäufung militärischen Interventionspotentials als das zu entlarven, was es ist: ein sinnloses Überangebot, das die internationalen Beziehungen militarisiert.

Literatur

Patricia Bauer 1998, Reich und Arm in Europa: Sicherheitsarchitektur als Brücke? in: Europäische Friedensordnung: Konturen einer Sicherheitsarchitektur, Koordination: W. Graf/L. Unterseher, Münster: Agenda; S. 107–138.

Carl Conetta 1998, NATO Primacy and Double Expansion, in: Europäische Friedensordnung ..., a.a.O.; S. 242–266.

Carl Conetta/Charles Knight 1998, A UN Legion for the New Era, in: V. Kröning/L. Unterseher/G. Verheugen (Hg.), Defensive und Intervention. Die Zukunft Vertrauensbildender Verteidigung, Bremen: Temmen; S. 18–33.

James Sherr 1998, NATO Enlargement: Military & Defence Implications for Hungary, Conflict Studies Research Centre (G 59), RMA Sandhurst.

Autorinnen und Autoren

Bauer, Patricia, Dipl.-Pol., Dipl.-Volksw., Universität der Bundeswehr, Hamburg

Galtung, Johan, Direktor von TRANSCEND, Netzwerk für Frieden und Entwicklung, Versonnex

Graf, Wilfried, Mitarbeiter des Österreichischen Studienzentrums für Frieden und Konfliktlösung, Stadtschlaining/Wien

Mahnkopf, Birgit, Professorin an der FH für Wirtschaft, Berlin

Mocnik, Rastko, Professor für Kultursoziologie, Ljubljana

Puntscher-Riekmann, Sonja, Univ.-Doz., Forschungsstelle für institutionellen Wandel und europäische Integration an der Österreichischen Akademie der Wissenschaften, Wien

Schmidt, Hajo, Professor für Philosophie, Leiter des Instituts für Frieden und Demokratie, FernUniversität Hagen

Schrader, Lutz, Mitarbeiter des Instituts für Frieden und Demokratie, FernUniversität Hagen

Unterseher, Lutz, Internationale Studiengruppe Alternative Sicherheit, Bonn

Der Herausgeber

Friedenszentrum Schlaining

Im Jahr 1983 wurde im südburgenländischen Ort Stadtschlaining das Österreichische Institut für Friedensforschung gegründet. Seit 1992 trägt es den Namen „Österreichisches Studienzentrum für Frieden und Konfliktlösung (ÖSFK)“. Gründer ist der geschäftsführende Präsident Dr. Gerald Mader. Das ÖSFK ist rechtlich als überparteilicher, unabhängiger, nicht gewinnorientierter Verein organisiert. Es veröffentlicht u.a. die Zeitschrift „Friedens-Forum“ und die Publikationsreihe „dialog. Beiträge zur Friedensforschung“. Im Rahmen dieser Publikationsreihe erscheinen der jährliche Friedensbericht der Internationalen State of Peace-Konferenz und die Dokumentationen der Sommerakademien. Derzeit führt das ÖSFK ein fünfjähriges internationales Forschungsprogramm zu Grundfragen einer europäischen Sicherheits- und Friedenspolitik durch: „Friedensmacht Europa? Strategien für den Aufbruch ins 21. Jahrhundert“.

Das Europäische Universitätszentrum für Friedensstudien (EPU), gegründet im Jahr 1987, arbeitet personell, finanziell und organisatorisch eng mit dem ÖSFK zusammen. Diese Friedensuniversität konnte mit Hilfe der UNESCO ins Leben gerufen werden. Neben einem viersemestrigen Programm mit dem Abschluß „Master of Arts in Peace and Conflict Studies“ ist auch die Inskription von Einzelsemestern möglich.

Seit 1993 betreut das ÖSFK ein Trainingsprogramm für TeilnehmerInnen an zivilen UNO- und OSZE-Einsätzen, das aus einem dreiwöchigen Grundkurs und einem einwöchigen Spezialisierungskurs besteht (International Civilian Peace-Keeping and Peace-Building Program – IPT). Diese Kurse finden dz. dreimal jährlich statt. Die Studierenden der EPU-Lehrgänge und IPT-Kurse bestreiten den Aufenthalt teils aus Eigenmitteln, teils aus Stipendien. Die Arbeitssprache ist Englisch, die ProfessorInnen und TeilnehmerInnen kommen aus aller Welt.

1995 wurde das ÖSFK für seine Bemühungen mit dem UNESCO-Preis für Friedenserziehung ausgezeichnet.

Das Friedenszentrum Schlaining verfügt über eine einzigartige selbstgeschaffene Infrastruktur. Zu den in der Burg Schlaining befindlichen Instituten ÖSFK und EPU gesellten sich das „Haus International“ (Wohn- und Seminarräume), die Friedensbibliothek in der einstigen Synagoge, das Seminarhotel „Hotel Burg Schlaining“, das Konferenz- und Seminarzentrum in der Burg Schlaining und weitere Räumlichkeiten. Der Aufbau wurde mit Eigenmitteln, Spenden und Mitteln des Denkmalschutzes finanziert und durch ein Beschäftigungsprogramm für Langzeitarbeitslose ermöglicht.

Auskünfte und Anfragen

Österreichisches Studienzentrum für Frieden und Konfliktlösung
Burg Schlaining
A-7461 Stadtschlaining
Tel: + 43/03355/2498
Fax: + 43/03355/2662